남자
다움의
사회학

남자다움의 사회학

남자를
지배하는
'남자라는
생각'

The Revolution of Man

필 바커 지음
장영재 옮김

소소의책

룰루와 제이드, 클레멘타인에게.

여자들은 더 좋은 남자들이 있는 세상에서 살 자격이 있으므로.

이 책을 쓸 기회를 얻은 것은 큰 축복이었다. 책을 쓰면서 새로운 깨달음과 기쁨을 경험했다.

나는 여러 해 동안 〈페어팩스 미디어〉에 오늘날처럼 이상하고 끔찍한 시대를 살아가는 남자의 삶에 대해 '화성의 삶 Life on Mars'이라는 제목의 칼럼을 써오고 있다. 자살과 가정폭력, 음란물과 성차별, 남자들의 우정, 여성과의 관계에 대한 칼럼을 쓰면서 '남자다움'의 의미를 전혀 새로운 시각으로 보게 되었다.

나는 우리가 눈을 뜬 순간부터 마지막 숨을 헐떡일 때까지 남자로 살아가기 위해 '실천'하는 방식이 자신과 주변에 있는 사람들을 해친다고 확신하게 되었다. 이는 전 세계적으로 눈물과 피, 죽음의 직접적인 원인이 되고 있다.

이야기와 과학이 들어 있는 이 책에서 내가 어떻게 언뜻 듣기에는 매우 극단적으로 여겨지는 견해를 갖게 되었는지를 독자에게 설명할 것이다.

나는 이 책에서 다루는 어려운 주제에, 물론 웃을 일은 아니지만, 가벼운 터치를 추가함으로써 균형을 잡기로 마음먹었다. 언론, 마케팅, 커뮤니케이션 분야에서 보낸 오랜 세월은 가장 진실한 이야기가 언제나 최고의 이야기라는 사실을 가르쳐주었다. 그래서 개인적인 일화를 포함하기로 했다. 이제, 놀랍고 또 두렵게도, 어떻게 하면 더 나은 남자가 될 것인지에 관한 주장과 논의에 기묘한 형태의 회고록이 얽혀들게 되었음을 본다.

당혹스러운 일이었지만, 그러기 위해서는 나의 부모님, 그리고 딸과의 대화가 필요했다. 지난날에 대하여, 또 지금의 우리에 대하여 이야기를 나누면서 나는 큰 기쁨을 얻었다. 사실을 확인하는 과정은 결코 잊지 못할 경이롭고 풍부한 대화로 이어졌다.

한 가지 경고해두려 한다. 이 책에는 끔찍하게 신성모독적인 표현이 나오므로, 독자가 신앙인이라면 유의하기 바란다. 비판적 사고에 활기를 불어넣어 격려하려는 것 말고 다른 의도는 없었다. 그리고 유머란 주관적인 것이므로 독자가 동굴인이나 예수와의 대화를 즐기지 않는다면 사과드린다.

나는 과학, 철학, 자동차, 음식, 음악, 책, 대중문화…… 그리고 사랑 등 개인적 열정이 이야기를 끌고 나가도록 할 수밖에 없었다. 자신이 아는 것을 써야 한다는 사람들의 말은 옳다. 때로 주제에서 멀리 벗어나 매혹적으로 보이는 대상을 탐구하기도 했다. 독자도 나와 함께 이런 흥미로운 이야기를 즐길 수 있기를 조심스럽게 소망한다.

차례

제1부

남자다움을 배운 남자들

제1장
남자는 울지 않는다?

분홍색과 파란색으로 갈라놓다

어린 소년들에게는 남자가 되는 길로 가는 첫발을 내딛기 오래전부터 마음속에 메아리치는 말이 있다. 짧은 한마디이지만 거기에 담긴 설득력 강한 메시지는 사회 구석구석까지 울려 퍼져서 남성, 여성, 아동을 불문하고 그 폐해에서 벗어나지 못한다.

가정폭력, 자살, 소외, 고립, 우울증, 분노, 약물과 알코올 남용, 인간관계의 붕괴와 견딜 수 없는 외로움 등 모든 것이 이 말로 표현되어 심각한 피해를 유발하는 이상ideal의 직접적인 결과다.

'남자다워라be a man.'

약점을 보이지 마라. 분노를 제외한 어떤 감정도 드러내면 안 된다. 울지 마라. 연약하면 안 된다. 계집애처럼 굴지 마라. 감상적인 사람이 되지 마라. 동성애는 안 된다. '여성적인' 남자가 되지 마라. 도움을 청하지 마라. 모든 관계를 주도하라. 소방관, 조종사, 운동선수, 업계의 리더, 보스, 극기하고 베푸는 사람이 되어라.

이런 것들이 '남자다움'이라는 말의 의미인 듯하다.

우리는 학교에 가기 전부터, 축구팀에 들어가기 전부터, 형제와 사촌, 교사, 코치와 보스들이 속삭여주는 지혜를 접하기 전부터, 손위아이들의 자랑스러운 '남자다움'을 보기 전부터 이러한 말을 듣기 시작한다. 이미 그보다 훨씬 전에 어떻게 행동해야 하는지를 이해하게 된다.

이런 일은 아기가 부모와 눈을 맞추는 순간부터 시작된다. 아기의 성별을 모르는 어른은 성 차이에 관한 자신의 편견을 적용하여 어린 '사내아이'와 '여자아이'를 다르게 취급한다는 사실을 수많은 연구 결과가 보여준다. 실제로는 여자아이라는 것을 모르는 상태에서 어른들은 '사내아이'가 더 성을 잘 내고 다루기 힘들다고 생각했다. 반면에 '여자아이'는 더 명랑하고 타인과 잘 어울린다고 믿었다.

한 연구 결과는 아들을 둔 어머니가 어린 아들이 기어 내려올 수 있는 경사로의 각도를 1도 이내의 오차로 맞출 수 있음을 보여주었다.[1] 반면에 어린 딸을 키우는 어머니의 예측은 9도나 빗나갔다. 사내아이는 기어 내려올 수 있지만 여자아이는 그럴 수 없다 - 하지만 11개월 된 사내아이와 여자아이가 운동능력에서 차이가 없다는 사실은 말할 필요도 없는 일이다.

사내아이는 여자아이보다 어른이 안아주는 빈도가 낮으며 보챌 때 달래주는 시간이 짧다. 문제나 퍼즐을 해결하는 데도 도움을 적게 받는다.

어린 소년의 삶에는 중요한 순간이 온다. 그때까지는 넘어져 무릎이 까질 때마다 어른이 일으켜주고, 키스와 함께 소동이 끝날 때까지 달래주었다. 이제 다시 무릎에서 피를 흘리는 소년은 울면서 부모를 바라본다. 그러나 이번은 다르다. 포옹도 키스도 없다. 힘주어 어깨를 잡은 두 손과, 눈을 들여다보는 응시뿐이다.

"괜찮아. 부러진 데는 없어. 씩씩한 아이가 되어야지. 씩씩한 아이는 울지 않아."

소년이 눈물과 콧물을 억제하고, 지금까지는 언제나 고통과 눈물이 사라질 때까지 안아주었던 사람이 자신을 배신했다는 놀라움을 극복해내면 칭찬이라는 보상이 주어진다.

"그래야 씩씩한 아이지! 그만 울고. 이제 가서 이 트럭 가지고 놀아……."

소년의 삶에 가장 큰 영향력을 미치는 사람인 부모로부터의, 어린 남자가 어떻게 행동해야 하는지에 대한, 이 얼마나 강력한 메시지인가.

"넌 여섯 살이야. 훌쩍거릴 때는 지났지, 친구."

이런 이야기는 심리학 입문 과정의 주제가 될 만하다. 심리학 학위 과정을 밟고 있는 딸에게 부모가 아이들과 어떻게 어울려야 하느냐고 묻자 딸은 눈을 치켜뜨며 이렇게 말했다.

"작년에 그 주제를 공부했어요. 음, 누구나 아는 얘기죠."

나중에 딸은 코넬 대학의 존John과 산드라 콘드리Sandra Condry 부부가 수행한 「성 차이 : 보는 사람의 생각에 관한 연구Sex Differences: A Study of the Eye of the Beholder」라는 연구논문을 이메일로 보내주었다. 1976년에 수행되었음에도 여전히 주목할 만한 연구다.

논문의 저자들은 '우리가 흔히 보리라고 기대하는 것만 보게 된다는 사실은 잘 알려져 있으며 진부한 이야기로 받아들여진다'고 말했다.

'우리는 보통 자신이 본다고 생각하는 것에 기초하여 행동한다. (중략) 우리의 행동이 아이들을 향할 때는 양상이 더욱 복잡하다. 아이들은 흔히 어른이 자신에게 하는 행동에서 어떻게 행동해야 하는지에 관한 답을 찾으려 한다. 따라서 아이들에 대한 어른의 행동에는 현실 정의reality-defining라는 특성이 부여된다.'[2]

딸이 쥐를 무서워할 것으로 생각하는 어머니는 쥐를 보고 깜짝 놀라는 딸의 반응을 두려움으로 해석하고 그에 따라 행동할 것이다. '따라서 아이의 감정과 그에 따른 적절한 행동을 정의하게 된다. 아이가 이러한 정의에 호응하고 어른의 지지를 얻게 되면, 이렇게 상호작용을 통해서 전파된 특성이 일상적인 행동 목록의 일부가 될 수 있다.'

40년 이상 지난 논문에서 콘드리 부부는 중요한 질문을 던진다.

'어른들이 단지 그런 방식으로만 성 차이를 부추길 수 있었을까?'

그들은 204명의 남녀 참여자에게 한 유아의 서로 다른 네 가지 자극에 대한 정서적 반응을 평가하도록 했다. 참여자들 중 절반은 관찰 대상 유아를 사내아이로, 나머지 절반은 여자아이로 알도록 했다. 콘드리 부부의 결론은 다음과 같았다.

'유아에게 부여된 성별, 평가자의 성별, 그리고 어린 아동에 대한 평가자의 경험 정도에 따라 특정한 상황에 처한 유아가 느끼는 감정과 정서적 흥분상태가 매우 다르게 판단되었다. 이러한 결과는 평가 대상 아동의 성별을 알고 있는 관찰자들에게서 얻어진 성 차이에 관한 연구 결과를 해석하는 데 적절한 주의가 요구된다는 점을

시사한다.'

따라서 우리가 아이들을 어떻게 생각하는지 – 그들을 의사전달자
로 생각하는지, 신체적으로 튼튼하다고 생각하는지, '강인'하다고
생각하는지 아닌지 – 가 아이들과의 모든 상호작용을 결정하며 그
들을 위하여 만들어내는 경험에 영향을 미친다. 이런 모든 경험은
아이들의 말랑말랑하고 어린 뇌에 자국을 남기고 그들이 어떤 성인
으로 자라나게 될지를 결정한다.

불과 4개월만 되어도 남아와 여아는 부모와 눈을 맞추는 빈도, 언
어적·정서적 표현능력(이는 모두 부모와의 상호작용에 직접 의존한다)에서 정량
화할 수 있는 차이가 나타난다.

신경과학자 리즈 엘리엇Lise Eliot은 『분홍색 뇌와 파란색 뇌Pink Brain,
Blue Brain』라는 책에서 아이들이 한 살만 되어도 이미 자신의 성별을
인식하고 강한 정체성을 느끼며, 손위 소년소녀들이 대부분인 주변
인의 행동 방식을 보면서 빠르게 순응한다고 말한다.

'취학 전 아동은 이미 또래에게 무엇이 용인되고 무엇이 그렇지
않은지를 안다.'[3]

'파랑'과 '분홍'이라는 아이디어는 소년소녀들에게, 잠재적 가능
성을 실현할 기회를 박탈하고 원래의 가능성보다 작고 불완전한 사
람이 되도록 강요하는, 자기 충족적 예언의 순환 고리를 만들어낸
다. 엘리엇은 '아이들은 우리가 그들을 어떻게 생각하느냐에 따라
비상하기도 하고 추락하기도 한다'고 말한다.

따라서 아들은 다소 말이 서툴고 정서적으로 소외되게 마련이라
는 믿음은 사실이 되고, 소년을 말이 서툴고 정서적으로 소외된 청
년으로 만들어간다.

파랑은 소년에게, 분홍은 소녀에게 맞는 색깔이라는 생각조차도 부활절 토끼나 산타클로스와 마찬가지로, 우리의 유전자에 숨어 있는 선천적 선호의 결과라기보다 현대의 대중 시장이 만들어낸 것이다. Y염색체가 페니스가 자라도록 하는 원인은 될 수 있지만, 아직까지 과학자들은 소년이 분홍색 드레스보다 파란색 반바지를 선호하도록 결정하는 유전적 표지를 찾아내지 못했다.

분홍색과 관련하여 오스트레일리아의 위대한 권투선수 토니 매디건Tony Madigan과 뉴사우스웨일스 주의 전설적인 공갈범이자 해결사였던 팀 브리스토우Tim Bristow가 등장하는 유명한 일화가 있다.

매디건은 올림픽에 세 차례 출전했고, 럭비선수로도 뛰었으며, 런던에서 잠시 모델로도 일했다. 코먼웰스 게임(4년마다 개최되는 영연방 국가들 간의 종합 스포츠 대회 - 옮긴이)에서 두 개의 메달을 땄으며, 무하마드 알리와 한 번 이상 링에서 대결한 열 명의 권투선수 중 한 명이었다. 그는 2017년에 87세의 나이로 사망했다.

브리스토우 역시 보기 드문 인물이다. 그는 크리스마스 햄처럼 크고 화강암처럼 단단한 주먹과 로저 램젯Roger Ramjet(1965년부터 미국에서 방영된 TV 만화영화 시리즈의 주인공 - 옮긴이) 같은 턱을 가진 거한이었다. 구글에서 사진을 검색해보면, 브리스토우보다 더 무시무시한 악당으로 보이는 사람은 없을 것이다. 그가 현관에 나타났다면 당신에게 아주 큰 문제가 생긴 것이다.

이야기는 시드니의 뉴포트 암스 호텔에 있는 펍pub에서 브리스토우가 매디건의 친구를 때린 사건에서 시작된다. 빠르게 소식을 접한 매디건은 즉시 그 펍으로 가서, 그때까지 만난 적이 없었던 브리스토우가 자신에게 덤벼들기를 기다렸다.

매디건은 어떻게 브리스토우의 주의를 끌었을까? 분홍색 옷을 입고 갔다. 브리스토우는 분홍색 옷을 걸친 남자의 모습에 격분한 나머지 매디건을 모욕하고 공격했다. 그러자 매디건은 브리스토우를 손쉽게 '때려눕혔다'고 전해진다. 브리스토우가 유일하게 제대로 두들겨 맞은 사건의 주인공은 분홍색 옷을 입은 남자였다.

색깔이 무엇인지 이해하기도 전에 - 심지어 제대로 보지도 못할 때부터 - 우리는 말 그대로 미래의 성 정체성을 알려주는 포대기에 싸여 지낸다.

〈언쇼스 인팬츠 디파트먼트Earnshaw's Infants' Department〉(미국의 어린이 패션 잡지 - 옮긴이)의 1918년 6월호는 이 문제에 관한 견해를 명확히 밝혔다.

'남아는 분홍색, 여아는 파란색이라는 것이 일반적으로 용인되는 원칙이다. 더 확실하고 강렬한 색인 분홍은 남아에게 적합하며, 섬세하고 얌전한 색인 파랑은 여아에게 적절하기 때문이다.'

아동 의류는 여러 세기 동안 성 중립적이었다. 여섯 살 무렵이 될 때까지 남녀를 가리지 않고 예쁜 흰색 겉옷을 입었다. 사내아이는 파란색, 여자아이는 분홍색이라는 생각이 대세를 이룬 것은 미국에서 1940년대가 되어서였다.

태어날 아이의 성별을 부모가 미리 알도록 해주면서 과학계도 거들기 시작했다. 아동 의류업계의 마케팅 부서는 엄마 아빠들이 아기의 방을 사전에 정확하게 준비할 수 있도록 시장을 분홍팀과 파랑팀으로 나누었다.

사내아이는 트럭과 트랙터, 총과 칼, 조립식 장난감을 좋아하고 여자아이는 인형의 집을 가지고 놀거나 굽이 높은 플라스틱 구두를 신고 그에 어울리는 핸드백을 든 채로 힘겹게 걷는 흉내를 내는 것 같은 '사회적' 놀이를 선호한다는 관념 또한 잘못된 생각이다. 당신은 심지어 어린 딸에게 냄비, 프라이팬, 앞치마, 그리고 고무로 만든 베이컨과 달걀까지 갖춘, 작은 부엌 장난감 세트를 사줄 수도 있다. 여섯 살까지의 여아에게 적합하다고 광고되는 이런 것을 지금 당장 장난감 가게에서 구할 수 있다.

아동용 제품의 시장을 성별에 따라 꾸준히 분리해온 마케팅의 홍수에 직면한 부모들은 무력하다. 한 세대 전체가 소년소녀들에게 무엇이 '적절'한지에 관하여 마케팅 담당자에게서 훌륭한 교육을 받아온 셈이다. 이런 생각이 우리의 집단적 의식에 너무나 깊이 스며든 나머지 과학적 근거가 없는 성 차이에 관한 믿음이, 무엇이 옳고 무엇이 그른지에 관한 확고한 '지식'으로 자리 잡게 되었다.

친구 집의 바비큐 파티에 갔다고 상상해보자. 한 부부가 귀여운 다섯 살배기 아들 브라이언을 데리고 왔다. 브라이언은 오늘의 나들이를 위해서 분홍색 드레스와 거기에 어울리는 신발을 선택했다. 긴 금발머리는, 켄(바비 인형 장난감 세트에서 바비의 파트너 - 옮긴이)과 함께 캠핑카를 타고 해변으로 가도록 할 때 말고는 한시도 손에서 놓지 않으려 하는 그의 바비 인형을 꼭 닮은 스타일이다. 이제 다른 손님들이 주방이나 집으로 돌아가는 차 안에서 속삭이는 대화를 상상해보자.

"세상에, 그 불쌍한 아이를 봤어?"

"왜 계집애 같은 옷을 입혔을까?"

"걔가 설마, 벌써 게이 같은 건 아니겠지?"

"걔는 인생을 망치게 될 거야."

설사 불쌍한 어린 브라이언이 어른들의 비웃음과 당혹감을 눈치

채지 못한 채 하루를 보냈더라도 또래들의 생각을 알아채지 못할 수는 없다. 아이들에게 자신의 드레스와 인형을 설명한 지 5분도 지나지 않아서, 틀림없이 어린 사내아이에게 가해질 수 있는 최악의 모욕적 언사를 듣게 될 것이다. '너는 계집애야!' 다음에는 반바지와 티셔츠를 입게, 친구. 남자가 되라고.

'잘못된' 옷을 입고 '잘못된' 장난감을 가지고 노는 아이의 모습은 왠지 모르게 대단히 충격적이다. 더욱 충격적인 것은 임의적인 성별 규범 – 사실상 불과 수십 년밖에 안 되었고 시장의 힘으로 강요된 – 을 무시하려는 아이가 충격적이어야 한다는 사실 자체일 수도 있다.

이런 생각이 우리의 집단의식에 미치는 영향은 너무나 강력해서, 선동가들은 이를 불순한 의도를 품은 캠페인에 이용하려는 유혹을 떨치지 못한다. 2017년 전국적인 우편투표 계획이 공표된 후에 동성결혼에 관한 논쟁이 불붙었을 때 결혼수호연대Coalition for Marriage는 동성결혼을 '반대'하는 TV 광고를 시작했다.

아들을 둔 엄마인 셀라 화이트Cella White는 깊은 우려를 나타내는 표정으로 카메라를 응시하면서 끔찍한 소식을 전한다. '학교에서 우리 아들에게 내년에는 원한다면 드레스를 입을 수 있다고 했다.' 그녀는 마치 학교에서 학생들에게 소구경 총기를 지급하고 MDMA('엑스터시'로 더 잘 알려진 환각제 – 옮긴이) 사용에 관한 규제를 완화하기라도 한 것처럼 무서운 표정으로 말한다. 문제의 학교인 프랭크스턴 고등학교는 그런 발표를 한 사실이 전혀 없다고 밝혔다. 화이트 부인은 그런 생각이 자기 자식들의 '사고방식'을 '왜곡'한다[4]고 공식적으로 말했다.

동성결혼을 반대하는 광고는 뿌리 깊은 동성애혐오증을 내포한다. '오스트레일리아에서 동성결혼이 허용되면 남학생이 학교에서 드레스를 입어도 되는 일이 뒤따를 것이 분명하고, 머지않아 모두 게이가 되고 말 것이다. 그러면 어떤 세상이 오겠는가?'

결과적으로 남학생이 학교에서 드레스를 입는 일은 일어나지 않았고 모두 게이가 되지도 않았다. 그리고 거의 3,000쌍에 이르는 사람들이 수십 년간 거부된 인간적 권리를 되찾아, 진정으로 사랑하는 상대와 결혼할 수 있었다.

하지만 그토록 열렬히 동성결혼에 반대했던 사람들은 이제 이상할 정도로 조용하다! 그들은 자신이 예언했던 공포가 실현되지 않은 데 대한 기쁨이라도 표현해야 하지 않을까?

TV와 공중광고를 통한 동성결혼 '반대' 광고는 성별에 관한 고정관념을 강화하려고 두려움을 이용하는 수많은 시도 중 하나다. 광고를 본 젊은이들은 일상적으로 두뇌에 주입되는 근거 없는 신화와 오해에 광고의 메시지를 추가했다. '남자는 드레스를 입지 않는다'와 '게이는 나쁘다'라는 관념이 단 30초짜리 광고에 깔끔하게 담겨서, 가장 영향력 강한 로비 집단인 교외에 거주하는 엄마들의 우려 섞인 말로 표현된다.

2017년 〈청소년 건강 저널〉에서 발표한 연구보고서는 성별에 따라 구분된 역할과 고정관념이 성인기에 이르기까지 지속적인 피해를 초래한다는 사실을 분명히 보여준다.[5]

5개 대륙의 다양한 문화권에 속한 아동 450명을 대상으로 수행된 연구에서 학습되고 격려되고 강요된 성적 역할이 궁극적으로 임금격차, 가정폭력, 정신건강 문제의 원인이 된다는 사실을 발견했다. 연구자들은 모든 문화권에서 청소년에게 '성별 구속복gender straitjacket'을 입히고 있으며, 이는 평생에 걸쳐 건강에의 위협이 증가함과 연결되는 결과를 낳는다는 사실을 알아냈다.

연구팀을 이끈 메릴랜드 주 존스홉킨스 대학의 로버트 블럼Robert Blum은 '우리는 전 세계적으로 10세 아동들에게 차이점보다 공통점이 더 많다는 사실을 알아냈다. 사내아이는 강하고 자신 있는 리더인 반면에 여자아이는 약하고 능력이 떨어지기 때문에 조용히 순종해야 한다는 근거 없는 신화의 보편성에 깜짝 놀랐다'고 말했다.

뉴욕에 있는 거트마커 연구소Guttmacher Institute의 세라 키오Sarah Keogh는 '우리는 흔히 청소년들이 상당히 성숙한 시기에 성적 규범을 제시하여 그들의 건강에 부정적 영향을 미쳐왔다. 이 연구는 성별의 사회화가 그보다 훨씬 더 일찍 시작된다는 사실을 보여준다'고 말했다.

블럼에 따르면 고정관념을 바꿀 수는 있다. 그는 유럽과 북미에서 성차별에 맞서 싸우고 있는 변화된 태도와 법률을 언급했다. 그러나 이런 싸움을 위해서는 근거 없는 성차별적 신화가 언제 어떻게 뿌리내렸는지를 알아야 한다. 블럼은 성적 고정관념에 노출되는 일이 유아기부터 시작된다고 말하면서, '하지만 청소년기 초기가 개입하기에 이상적인 시기일 수도 있다'고 덧붙인다.

소년들은 학교생활을 시작하면서 이미 '남자다움'이 무슨 뜻인지에 대한 매우 분명한 생각을 갖게 된다. 우리 앞에는 모든 행동을 주의 깊게 지켜보며 성별 규범을 조금이라도 위반하면 처벌에 나서는 또래들, 이기는 자만이 진정한 남자이므로 어떻게 해서든 이겨야 한다고 가르치는 리더와 멘토, 돈·자동차·여자친구를 갖고서 남자가 되는 방법을 확실히 알고 있는 어른들이 있다.

우리는 끊임없이 속삭여지는 충고와 무언의 본보기를 통해서 매일같이 성차별적 규범을 보고 듣는다. 누구든지 남자다움에 관한 나름의 견해를 갖고 있다.

소셜 미디어와 광고도 한몫하는 것은 말할 필요도 없다. 인스타그램에서 영향력 있는 남성을 찾아보거나 남성 독자를 겨냥한 웹사이트를 살펴보면, 남자다워지는 데 필요한 것들의 목록에 다음 항목을 추가할 수 있다. 남자는 키가 커야 하고, 탄탄한 복근을 가져야 하고, 스포츠카를 몰아야 하고, 방금 섹스를 했거나 막 시작하려는 것처럼 보이는 수영복 모델의 어깨에 큼직한 손목시계를 찬 팔을 두른 모습으로 비싼 호텔에 묵어야 한다. 우리에게는 비싼 여행용 가방과 양복, 멋진 헤어스타일이 필요하다. 풍성하고 잘 손질된 턱수염이 없는 남자는 남자라고 말할 수도 없다.

연약함, 그리고 터치가 없는 고립

남자다움이라는 개념은 나 자신의 삶에도 강력한 영향을 미쳤다. 나는 뉴질랜드의 시골 농장에서 자랐는데, 주변에 남자다움이 넘쳐흘러서 헤쳐 나가려면 특별한 부츠를 신어야 하는 곳이었다.

내가 아홉 살쯤 되고 동생 앤드루가 다섯 살이 되어가던 무렵의 일이 기억난다. 우리는 농장에서 키우는 양의 털을 깎는 흥미진진한 연례 작업이 진행되는 헛간에서 놀고 있었다. 나는, 몸에서 지난밤에 마신 맥주 냄새가 풍기고, 땀을 철철 흘리면서 허리를 굽힌 자세로 여덟 시간 동안 300마리에 달하는 양의 털을 깎는 '전문가'들이 일하는 모습을 놀라움에 찬 눈길로 지켜보곤 했다. 이들에 따르면 토할 때까지 술을 마시고, 8기통 엔진이 달린 차를 몰고, 되는 대로 많은 영계를 올라타는 것이 남자다워지기 위해서 해야 하는 일의 목록에서 빠질 수 없었다. 그리고 강인해야 했다. 대단히 강인해야 했다. 고통을 호소하고 징징거리는 것은 게이 놈들이나 하는 짓이었다. 나는 올라타는 것이나 게이 놈들이 뭔지는 몰랐지만, 하나는 좋고 하나는 나쁘다는 것은 확실히 짐작할 수 있었다.

동생은, 우리가 '서키Sucky'라고 부른, 담요를 잘라 만든 천조각을 어디든지 갖고 다니는 버릇이 있었다. 서키를 씌운 엄지손가락을 빠는 일이 동생의 위안거리였다. 어머니가 빨래하려고 동생의 작은 손가락에서 조심스럽게 서키를 빼내면, 서키가 탈수기에서 나올 때까지 앤드루의 눈에서 비탄과 고통의 눈물이 그치지 않았다.

나는 머지않아 동생이 나와 같은 학교에 입학할 것임을 알고 있었다. 내 생각에, 앤드루가 서키를 가지고 학교에 나타나는 것은 결단코 있을 수 없는 일이었다. 동생이 나의 남자다움을 깎아내릴 거라는 두려움에 사로잡혔던 일이 똑똑히 기억난다. 진정한 남자는 서키 같은 것을 빨지 않는다고 확신했다.

헛간에서는 '잡역부'들이 깎아놓은 양털을 뭉치로 포장했다. 유압장치가 양털 무더기를 포장재 속으로 내리누르면 잡역부들이 재빨리 탱탱한 양털 뭉치의 윗부분을 손으로 꿰매어 붙였다.

나는 계획적으로, 마지막 양털 무더기가 포장재 속으로 들어가고 유압장치가 내려오기 전에 동생의 서키를 빼앗아 양털 속으로 던져버렸다. 앤드루의 울부짖음은 개, 양, 작업자들의 고함, 양털 깎기 기계의 소음에 묻혀 들리지 않았다. 동생이 히스테리에 빠져 돌아다니지 못하게 하려고 꽉 붙잡고 있었던 것까지 기억난다. 잡역부가 윗부분을 꿰매고 유압장치가 올라간 후에 양털 뭉치에는 목적지로 보내기 위한 표지가 찍혔다.

　마침내 휴식 시간이 되어 작업을 멈추자 앤드루의 울부짖음이 아버지의 주의를 끌었다. 나는 동생이 서키를 빨고 다닐 나이는 지났다고 생각했기 때문에 기쁘고 자랑스러운 마음으로 죄를 고백했다. 옳은 행동이었다고 확신했다. 강인한 사랑－동생도 이제는 강인해져야 할 때가 되었다. 완성된 양털 뭉치를 다시 해체하여 서키를 꺼내려는 사람은 아무도 없었고 일은 그렇게 끝났다. 모두가－앤드루만 빼고－같은 생각이었다. 약간의 트라우마를 초래할 수는 있었겠지만, 결국에는 동생에게도 좋은 일이었다.

　오래전에 있었던 작은 사건은 그리 대단한 일이 아니었다. 그런데도 동생과 나는 그날의 모든 순간을 기억한다. 감정은 기억을 만들어낸다.

　물론 동생은 당시의 시련을 극복했으며 창조적이고 뛰어난 교육자이자 열린 마음으로 사랑을 베푸는 아버지와 남편이 되었다. ‘서키 이야기’는 집안의 전설이 되었다. 그런데 이 사건의 이면에는 언제가 되었건 당신 주변의 누군가로부터 남자답게 행동하기 시작하라는 요구가 어떻게 주어지는지에 대한 훌륭한 본보기가 있다. 청년들은 매일같이 남자다움에 대하여 조금씩 배워나간다. 어떤 행동이 적절하고 어떤 행동이 그렇지 못한지를 배우는 것이다.

　몇 년 뒤에 나는 남성성의 궁극적 용광로라 할 수 있는 운동 경기장에서 아직 완성되지 않은 남자다움의 단련을 받게 되었다. 뉴질랜드 럭비협회의 일원이 된 것이다.

　남자다움의 핵심 요소 중 하나는 타인보다 신체적 우위를 차지하는 것이다. 더 강인하고 덩치가 크고 근육질일수록 타인에게 물리적으로 자신의 의지를 강요하고 더욱 남자답게 보일 수 있는 능력이 생긴다.

열여섯 살이었던 나는 어린 나이로 성인 팀의 일원이 되었다는 달콤한 자기만족을 느꼈다. 가장 남자다운 스포츠에서 어른들을 상대하는 소년이었다. 남자다움을 증명하고 있다는 만족감이 너무나 강렬했던 나머지 향후 몇 년 동안에도 이런 방식으로 자신을 정의하고 싶었다. 나는 남자임을 증명하기 위해서 싸웠고 결단코 포기하지 않으려 했다.

힘없는 겨울 해가 매서운 바람과 지면을 때리는 차가운 빗줄기에 맞서기를 포기한 어느 주말 저녁이었다. 럭비 연습을 끝낸 후에 팀 동료 돈과 함께 벤치에 앉아 있었다. 돈은 키가 크고 체격이 탄탄한, 강하고 공격적인 선수였다. 달아올랐던 몸이 식어가는 동안 우리는 그날의 연습에 관해 얘기를 나누었다. 돈은 행복해 보이지 않았다. 말을 멈추고 한참 동안 먼 곳을 쳐다보다가 고개를 돌린 그의 얼굴에 눈물이 흐르고 있었다. 돈이 말했다.

"난 럭비가 싫어. 럭비는 고통스러워. 그리고 언제나 지독하게 춥지. 다른 사람들을 다치게 하는 것도 정말 싫고. 거지 같은 운동이야. 다시는 럭비를 하고 싶지 않아."

나는 충격에 빠졌다. 도대체 어떻게 스포츠 능력이라는 남자다움의 성배에 손을 얹은 사람이 그것을 던져버리고 싶을 수가 있을까?

그리고 눈물은? 돈은 연약함이라는 신성모독을 인정한 것뿐만 아니라 사내답지 못하다는 면에서도 유죄였다. 창피한 광경을 지켜보는 사람이 있을까 두려워서 주위를 둘러본 기억이 난다. 친구였으며, 똑똑하고 감성적인 좋은 녀석이었지만, 나는 최대한 빠르게 돈의 곁을 떠났다. '여성적 나약함'이 나에게 전염될까 두려웠거나, 더 나쁘게는, 그의 행동이 게이 성향 때문인지도 모른다고 생각했던 것 같다.

돈의 아버지 노먼은 지역 정계에서 잘 알려진 투사형 정치인이었다. 그는 뉴질랜드에서 16세 이상 남성 간의 합의된 성관계를 합법화한 1986년의 '동성애 관련법 개정'에 격렬히 반대한 것으로 명성을 얻었다. '남부의 입'이라는 별명을 얻은 그는 "돌아서서 그들을 보시오. 시선을 고정하고. 당신은 지옥을 보고 있습니다. 너무 오래 쳐다보지는 마시오. 에이즈가 옳을 수도 있습니다"[6]라고 말했다.

따라서 돈이 자라난 환경에서는 자신이 참여하는 스포츠의 미래에 관하여 열린 마음으로 공감하면서 애정 어린 대화를 통해 품위 있게 그 스포츠를 포기한다는 결정을 내리지 못할 가능성이 높았다. 그의 앞에는 남자다운 영광으로 가는 길이 펼쳐져 있었으며, 달리 할 수 있는 일이 아무것도 없었다.

이제 나는 그렇게 마음을 터놓기까지 돈이 겪었을 고통의 깊이를 이해한다. 그리고 어떻게 행동해야 하는지도 깨달았지만, 당시에는 그러지 않았다.

돈의 어깨에 팔을 두르고, 그의 말을 경청하고, 공감을 나타내고, 이해한다고 말해주었어야 했다. 어쩌면 나 또한 비슷한 생각이라고 고백했어야 했는지도 모른다. 추위, 탈진 상태, 육체적 고통, 부상, 무슨 대가를 치르더라도 이겨야 하는 물리적 다툼의 철저한 야만성…… 그 모두가 실제로 끔찍했다.

마음 한구석으로 이런 진실을 인정하면서도 나는 그의 생각을 받아들일 수 없었다. 당시에는 스포츠를 사랑하지 않는다는 생각과 그로 대표되는 모든 것이 그저 낯설었다. 나로서는 이해할 수 없는 개념이었다.

돈은 혼자만의 지옥 속에서 남은 시즌을 힘겹게 견뎌냈다. 대학교와 남성성의 흥미진진한 다음 단계가 우리를 유혹하듯 열리면서 돈과의 연락은 끊겼지만, 그가 솔직하게 감정을 드러낸 순간은 지금까지도 기억난다. 남자들이 취약하고 감정적이며, 흔히 스스로 만들어낸 정적 속에서 고통받는다는 사실을 처음으로 언뜻 보게 된 경험이었다.

〈시드니 모닝 헤럴드〉에 '플라토닉 터치로부터 고립된 것이 현대 남성성의 비극이다'라는 제목으로 기고한 글에서, 어린 아들을 둔 페미니스트 작가 클레멘타인 포드Clementine Ford는 변한 것이 별로 없다고 주장했다.

'나는 남자들이 서로 남성성의 표현을 압박하는 방식에 관심을 두게 되었다. 남자들 — 특히 젊은 남자들 — 이 남자다움의 진위가 의심받을 수 있다는 두려움 때문에, 서로 간에 신체적으로 표현되는 정신적 사랑의 기쁨을 포용하지 못하도록 길들어 있다는 사실이 특히 슬프게 느껴진다.'

이는 바로 예로부터의 '동성애는 안 된다'는 규범이다. 아무리 사랑하더라도 친구를 만지면 안 된다. 남자는 엄격한 이성애의 평판을 유지해야 하기 때문이다.

'좋은 남자 프로젝트The Good Men Project' 등의 웹사이트에 정기적으로 남성 문제에 관한 글을 올리는 미국 작가 마크 그린Mark Greene은 남자답게 행동하려는 열망이 신체적·정서적 고립으로 이어진다고 주장한다. 그는 '터치의 결핍이 어떻게 남자들을 파괴하는가'라는 제목의 글에서 다음과 같이 말했다.

> 여성은 훨씬 더 자유롭게 서로 간에 신체적 접촉을 나누는 데 반해,
> 남성은 타인과의 신체적 접촉에 의구심을 갖는다.[7] 우리 문화에서
> 유일하게 남성의 장기적인 신체 접촉이 허용되는 공간은 아버지와
> 어린 자녀 간의 공간이다.
> 그런 상황에서 남자들은 어떻게 되는가? 신체적·정서적으로 고립
> 된다. 스트레스를 줄여주고 자긍심을 북돋우며 공동체의식을 함양
> 하는 것이 입증된, 지극히 인간적인 신체 접촉에서 차단되는 것이
> 다. 그 대신에 단절의 사막과도 같은 도시의 거대한 군중 속을 홀로
> 걷는다. 신체적 접촉에 굶주린 채로. 우리는 터치를 갈망한다. 하지
> 만 터치에서 차단되었다. 그 결과는 터치가 없는 고립이다.

편안하게 타인과 연결될 수 있는 능력의 부재로 인하여 남자들은
우울증과 알코올중독, 자살의 유혹에 취약하고, 좌절감과 분노를 느
끼는 무능력한 가정폭력범이 되기 쉽다.

맨박스에 갇힌 남자들

실제로 이것은 신체적 접촉만의 문제가 아니라 모든 측면에서의
성공적인 소통에 관한 문제다. 극기하고 자립심을 가져야 한다는 엄
격한 요구 때문에 우리의 정서적 지형은 오직 자신만이 경험할 수
있다. 이는 물샐틈없는 벽으로 이루어진 상자 안에 갇혀서 살아가는
것과 같다. 그 상자의 벽은 다른 남자, 여자, 부모, 친구, 파트너, 그리
고 궁극적으로 우리 자신이 제어하는 남자다움이라는 가식의 댄스

로 쌓아올려져 있다.

'맨박스Man Box'는 새로운 것이 아니다. 삶에서 남성성이 얼마나 강력한지를 보여주기 위해, 전 세계적으로 소년과 성인들의 집단 활동에서 사용해온 개념이다. '화이트 리본 오스트레일리아White Ribbon Australia' 캠페인은 '남성성의 재정의'를 목표로 하는 집단 교육에 맨박스라는 도구를 이용한다. 내가 알기로, 이 개념의 기원은 폴 키벨Paul Kivel이 1998년에 출간한 책 『남자의 일Men's Work』[8]에서 찾아볼 수 있다.

키벨은 캘리포니아에서 30년 넘도록 여성에 대한 남성의 폭력을 방지하는 교육과 활동을 벌여온 단체 '오클랜드 남성 프로젝트Oakland Men's Project'도 이끌어왔다. 키벨과 동료들은 이런 활동을 통해 맨박스의 개념을 개발하고 다듬었다.

미국의 성교육자이자 워크숍 강사인 작가 찰리 글릭먼Charlie Glickman은 15년간 남성을 대상으로 한 교육에 맨박스를 사용해왔다. 그는 맨박스를 '남자같이 연기하라Act Like a Man' 상자로 부르기를 선호한다. 항상 남자다움을 가장하는 일은 평생 지속되는 작업이기 때문이다. 글릭먼은 서구에서 출생한 남자들의 반응이 연령, 주변 환경의 성별 혼합, 성적 취향, 인종적 구성과 상관없이 놀라울 정도로 한결같다고 주장한다.

글릭먼의 피교육 그룹이 완성한 전형적 맨박스를 소개한다. 그룹의 구성원이 어디에 살고 어떤 사람인지는 중요하지 않다. 청년들이 맨박스에 집어넣으려고 선택한 항목들은 놀라울 정도로 한결같았다.

진정한 남자는 '키가 크고 강하고 근육질이고 나이는 25~45세'이며(나는 이제 진정한 남자가 되기엔 너무 늙었다는 뜻이다!), '몸이 튼튼하고 이성애자이며 경쟁심이 강하고 지배적이다'. 그는 '경찰관, 소방관, 정비사, 변호사, 사업가 또는 CEO'다. 그는 '유능한 관리자이며 리더'다. 그는 '술을 마실 줄 알고, 스포츠에 참여하거나 관전하는 것을 좋아하며, 친구들과 어울려 시간을 보낸다'. 늘 그렇듯이 그는 '분노와 흥분' 외에는 어떠한 감정도 드러내지 않고 '극기적이고 폭력적'이다. 우리의 영웅은 '항상 섹스를 원하고, 많은 섹스 상대가 있으며, 섹스란 운동경기에서 점수를 올리는 것처럼 많을수록 좋다고 생각한다'. 그는 '원할 때면 언제나 단단한 발기 상태를 유지하는 큼직한 페니스를 갖고 있다'. 또한 '항상 상대가 오르가슴 또는 다중 오르가슴을 느끼게 해줄 수 있고 자신이 원할 때 사정한다'. 그의 성생활은 '성교, 구강 섹스를 받는 것, 가능한 경우에는 항문 섹스(주는 것)'에 집중되어 있다.

중요성을 강조하기 위해 '주는 것'이라는 말에 쳐놓은 괄호를 주목하라. 당신은 그 방에서 벌어지는 장면을 상상할 수 있다. 진짜 남자라면 줄 수는 있어도 받을 수는 절대로 없다. 항문 섹스를 열정적으로 받아들이는 것은 동성애자나 할 짓이며, 맨박스에서 멀리 떨어진 어딘가의 향기로운 초원에서 벌어지는 일이다.

교육에 참여한 사람들은 '진정한 남자'에게 필요한 특질의 목록을 완성한 후 상자 안에 있는 항목에 속하지 않는 남자를 묘사하는 단어를 말해보라는 요청을 받는다. 상자 밖에 있는 사람을 묘사하는 말은 다음과 같다.

'게이, 동성애자, 계집애 같은 사내, 겁쟁이, 암캐, 루저.'

맨박스의 특징은 반드시 상자 안에 있거나, 아니면 밖에 있어야 한다는 것이다. 입구에 한 발만 걸칠 수는 없다. 맨박스는 완벽한 실천과 함께 누군가가 손가락질하면서 계집애 같은 남자라고 하지 않도록 끊임없는 경계를 요구한다.

상황은 갈수록 악화된다. 상자 안에는 모두를 위한 공간이 충분치 않다. 계층이 존재한다. 바닥에 있는 사람은 쫓겨날 수도 있다. 남자다운 행동을 하면서 서로 경쟁해야 한다. 각자가 점점 더 남자다운 방식을 보여줌에 따라 주변에 있는 사람도 더욱더 공격적인 모습을 보여야 한다.

맨박스 안에 남으려는 투쟁은 벽을 통과하는 데 성공한 사람들에게도 심각한 피해를 초래한다. 소통, 공감, 우정, 열린 마음, 사랑하고 사랑받을 수 있는 능력 같은 것은 모두 상자 밖에 있다. 상자 안에서 허용되는 표현은 분노와 약간의 성적 공격성이 전부다.

상자 밖에는 크고, 강하고, 쿨하고, 잘생기고, 똑똑하고, 부유하고, 섹시하고, 잘나가고, 카리스마 있는 '진짜' 남자의 이상에 부응하면서 살 수 없는 남자들이 있다.

맨박스는 오늘날 전 세계적으로 분명하고 일관되게 '남성성'을 정의하는 행동과 특질의 목록을 보여주는 훌륭한 수단이다.

나는 끝이 없고 불가능한 남성성의 실천과, 그것이 어떻게 스스로 만들어낸 감옥에 우리를 가두는지를 설명하는 놀랍도록 간단한 수단으로 맨박스를 이용해왔다.

맨박스의 기묘한 점은 우리가 그 상자 안에서 겪는 고통과 외로움, 절망에도 불구하고 필사적으로 그 상자 안으로 들어가거나 그 안에 남아 있으려 한다는 것이다. 남성성의 실천이라는 거창한 의상을 걸치지 않으면 남자다운 남자가 아니므로 그 상자 밖에 있게 되고, 거기는 훨씬 더 나쁜 곳이라는 단순한 이유로.

이 책에서 맨박스의 슬프고 캄캄한 내부를 되풀이하여 들여다보게 될 것이다.

관심을 가지고 보기 시작하면 어디에나 맨박스가 있다.

뉴욕의 영향력 있고 편집진의 입김이 강한 – 우아한 정신을 소유한 여성을 위한 – 웹사이트 '더 컷 The Cut'은 2018년에 '사내아이를 어떻게 키울 것인가'라는 제목의 시리즈 기사를 올렸다. 그들은 이것이 트럼프 대통령과 미투#MeToo의 시대에 고려해야 할 긴급한 문제라고 주장했다.

'더 컷'은 시리즈의 일부로 미시간 주의 소도시에 거주하는 10대 형제 – 형 카를로스는 열여섯 살, 동생 리암은 열네 살 – 의 인터뷰를 소개했다. 데이트와 섹스, 기술, 부모와 또래들 등 광범위한 주제에 걸친 이들 형제의 지나칠 정도로 솔직한 대화는 남성성이 그들의 삶에 해로운 영향을 미친다는 것을 분명하게 보여준다. 다음은 그들이 자살에 관해 대화하는 부분이다.[9]

카를로스 : 우리 학년에도 세 명이 있어. 내가 3학년이니까 한 해에 한 명씩 자살한 셈이지. 그런데 우리 동네는 너무 보수적이라서 그런 이야기를 꺼리지.

리암 : 100퍼센트 맞는 말이야.

카를로스 : 그런 일이 생기면 '집단 괴롭힘을 멈춰야 한다' 같은 이야기를 들먹이지. 하지만 단지 집단 괴롭힘만의 문제가 아니야. '약자'에 대한 문화적 인식이 더 문제지. 우울해하면 약자로 보여. 불안해 보여도 마찬가지고. 특히 남자는 더해. 여자애들은 불안해 보이거나

우울해하거나 체중에 신경을 쓰는 일이 정상으로 보이는 것 같아. 하지만 남자애가 자신이 너무 말랐다거나 너무 뚱뚱하다고 생각한다면 계집애 같은 녀석이 되는 거지.

리암 : 남자애가 거울을 들여다보면서 '나는 못생겼어, 나 자신이 싫어' 같은 소리를 하면 엿되는 거야. 계집애가 되고 마는 거지.

카를로스 : 그래, 남자답게 굴라는 거지.

리암 : 맞아, 정말 싫어. 이런 남자다움이라는 생각들.

카를로스 : 남자답다는 말이 정말 싫어. 진저리가 나. 그저 페니스가 달렸다는 이유로 특정한 방식으로 행동하고 살아가기를 강요하는 해로운 사고방식이야. 그러다 보면 인생을 망칠 수도 있지. 항상 남자다움을 생각하면서. 단지 사회가 요구한다는 이유로.

리암 : 부분적으로는 미국 자체의 문제야. 이 국수주의적인, '엉클 샘은 당신을 원한다, 가서 조국을 위해 싸워라, 제기랄, 총을 쏴라……'. 쌍소리는 그만해야지. '총을 쏘고, 섹스하고, 또…….'

카를로스 : 맥주를 마시고, 젖통을 쳐다보고.

리암 : 그러고는 아침에 교회에 가는 거지. 우리가 겁이 나거나 불안해서 뭔가를 하고 싶지 않을 때 부모들은 말하지. '계집애 같은 소리 그만하고~ 가서 해봐.'

카를로스 : 사람들이 남자다움의 해악에 관하여 하는 말은 옳은 말이야. 그런 생각은 우리의 행동 방식을 바꾸지. 남자답게 굴고 사람들에게 깊은 인상을 주려고 애쓰다가는 바보 멍청이라는 소리를 들을 때까지 깨닫지도 못해.

최근에 나는 〈페어팩스 미디어〉에 럭비선수 조엘 톰슨Joel Thompson

을 인터뷰한 글을 썼다. 2열 플레이어인 그는 레이더스, 드래곤스, 뉴사우스웨일스 컨트리, 원주민 올스타팀을 거쳐 맨리에서 뛰고 있다. 조엘은 「스테이트 오브 마인드State of Mind」라는 오스트레일리아 럭비리그NRL의 정신건강 프로그램의 홍보대사로 활동하는 일에 삶의 열정을 쏟는다.

인터뷰는 '복원력을 얻는 길'이라는 긍정적 정신 캠페인의 시작에 맞춰서 이루어졌다. NRL은 관계자, 선수, 팬 등 공동체의 구성원에게 21일 동안 기록할 수 있는 일기장을 내려받아 기록을 마친 뒤 자신의 정신건강에 관한 설문에 답하도록 권장했다. 조엘의 이야기는 구원, 그리고 유연성으로 가는 길이다. NRL은 정신건강 캠페인을 통해서 진짜로 생명을 구하고 있다. 지구상에서 가장 거칠고 남성적인 스포츠에 그토록 따뜻하게 뛰는 심장이 있다는 것은 경이롭고도 역설적인 일이다.

"나는 지금도 괴로운 순간이 떠오르곤 하는 힘겨운 어린 시절을 보냈습니다. 학교에 들어가서도 잘 적응하지 못했지요. 주변에서는 온갖 잡음이 들려왔고 술도 많이 마셨습니다. 더 살고 싶지도 않았어요."

지금은 아내이며 두 딸의 엄마가 된 여자친구 에이미가 도움을 받도록 조엘을 설득했다.

"그녀가 내 생명을 구했습니다. 아무에게도 그런 말을 한 적이 없었지요. 마음을 열고 이야기하면서 아기처럼 울었고, 그 후에 다른 사람이 되었습니다. 새 생명을 얻은 느낌이었지요. 와우! 전에는 다른 사람을 도와본 적이 없었지만, 이제는 사람들을 도우면서 나 자신의 치유도 돕고 있습니다."

맨박스를 이용한 훈련에 관하여 들어본 적이 없는데도 조엘은 젊은 남자들이 겪는 독특하고 위험한 압력을 분명하게 표현했다.

"겁쟁이가 되지 말고 강인해지라는 말을 들으며 자랐습니다. 젊은 남자들은 도움을 받지 않고 자신을 입증하고 싶어 합니다."

이제 그는 청년들이 도움을 청하는 손을 내밀고 자신이 잘해나가지 못한다고 말하는 것이 용기 있는 행동임을 깨닫기를 원한다. 비판할 사람은 아무도 없다. 조엘은 동료들에게 자신과 다른 사람들에게서 정신질환의 징후를 포착하는 방법을 말해주고 극복하기 위한 전략을 논의한다.

2018년에 작가이자 음악가인 브랜든 잭Brandon Jack ─ 시드니 스완스 축구클럽에서 선수로 뛰었고, 올드팬에게는 전설적인 럭비선수 개리 잭Garry Jack의 아들이기도 한 ─ 은 〈시드니 모닝 헤럴드〉에 열정적인 글을 기고했다.

> 강간 문화가 실재한다는 말은 사실이다. 이 말을 듣고 눈을 치켜뜨면서 과민한 페미니스트들의 과잉 반응이라고 일축한다면 당신도 이 문제에서 벗어나지 못한다. 우리는 이 문제 ─ 남성 우위를 무너뜨리려고 만들어낸 환상적 허구가 아닌 ─ 에서 더는 숨을 수 없다. 그러니 부디 당신의 유독한 남성성을 위한 눈물은 흘리지 마라.[10]

'가부장적 사회가 여성에게 미치는 영향에 관하여 별로 생각해보지 않은' 청년으로서 잭은 강간의 피해자가 된 가까운 여성 친구의 반대신문에 참고인으로 출석했을 때, '우리가 살아가는 세상이, 여성들이 지원을 받고 힘을 얻는다고 진정으로 느낄 수 있는 세상에서 얼마나 멀리 있는지'를 직접 목격했다고 말했다.

나는 매일같이 청소년들이 여성에 관하여 대화하는 말을 듣는다. 그 중에는 '그 여자는 10점 만점에 5점이야' 같은 외견상으로 별로 해 로워 보이지 않는 말부터 '그 여자는 강간당할 만큼 섹시하지도 않 아, 말도 안 되는 소리지'와 같이 노골적이고 충격적인 말도 있다. 젊은 남성의 집단에서 볼 수 있는, 그런 식으로 여성에 관한 이야기 를 해도 괜찮다는 생각을 더는 용인하지 말아야 한다.

미투 운동은 대화의 문을 열어놓았다. 남자답다는 것은 무엇인가? 남성은 여성에 대하여 어떻게 행동해야 하는가? 무엇이 허용되고 무엇이 그렇지 않은가?

변화를 만들고 싶은 사람은 기회가 있을 때 이런 대화에 참여하여 주변의 청년들에게 남자가 어떻게 행동해야 하는지에 대한 본보기 를 제공함으로써 도움을 줄 수 있다. 성차별주의자인 친구가 있다면 그의 입을 막고 생각을 바꿀 수 있도록 노력하라. 여성에게도 당신 과 마찬가지로 지구상에서 평온하게 살아갈 권리가 있다는 사실을 존중하라.

맨박스는 부서지기 쉽다. 우리가 조금씩 깎아낸다면 결국 무너지 고 말 것이다. 남자라면 누구든지 (자신에게 정직하다면) 살아가면 서 적어도 한 번은 '남자다움을 연기'하려는 단순한 이유로, 상처를 주고 폭력적이거나 그보다 더 나쁠 수도 있음을 자신도 알고 있는 방식으로 타인을 대한 경험이 있을 것이다. 우리 대부분은 한 번만 으로 그치지 않았다.

앞의 불쾌하고 짤막한 문장에서 '연기'라는 단어가 얼마나 의미심장한가? 남자다움의 모든 법칙을 따르는 일은 가장 확실한 연기이기 때문이다.

연기는 현실이 아니다. 그런 연기를 잘해낼 수는 절대로 없다. 항상 누군가가 우리에게 더 남자다워야 한다고 말할 것이다. 우리보다 더 남자다운 사람들, 우리처럼 남자답기를 원하는 사람들도 항상 있을 것이다. 따라서 궁극적으로 우리 중 그 누구도 행복하지 않다.

이는 위험한 일이다. 우리를 분노에 빠뜨린다. 너무나 맹렬한 분노. 누군가는 다치게 될 것이다.

제2장
포르노에는 사랑이 없다

포르노와 현실 세계

우리의 할아버지들은 기묘한 모자를 쓰고 긴 의자에 앉아 수줍음을 가장하면서 스타킹의 윗부분을 보여주는 여인의 흐릿한 이미지(당시에는 포르노나 마찬가지였던)를 본 적이 있었을 것이다. 할아버지들의 마음속에는 우리 할머니들의 스냅사진 몇 장과, 특별히 운이 좋았다면, 다양한 상태로 옷을 벗었거나 성적 황홀감에 빠진 여인 한두 명의 이미지가 남아 있을 것이다. 할아버지가 평생에 걸쳐 경험했을 에로틱한 이미지는 그 정도가 전부다.

열 살 먹은 사내아이 – 오늘날 남자들이 포르노를 처음으로 접하게 되는 나이 – 의 노트북 컴퓨터나 태블릿, 또는 스마트폰에서는 사랑하는 할아버지가 꿈도 꿀 수 없었던 다양한 성적 이미지를 클릭 몇 번으로 손쉽게 찾아볼 수 있다.

당신의 할아버지가 인기 있는 포르노 사이트 몇 군데를 둘러본다고 상상해보자. 아마도, 별다른 이유도 없이 기꺼이 옷을 벗는 것처럼 보이는, 세계 각지에서 온 젊은 여성들의 노고에는 고마움을 느끼겠지만 그녀들의 목을 조르고, 침을 뱉고, 항문을 벌리고, 때리는 모습을 보고는 무척 당황할 것이다.

할아버지는 이렇게 말할 것이다.

"무슨 짓들을 하는 건지 모르겠군. 하지만 네 할머니라면 그런 말도 안 되는 짓거리를 참지 않았으리라는 건 장담할 수 있다."

청년층에서 발기부전 증상이 급속히 퍼져나가는 원인이 온라인에서 볼 수 있는 다양한 포르노물이라는 것은 꽤 역설적이다. 지나치게 가지고 놀아도 괜찮을 것 같지만 작동을 멈출 수도 있음이 분명하다.

오늘날의 젊은이들이 왼손으로 자위하는 방법을 배운 최초의 세대라는 것에는 의심의 여지가 없다. 그들은 또한 모든 지침서 중 최악인 『포르노가 가르쳐주는 섹스How to Do Sex According to Porn』로 무장하고 성인의 성관계에 나서는 최초의 세대다.

포르노는 진정한 섹스를 보여주지 않는다. 진정한 여성을 보여주지 않는다. 진정한 남자와 그들의 몸이 실제로 어떻게 작동하는지를 보여주지 않는다. 진정한 섹스의 황홀감과 욕구를 보여주지 않는다. 여성은 포르노를 원하지 않는다. 포르노는 남자들을 위하여 남자들이 만든 것이다.

경험이 전혀 없다는 단순한 이유로 게이 청년들의 관점에서 이야기할 수는 없지만 그들도 마찬가지일 것이라고 확신한다. 그들 역시 너무 일찍부터 너무 많은 것을 본 결과로 '정상적'인 형제들과 같은 고통을 겪는다. 게이 포르노 역시 인간을 막대기와 구멍뿐인 존재로 만들어버린다.

나는 단지 아는 것이 그뿐이라는 단순한 이유로 '정상적'인 관점에서 포르노에 관한 논의를 진행한다. 혹시 독자들 중에 게이 청년이 있다면, 당신을 배제하려는 의도가 없음을 알아주기 바란다. 나의 외침은 당신에게도 해당된다. 그것에서 손을 떼고 노트북 컴퓨터를 닫아라.

포르노는 청년들을 성적인 측면과 대인 관계에서 실패자로 만든다. 그들에게 여성은 인간이 아니라 섹스의 대상일 뿐이라고 가르친다. 섹스의 진정한 기쁨 – 즐거움, 공유감, 친밀감 – 에서 시선을 돌려 삽입이라는 행위 자체만 바라보도록 한다.

따라서 포르노는 신체적 문제뿐 아니라 정신적·정서적 문제도 유발한다. 전 세계의 청년들은 특정한 방식으로 보고 행동해야 하며, 만나는 여성은 섹시하고, 음모를 면도하고, 정액으로 범벅이 되어야 한다고 배운다. 이는 우리 모두에게 재앙이다.

아마도 섹스의 디지털화를 경험하지 못한 세대는 파티장이나 자동차 뒷좌석에서의 절실하고도 어설픈 경험에 관한 이야깃거리가 있을 것이다. 모험, 웃음, 그리고 실패의 재미까지 공유하는 느낌이 있었다. 우리는 현실 세계에서 이성에 관하여 천천히 배워나갔다. 창고에서 찾아낸 〈플레이보이〉 두 권이 유일한 포르노 경험이었다면, 처음부터 세 사람이 함께하는 항문 섹스보다는 여성의 속옷을 더 선호할 것이다.

물론 예전의 포르노 책자도 여자들에게 기묘한 속옷을 입히고 부드러운 초점을 사용하여 대상화했지만, 그 수준이 매우 낮고 평범해서 오늘날 맹공을 퍼붓는 디지털 포르노에 들어 있는 펀치가 거의 없었다.

섹스 역시 과학으로 설명할 수 있다. 우리의 원시적 뇌는 아직도 지방과 설탕을 먹는 행동에 보상을 주고 폭식을 부추긴다. 이는 에너지를 비축하려는, 생존에 관한 문제다. 그리고 성적인 이미지를 보면 도파민이 분출한다. 우리가 이성에 끌리는 것은 종을 지속시키고 무슨 수를 써서라도 자손에게 유전자를 전달하기 위함이다.

그러나 우리가 드라이브스루 식당에서 고칼로리 패스트푸드를 사먹게 될 줄을 전혀 몰랐던 것과 마찬가지로, 생생한 이미지가 성적 즐거움을 제공하는 유방과 성행위의 클릭 축제click-fest로 불쌍한 뇌를 이끌게 된 것은 전혀 의도하지 않은 일이었다. 우리의 뇌는 보이는 모든 이미지를 유전적 기회로 해석한다. 수렵채집인의 뇌에 우리의 온라인 포르노 하렘은 들어본 적도 없는 유방의 노다지다.

도파민이 분출할 때마다 생성되는 물질인 델타포스비는 우리의 뇌를 변화시킨다. 시간이 가면서 즐거움을 느끼는 데 점점 더 강한 충격과 놀라움, 새로움과 다양성이 요구된다. 이러한 물질의 증가와 상태의 변화는 마약과 도박중독자의 뇌에서도 볼 수 있다.

이는 포르노를 많이 보는 소년과 청년들이 현실 세계에서 발기를 일으키고 그 상태를 유지하기 위해서는 점점 더 다양한 자극이 필요하게 됨을 의미한다. 진짜 여자를 만나서 만지고, 맛을 보고, 냄새를 맡고, 피드백과 소통을 나누어야 하는 상황에서, 변화된 뇌는 충분한 즐거움을 느끼지 못하며, 따라서 바람이 빠지는 것처럼 발기가 되지 않는다.

남자들이 결국 자극 중독을 치료하기 위해 전문가의 도움을 구하게 되는 - ADHD(주의력결핍과잉행동장애), 불안감, 우울증, 고립감, 약물과 알코올 남용 따위가 아니라 - 것은 바로 그 때문이다. 그들은 마침내 페니스가 작동을 멈추면 공황 상태에 빠진다.

반가운 소식은, 120일 동안 포르노를 끊으면 혼란을 겪던 뇌가 원상태로 되돌아가고 뇌의 주인이 다시 현실 세계의 진짜 파트너를 상대로, 설사 그녀가 '폰허브Pornhub'(성인물을 제공하는 캐나다의 비디오 호스팅 서비스 - 옮긴이)에 등장하는 여자들처럼 음모를 하트 모양으로 다듬거나 면도하지 않았더라도 성적 흥분을 느낄 수 있게 된다는 것이다.

심리학자 필립 짐바르도Philip Zimbardo의 테드TED 강연(미국의 비영리재단에서 운영하는 국제적으로 명성 높은 강연회 - 옮긴이) 「남자의 종말The Demise of Guys?」은 청소년과 인터넷을 향하여 경종을 울린 것으로 크게 주목받아 유명하다. 그는 청소년들이 학교에서 '좌절'을 겪고 있으며, 여성과의 사회적·성적 관계에서 말살되고 있다고 주장한다.[1] 젊은 남성은 학교를 중퇴할 가능성이 30퍼센트 더 높고, 이제 모든 면에서 여학생들의 성취가 그들을 능가하고 있다. 짐바르도가 태어난 캐나다에서는 남학생이 특수교육 프로그램의 3분의 2를 차지하며, ADHD를 겪을 가능성도 여학생의 다섯 배에 달한다.

짐바르도에 따르면 '타인과, 특히 모호하고 모순되는 기묘한 신호를 보내는…… 이성인 누군가와의 친밀한 정서적 연결에 대한 두려움이 존재한다. (중략) 일대일로 이성을 상대할 때 그들은 타인과 편안한 대화를 할 수 있게 해주는 언어적·비언어적 법칙인 대면접촉의 언어를 모른다'.

짐바르도는 남자들이 여성 파트너를 찾기보다 남자끼리의 유대를 선호하는 현상을 말하는 '사회적 강도 증후군social intensity syndrome'

이라는 멋진 용어를 만들어냈다. 그는 남자들이 다른 남자들과 같이 있는 것을 선호한다고 말한다. 그들은 스포츠 팀, 클럽, 패거리, 동창회, 군대, 그리고 술집에서 남자들끼리 어울린다. '침실에 있는 완전 나체의 제니퍼 로페즈보다' 술집에서 모르는 사람들과 함께 축구 결승전 중계를 시청하는 쪽을 택한다. 짐바르도는 이런 생각을 간결하고 분명한 말로 요약한다.

"이제 그들은 사회적 인간관계의 자발적 상호작용보다 비동시성의 인터넷 세계를 더 선호합니다."

이 모든 것은 인터넷, 특히 비디오게임과 포르노물의 의도되지 않은 결과다. 사내아이는 열두 살이 될 때까지 평균적으로 1만 시간을 홀로 비디오게임을 하면서 보낸다. 지금 그는 매주 50편(더 많을 수도 있다)의 포르노 동영상을 본다. 젊은 남자들은 현실 세계에서 관계를 맺는 방법을 모르고, 즐거움을 주고받을 수 있는 진짜 여성에 대한 진정한 성적 사랑을 이해하지 못한다.

짐바르도는 자극 중독이 뇌를 변화시키는 효과에 동의하면서 오늘날의 청년들은 끊임없는 변화, 흥분, 충격, 그리고 즉각적인 피드백을 기대한다고 주장한다. 이는 그들이 아날로그적이고, 정적이고, 상호작용에 수동적인 나이 든 세대와 전혀 다름을 의미한다. 더 나쁜 것은 젊은 남자들이 서서히, 그리고 섬세하게 형성되는 로맨틱한 관계에서도 여자들과 전혀 다르다는 사실이다.

"누가 신경 써야 합니까?"

짐바르도는 연단에서 목소리를 높였다. 글쎄, 그저 '소년의 부모, 교육자, 게이머, 영화 제작자, 함께 대화하고 춤추고 서서히 사랑을 나눌 수 있는 진짜 남자를 원하는 여자들' 정도?

이것이 오늘날의 남성 문제라고 짐바르도가 말한 때는 2011년이었다.

원시적 욕구

포르노는 우리 뇌의 매우 원시적인 영역과 연결된다. 우리는 새로운 대상이 주는 충격과 흥분을 즐기고, 자식을 낳아 종을 보존하도록 프로그램되었다. 그것이 전부다. 복잡하고, 혼란스럽고, 달콤하면서도 위험한 성 충동이 우리의 행동 전부를 지배한다.

자주 인용되는 에이브러햄 매슬로Abraham Maslow의 말 '욕구의 위계hierarchy of needs'는 1943년에 발표한 논문 「인간의 동기부여에 관한 가설A Theory of Human Motivation」에서 처음 소개되었다. 매슬로가 설명하는 욕구의 피라미드 - 말하자면 우리에게 동기를 부여하는 것들 - 에는 꼭대기에 있는 자아실현에서 시작하여 아래로 내려오면서 존중, 사랑과 소속감, 안전이 자리를 잡고 마지막으로 모든 것의 기저에 음식, 물, 잠, 공기, 의복, 주거, 그리고 섹스 같은 심리적 욕구가 있다. 이들 기반이 없이는 다른 욕구들이 충족될 수 없다.

'쿨리지 효과Coolidge effect'는 우리의 기본적인 동물적 욕망이 드러나는 예를 보여준다. 이는 대부분의 포유동물(대개 수컷)이 새로운 성적 파트너가 나타났을 때 기존의 파트너가 건재한데도 새로이 관심을 보이게 된다는 주장이다.

캘빈 쿨리지는 1923년부터 1929년까지 미국의 대통령이었다. 한번은 그가 부인 그레이스와 함께 실험적 양계장을 둘러보았다. 대통령과 따로 움직인 그레이스는 양계장에서 뻔질나게 짝짓기를 하는 수탉을 보았다. 그녀는 그 수탉이 하루에 몇 번이나 짝짓기를 하느냐고 물어보았는데 '수십 번'이라는 대답을 들었다. 그러자 그녀가 말했다.

"대통령이 여기에 오면 그 얘기를 해드리세요."

잠시 후 이야기를 들은 대통령이 물었다.

"매번 같은 암탉인가?"

"오, 아닙니다, 대통령님. 매번 다른 암탉이지요."

이에 대통령이 말했다.

"그 말을 영부인에게 해드리게."

쿨리지 효과는 내가 자라난 농장에서도 자주 볼 수 있었다. 해마다 영광스러운 몇 주 동안 숫양들은 뒷마당 – 밤에는 내 방 창문 밖에서 울고, 풀을 뜯고, 머리를 맞대고 다투던 – 을 벗어나 교미를 위한 방목장으로 옮겨졌다.

숫양들에게는 「매드 맥스」(오스트레일리아와 미국의 영화 시리즈 – 옮긴이) 스타일의 가죽 고삐를 씌우고 가슴에는 '칠개raddles'라 불린 분필 패드를 연결했다. 암양의 엉덩이에 남은 자국의 색깔을 보고 어느 숫양과 교미했는지를 알아보기 위해서였다.

숫양들은 처음 며칠 동안 자신의 하렘에 있는 암양들에게 서비스를 베풀면서 만족스러운 시간을 보냈다. 그러다 싫증이 나면 다시 돌아다니며 냄새를 맡고 풀을 뜯곤 했다. 그러다가 옆에 있는, 아직 만나지 못한 매력적인 암양이 가득한 방목장의 문을 열어주면 쏜살같이 그리로 달려 들어가 암양들에게 분필 자국을 나눠주면서 탈진할 때까지 돌아다녔다.

우리는 트럭 뒤칸에 탄 채로 숫양들을 응원하면서 재미있는 시간을 보냈다. 그러면서 "힘내, 보리스! 저기 또 한 마리 있어"라고 소리치곤 했다.

물론 우리도 동물이다. 원시적 욕구－'욕구의 위계'에서 토대를 이루는－가 삶에 미치는 영향력이 너무 강력해서 섹시한 여성을 바로 앞에 두고는 눈길을 돌리지 못한다.

포르노가 그토록 우리의 마음을 끌고, 또 피해를 주는 것도 그 때문이다.

이러한 욕구를 충족시키는 서비스를 온라인으로 제공하는 산업은 엄청난 규모로 성장했다. 오늘날 세계적으로 포르노 산업의 가치는 1,000억 달러로 추정된다.[2] 할리우드는 매년 600편 정도의 영화를 제작하여 100억 달러 정도의 수익을 창출한다. 포르노 업계는 1만 3,000편의 영화를 만들고 150억 달러의 수익을 올린다. '폰허브', '브래저스', '유폰', '리얼리티킹스' 등의 포르노 제작업체와 성인 사이트를 보유하고 있는 마인드긱은 세계적으로 구글과 넷플릭스의 뒤를 이어 세 번째로 큰 주파수 대역을 사용하는 기업이다. 매달 넷플릭스, 아마존, 트위터의 방문자를 합친 숫자보다 많은 사람이 포르노 사이트를 찾는다.

이렇게 믿기 힘든 통계는 넷플릭스가 제작한 충격적인 다큐멘터리－포르노 배우들의 에이전트인 라일리Riley와 기대에 부푼 젊은 스타들의 행적을 따라 미국 하드코어 포르노 업계의 비극적이고 참혹한 실상을 보여주는－「핫 걸 원티드Hot Girls Wanted」에서 인용한 것이다. 성 연구를 위한 킨제이 연구소와 공동으로 제작한 이 다큐멘터리는 라일리가 '섹시한 여성 구함'이라는 광고를 '크레이그리스트Craiglist'(미국의 안내광고 웹사이트 - 옮긴이)에 올리고 나서 말하는 장면을 보여준다.

"됐어, 이거면 충분해. 몇 시간 안에 다섯 명은 연락이 오겠지."

그리고 짜잔! 그의 말은 옳다. 몸을 팔아서 영화 한 편당 3,500달러까지 받을 수 있고, 크게 히트하면 말 그대로 수백만 달러를 벌 기회를 얻는 일이 굿 아이디어라고 생각하는 젊은 여성들이 미국과 전 세계에서 몰려든다. 라일리는 그들을 끔찍한 지옥으로 보내기 시작한다.

요즘은 프로 앰pro-am(전문가 수준의 식견과 기술을 지닌 열정적 아마추어 집단 - 옮긴이) 포르노가 대세다. 20대 배우가 농장에서 온 순진한 10대 소녀를 연기하는 대신에, 농장에서 온 순진한 10대 소녀가 포르노 스타가 된다.

'10대'는 인터넷 포르노 사이트에서 가장 많이 검색되는 단어다.

다큐멘터리가 추적한 소녀들 중에 에이바 테일러가 있다. 원한다면 구글로 검색해보라. 그녀는 하루, 1주일, 또는 포르노 업계의 표준인 수개월을 넘어선 매우 희귀한 사례다.

"어떤 애들은 영화 한 편을 찍은 후에 다시 돌아오지 않아요."

라일리는 어깨를 으쓱하면서 말한다.

「핫 걸 원티드」에는 에이바가 고된 일과를 마친 후 남녀 포르노 배우와 함께 파스타를 먹고 담배를 피우면서 맥주를 마시는 장면이 나온다. 남자 배우가 영화에서 보는 것보다 훨씬 더 지성적이고 정중한 인물이라는 것이 그나마 작은 위안이 되는 장면이다. 에이바는 전날 찍은 하드코어에 나온 구강 섹스 장면이 너무 격렬해서, 촬영을 마친 후…… 세트장에 있던 '남자들'이 그녀가 괜찮은지 걱정할 정도였다는 이야기를 들려준다.

끔찍한 촬영 경험을 이야기하는 인터뷰에 응한 소녀는 비아그라 효과로 충혈된 전문 포르노 배우들의 페니스를 구토가 날 때까지 삼켜야 했던 일을 무덤덤하게 얘기했다.

그러고서 그녀는 자신의 토사물을 핥아 먹었다.

함께 웃을 수 없는 관계

은행, 구글, 대형 마켓, 통신사 등과 같은 데이터 기반 기업들은 - 당신이 저장해놓은 안면 인식 프로필에 깔끔하게 연결되어 있음은 물론이고 - 당신이 어떤 사람인지에 관하여 너무나 많은 것을 알고 있으며, 우리 사회는 조지 오웰이 『1984』에서 묘사한 '빅브라더가 지켜보고 있는' 디스토피아dystopia(현대사회의 부정적 측면이 극단화한 암울한 미래상 - 옮긴이)를 이미 넘어섰다고 확신할 수 있다.

기업들이 우리가 어떻게 행동하는지를 알고자 하는 이유는 이해가 된다. 우리에게 더 효율적으로 제품을 판매하는 데 도움이 되기 때문이다. 여러 빅브라더가 우리의 일거수일투족을 지켜보고 자신들의 지식을 공유하고 있다. 대형 은행은 대다수의 고객이 확실한 입장 표명에 성원을 보낼 것임을 알기에, 2017년의 동성결혼 논쟁 같은 게이 공동체의 문제에 기꺼이 동조한다. 은행은 당신이 2007년 마디그라Mardi Gras 축제(매년 시드니에서 열리는 동성애자들의 축제 - 옮긴이)의 입장권을 구매했는지를 알 수 있다. 은행이 알고 있는 많은 정보 - 어디에 사는지, 어디로 여행했는지, 어디에서 식사·쇼핑·운전을 하는지 - 가 모이면 당신이 좋아하는 것과 싫어하는 것에 대하여 소름이 끼칠 정도로 정확한 그림이 그려진다. 은행은 당신이 어떤 사람인지 알고 있다.

이와 마찬가지로 거대 포르노 기업도 당신이 무엇을 좋아하는지에 관하여 많은 것을 알고 있다. 이미 10년 동안 화면을 보면서 자위를 해온 20대 초반의 포르노 팬들은 점점 더 적나라한 하드코어 콘텐츠를 요구한다. '평범한' 콘텐츠는 흥분을 느끼기에 너무 시시해졌기 때문이다.

나의 주장을 입증이라도 하려는 듯이, 이 장을 쓰기 위해 포르노 관련 자료를 많이 검색한 덕분에, 내 노트북 컴퓨터에는 포르노 사이트와 권태에 빠져 멀지 않은 곳에서 외도할 기회를 찾는 주부들에 대한 광고가 어지럽게 떠 있다. 내가 무심코 괴물의 알고리즘을 건드리자 괴물은 벌써 열성적이고 정교한 마케팅 캠페인을 벌이면서 더 원하는 것이 없는지 묻고 있다.

온라인 포르노 중 40퍼센트가 여성에 대한 폭력을 묘사하고 있으며, 이러한 추세는 '학대받는 18세18&Abused' 같은 사이트가 늘어나면서 계속 확대될 것으로 예상된다. 이미 2014년에도 사람들은 성적 학대를 다루는 사이트에 6,000만 번 이상 접속했다. NFL, NBA, CBS, 포춘과 디즈니의 접속 건수를 합친 것보다 많은 숫자다.

소녀들이 부자가 될 수 있는 길은 개인 브랜드 플랫폼에 연결된 능동적이고 섹시한 스냅챗Snapchat(미국의 10대가 많이 사용하는 메신저 서비스 - 옮긴이)과 인스타그램 계정을 갖는 것이다. 무료로 볼 수 있는 포르노 사이트도 많지만, 고급의 비디오와 가장 인기 있는 공연자의 실황 영상을 보려면 해당 사이트에 가입하고 돈을 내야 한다. 유료 사이트들은 막대한 매출을 올리고 있으며, 온라인으로 손쉽게 접속할 수 있는 무료 비디오에 유혹된 사람들이 더 많은 것을 보려고 돈을 내도록 하는, 교묘한 마케팅 방식을 활용한다.

여자들은 개인 브랜드를 주의 깊게 관리한다. 소셜 미디어를 통한 추종자가 늘어날수록 시장성, 경력을 이어갈 수 있는 기간, 그리고 상당한 – 드물게는 믿기 어려울 정도의 – 수입을 올릴 수 있는 능력이 늘어나기 때문이다.

대부분의 포르노 기업은, 만족할 줄 모르고 새로움을 원하는 갈증에 시달리는 시장에 신선한 육체와 성욕 과잉적 놀라움을 지속적으로 공급하기 위해 한 소녀에게 두세 번의 기회를 준다. 대단한 성공을 거두지 않는 한, 그녀가 계속 일하고 싶다면 점점 더 틈새 – '열악해진다'는 의미의 – 일거리를 받아들여야 한다.

에이바 테일러가 시장에서 인정받는 매력은 순진한 젊음과 섹시함의 결합이다. 화면 밖의 그녀는 안경을 끼고 모자를 거꾸로 쓴, 냉소적이고 꺼벙한 말괄량이 스타일의 레이첼 버나드라는 여자다. 안경을 끼고 포르노 촬영장에 나타난 그녀는 매우 설득력 있는 배우로 변신하여 정말로 즐기는 것처럼 연기한다.

「핫 걸 원티드」는 에이바가 촬영장에서 남자 상대역과 함께 제작자의 설명을 듣고 있는 모습을 보여준다. 꽁지머리를 하고 자신의 트레이드마크인 안경을 낀 에이바는 파자마 잠옷을 입고 10대 소녀의 침실에 있는 침대에 누워 있다. 그날의 상대역은 그녀보다 상당히 나이가 많고 덩치가 큰 남자다. 그는 또한 개인적으로 볼 때 소름이 끼치는 느낌을 주는 사람이다.

시나리오에 따르면 책벌레 같으면서도 섹시한 에이바와 침실에서 마주친 '이웃' 어른이 그녀를 만지기 시작한다. 중요한 점은 에이바가 끝까지 남자의 행동을 허락하는 의사를 표시하지 않는 것이다. 제작자는 에이바에게 "허락이 없는 상태로 계속 만지는 남자가 결국 그녀의 옷을 벗기기 시작할 때까지 확실한 예스라는 말은 없다.

그냥 지루한 척해"라고 말한다. 이 모든 전제는 순전히 강간 장면을 찍기 위한 것이다.

에이바는 촬영이 끝난 직후에 화가 난 것처럼 보였다.

"그 빌어먹을 마지막 장면은 정말 싫었어. 거기에는 성적으로 흥분할 만한 요소가 아무것도 없어. 이건 그저 일일 뿐이야."

그녀는 혐오감을 드러내며 침을 뱉었다.

또 다른 소녀는 자신이 '편안함이 아니라 거짓 연기를 위해서 이곳에 왔으며' 숨이 막힐 정도로 거대한 페니스를 빼는 행동이 마치 상상할 수 있는 가장 흥미진진한 일인 것처럼 연기해야 한다는 것을 알고 있다고 매우 분명하게 밝혔다.

"나는 절대로 하지 않을 말을 하고 절대로 하지 않을 행동을 연기해요. (중략) 유방과 질, 엉덩이만 있으면 – 중요한 건 그게 전부 – 그들은 내가 실제로 어떤 사람인지에는 관심도 없어요."

포르노의 주류로 부상하는 굴욕적인 장면들을 꼼꼼히 살펴보려면 튼튼한 위장이 필요하다. 예컨대 '핑크아이Pinkeye'라는 웹사이트에는 정액이 눈을 자극하고 염증을 일으키도록 남자가 여자의 눈꺼풀을 벌리고 있는 영상이 있다. 이런 장면은 섹스보다 굴욕을 강조한다. 그리고 이 정도는 순한 편이다.

'엉덩이에서 입술까지Ass-To-Mouth, ATM'로 알려진 포르노에서는 항문 섹스를 하는 남자가 페니스를 항문에서 빼내어 여자의 입속으로 쑤셔 넣는다. 이런 장면은 말 그대로 똥을 먹이는, 철저한 인간성 말살을 보여준다. 여성은 '암캐', '창녀', '조개' 같은 경멸적인 말로 도배된다. 이런 것은 사랑과 애정, 여성의 기쁨과 아무런 관계가 없다.

카마인 사라치노Carmine Sarracino와 케빈 스콧Kevin M. Scott은 공저 『미

국의 포르노The Porning of America』에서 이렇게 말했다.

'여성에게 이런 것들(똥, 오줌, 정액, 침, 때로는 피까지)을 바르거나 먹이는 폭력적이고 열악한 포르노는 여성의 몸에 대한 거부감을 유발하고 남성의 몸과 완전히 분리되도록 한다. 여성은 버림받고, 남는 것이라곤 오직 강하고 지배적인 남성의 정체성뿐이다.'

포르노는 여성의 성적 대상화와 비하, 굴욕에 거의 전적으로 의존하는 수십억 달러 규모의 산업이다. 이들 여성 중 대다수는 경제적 어려움에 빠진 마약중독자이며, 포르노 산업에서 많은 돈을 버는 제작자와 중개인의 먹잇감에 불과하다.

주류 포르노는 가장 기본적으로 우리를 나쁜 연인으로 만든다는 점을 포함하여 여러 측면에서 남자들에게 해롭다. 매혹적인 전직 광고기획자 신디 갤럽Cindy Gallop은 직접경험을 통해 이런 사실을 잘 알고 있다. 그녀는 '현실 세계'에서 섹스를 나누는 사람들의 모습을 담은 사용자 생성 비디오를 소개하는 웹사이트 'MakeLoveNotPorn(포르노가 아닌 섹스)'을 만든 사람이다.

갤럽은 모든 포르노가 나빠야 할 필요는 없다고 주장하면서 '포르노 산업은 남성을 표적으로 삼아 남자들이 주도하고, 관리하고, 돈을 대고, 감독한다'[3]고 말한다.

이 카리스마 있고 두려움을 모르는 여인(57세)은 우리 사회에 만연한 포르노의 영향력을 직접적·개인적으로 접하게 되었던, 연하의 남자들과 데이트한 경험담을 당당하게 털어놓는다. 포르노 영화에서 보았던 것과 똑같이 '내 얼굴에 사정하기'를 원하는 청년들을 언급하면서 그녀는 남자들이 사랑을 나누는 것과 포르노를 흉내 내는 것의 차이를 알지 못한다고 말한다.

'하드코어 포르노는 젊은 남자들에게 모든 젊은 여자가 얼굴에 사정하는 것을 좋아한다고 가르쳤다. 따라서 여자는 남자가 자신의 얼굴에 사정하도록 해줘야 하며 좋아하는 시늉을 해야 한다.'

아직도 가장 많이 인용되는 테드 강연 중 하나인 - 그리고 '내 얼굴에 싸라come on my face'는 말이 다섯 번 이상 나오는 유일한 강연임이 분명한 - 2009년의 강연을 마친 후 갤럽은 'www.makelovenotporn. com'이라는 웹사이트를 개설했다. 오늘날 이 사이트는 현실 세계의 사람들이 실제 삶에서와 똑같이 진짜 섹스를 하는 비디오가 모이는 중심지가 되었다. 이들 비디오는 주류 포르노와 정반대로 애정, 접촉, 친밀감, 부드러움, 열정, 배려, 유머와 기쁨을 보여준다.

갤럽의 목표는 '개방적이고 건강하며 더 나은 성적 관계를 활성화하기 위해 섹스에 관한 건전하고 열린 대화의 틀을 다시 짜는 것'이다.

온라인 포르노 중 대다수는 천편일률적이고 해로운 세계관을 제공한다. 성적 행동의 '포르노화'에 맞서고, 소셜 미디어와 광고에서부터 스포츠와 연예계까지 주류문화에서 포르노를 정상화해야만 변화가 시작될 수 있다.

랜 가브리엘리Ran Gavrieli는 남성의 성 건강 분야에서 록 스타 같은 인물이다. 전 세계를 돌아다니면서 성교육 강연을 하고 워크숍을 주최한다. 랜은 자신을 기업가, 성 건강 전문가, 성교육 분야의 학자이자 활동가로 소개한다. 그의 웹사이트에 따르면 가브리엘리가 창안한 '엘스ELSE'는 성 평등을 촉진하고 성폭력을 방지하기 위한 가장 현대적이고 적절하며 효과적인 성교육 방법이다.

그는 비디오 강연으로도 유명하다. 「나는 왜 포르노를 끊었나」라는 강연 비디오는 1,600만 명 이상이 시청했다.[4] 가브리엘리는 포르노가 자신의 성생활을 황폐하게 만들고 있었다고 말한다. 한때 그의 판타지는 여성과의 만남을 둘러싼 장소, 대화와 성적 동기부여를 세부적으로 구성하는 것이었다. 가브리엘리는 '어떻게 우리는 같이 있으면서도 외로워졌을까?'라는 의문을 품고 유혹적이고 에로틱한 배경 스토리를 상상하곤 했다. 그러나 그의 머릿속은 분노와 폭력으로 가득 차 있었으며 판타지는 온통 삽입 행위에 관한 것뿐이었다.

가브리엘리는 하나의 장르로서 포르노가 다루는 내용이 성애나 건강한 성적 소통이 아니라 여성에 대한 남성의 지배가 전부라고 주장한다. 그는 '포르노는 당신의 마음을 정복하고 두뇌를 침범한다. 그래서 나는 상상력을 잃어버렸다'고 말했다.

포르노는 또한 젊은 남자들에게 남성성의 불가능한 이미지를 보여준다. 남자는 언제나 큼직한 페니스를 가져야 하고 끝날 줄 모르는 발기 상태를 유지해야 한다. 삽입에 초점을 맞춘 포르노의 세계는 남자들이 관능적이고, 배려하며, 열정적이고, 관대하고 조화로운 연인이 될 수 있다는 사실을 무시한다. 가브리엘리는 우리가 잃어버린 것이 성별 위계를 떠난, '정서적으로 안전한 섹스'라고 말한다. 침실에서 들리던 웃음소리는 어디로 갔을까? 한방에 있는 두 사람이 함께 웃을 수 없다면 결코 좋은 일이 생길 수 없다.

당신이 본 적이 있는 포르노 모두에 '웃음은 어디로 갔을까?'라는 간단한 테스트를 적용해본다면, 거기서 좋은 일이 생길 가능성이 전혀 없다는 사실이 분명해질 것이다. 포르노의 카메라는 접촉, 애무, 친밀감에는 관심이 없다. 포르노는 여성의 신체 중 어느 부위든 삽입하는 것이 전부이기 때문에, 손은 구강 섹스에서의 머리카락과 마찬가지로 방해물일 뿐이다. 유일한 접촉은 질(또는 메뉴에 있는 다른 구멍)과 페니스의 접촉뿐이다. 삽입 장면에서 최적의 카메라 앵글을 확보하기 위해 남자 배우가 뒷짐을 지고 작업하는 경우도 흔하다.

오늘날 한 세대 전체가 이런 방식(여성의 비하, 극단적 행위, 침 뱉기, 목 조르기 등이 완비된)이 섹스하는 방법이라고 믿으면서 성장했다. 포르노 때문에 한때는 예외적 행위였던 항문 섹스가 우리의 일반적 성의식 속으로 밀고 들어왔다. 이제 'mamamia.com.au' 같은 주류 미디어 매체까지 윤활제와 청결에 대한 조언과 함께 항문 섹스에 관한 이야기를 다루고 있다.[5] 거북한 이야기지만, 똥은 어떻게 처리할까?

포르노 업계에서 일하지 않는 젊은 여성들도 포르노 때문에 끔찍한 상황에 빠지게 된다. 그녀들의 휴대전화는 한때 포르노에서나 볼 수 있었던 몸짓과 춤 동작을 주류 연예계에서 보여주는 마일리 사이러스와 레이디 가가 등 수백 명의 래퍼와 리얼리티 스타의 사진으로 가득하다. 가치를 인정받으려면 섹시해야 하며, 그 섹시함은 당신이 데이트하는 청년의 마음속에 포르노에 의해 정의되어 있는 섹시함을 의미한다. 인스타그램, 「4차원 가족 카다시안 따라잡기Keeping Up with the Kardashians」(2007년 10월부터 E!에서 방영 중인 리얼리티 프로그램 - 옮긴이), 「E! 뉴스」를 잠시만 둘러봐도 화끈하고 섹시하게 보이기 위해 필요한 스타일에 관한 모든 지침을 얻을 수 있다. 그저 창녀처럼 보이지만 않게 하라.

젊은 남자가 너무나 충격적인 현실 세계 여성의 음모를 보고 깜짝 놀라고 때로 혐오감까지 느끼게 된다는 것은 자주 거론되는 이야기다. '폰허브'의 여자들은 이렇게 털이 무성하지 않았는데…… 일부러 찾아보지 않는 한, 그들에게는 실제 여성의 음모가 브라질의 열

대우림처럼 보인다.

오늘날의 포르노는 남자다움이 무엇인지를 정의하는 데 핵심적 역할을 하면서 맨박스에 가공할 만한 벽을 쌓아올리고 있다. 이 같은 벽은 소년과 성인들에게 강력한 메시지를 보낸다. 지배하라. 공격적인 남자가 되어라. 장시간 단단하게 버티는 큼직한 페니스를 가져라. 여자에게 절정감을 맛보여라. 여자들은 때리고 머리채 잡아당기는 것을 좋아한다. 당신이 그녀들의 성기에 침을 뱉는 것도 좋아한다. 여자들은 모두 항문 섹스를 사랑한다. 포르노는 남자들에게, 유혹적으로 반짝이는 고화질 영상을 통해, 남자다우려면 섹스를 포함한 모든 상황을 공격적으로 지배해야 한다는 아이디어를 제시한다.

수십억 달러 규모인 포르노 산업의 영향으로 남자들은 사랑을 주고받는 깊고 만족스러운 성생활을 여성과 함께하고, 여성을 동등한 가치를 가진 인간으로 받아들이는 방법을 잊어버렸다.

행동을 바꾸는 첫걸음

로맨틱한 관계의 핵심에는 건전한 섹스가 있다. 포르노는 젊은 남자들이 여성과 신뢰에 기초한 성숙하고 의미 있는 관계를 형성하는 것을 방해한다. 우리의 습관과 취향을 바꾸고 침실과 마음의 경계를 변화시키면서 광범위하게 미치는 사회적 영향력도 엄청나다.

설사 포르노의 영향이 없더라도 여전히 남자들 사이에서 주고받는 남자답게 행동하는 정확한 방식에 대한 요구는 공감하고 소통하고 진정한 친밀감을 나눌 수 있는 능력을 저해한다. 절대로 도움을 청하지 말고, 약함이나 감정을 드러내지 말고, 자신의 문제에 관한 이야기를 하지 말라는 요구에 더해진 성생활과 사회의 포르노화는 남자들에게 참혹한 피해를 초래한다. 담배와 축구선수들의 두부손상처럼, 포르노를 보기 시작했을 때는 그것이 불러올 피해나 심각한 중독성을 알지 못했다고 주장하는 피해자들이 집단소송에 나설 수도 있을 것이다.

포르노를 비판하는 것은 고상한 척하려는 행동이 아니다. 우리가 성 문제를 공개적으로 논의할 수 있는 시대에 사는 것은 다행스러운 일이다. 남성으로서 우리는 자신의 행동을 바꿀 것을 진지하게 고려하고 더 목소리를 높여야 한다. 동료들과 이야기함으로써 더 많은 대화와 아이디어, 더 많은 생각과 변화가 이어지게 된다.

나의 멋진 젊은 친구 타미 아일랜드Tammi Ireland는 성 문제를 다루는 아름답고 관능적인 'BARESexology(벌거벗은 성과학)'라는 블로그를 만들었다. 이 블로그는 오늘날의 섹스가 지향해야 하는, 열린 마음으로 사랑을 주고받고 배려하고 존중하며…… 연기가 날 정도로 뜨거운 섹스의 현명하고 에로틱한 예를 보여준다.

그녀는 좋은 포르노도 있다는 점을 인정하면서 '건전한 포르노를 보라!'고 말한다.

"대중적 사이트에 넘쳐나는 것과는 다른 포르노가 있다. 시간을 투자하여 당신에게 맞는 것을 찾아보라. 더 부드럽고 여성의 기쁨에 중점을 둔 포르노(현실적인 배우들, 정서적 유대감, 더 오래가는 절정감이 있는)를 원한다면 에리카 러스트Erika Lust(스페인에서 활동하는 스웨덴 출신의 영화감독 - 옮긴이)의 텀블러Tumblr를 찾아서 '여성을 위한 포르노 선물Porn Gifts fo Women'을 검색하고, 믿기 힘든 섹스 장면이 나오는 영화(우선 「내 남자의 아내도 좋아Vicky Cristina Barcelona」를 추천한다)를 보고, 성애물을 온라인으로 구독하라."

맨박스 밖으로 나서서 자신과 타인의 삶에 대한 포르노의 역할을 요구하는 데는 큰 용기가 필요하다. 우리는 습관을 바꿈으로써 대량으로 영상화되는 매춘에 기반한 산업에 기여하는 일을 멈춰야 한다. 남자들은 자신의 삶과 결정이 주변에 있는 사람을 비롯하여 영향을 미칠 수 있는 사람들에게 본보기가 되도록 해야 한다.

자신의 행동을 바꾸는 것은 작은 출발이다. 우리는 포르노나 맨박스가 남자다움을 정의해주는 것이 아니라 스스로 그것을 결정하는 세상을 건설해야 한다.

우리는 아들이 여성을 걸어 다니고 말도 하는 섹스 인형으로 보는 남자가 되는 것을 원하지 않는다. 나는 딸이 그런 남자를 만나는 것을 원하지 않는다. 그녀의 정신과 성격, 개성과 지성, 즉 그녀라는 인간을 사랑하는 남자와 함께하는 데서 오는 행복을 경험할 수 있길 바란다.

그런 일은 포르노와 아무런 관련이 없다.

제3장

여성 혐오를 선택한 남자들

페미니즘을 탓하는 남자들

청년의 삶을 정의하는 맨박스로부터 압력을 받은 직접적 결과로 우리 사회에 기괴하고 우스꽝스러우면서도 섬뜩한 현상이 끓어오르고 있다. 바로 남성권리운동men's rights activism, MRA이다. 가장 극단적인 형태의 남성권리운동은 이미 사람의 생명을 앗아가고 있다. '남성권리운동가들MRAs'은 세계적으로 규모가 확대되고 있는, 분노한 로비 집단을 대표한다. 극단적인 경우 그들은 백인우월주의자, 극우 혐오주의자, 신나치 집단과 연결되어 있다.

차드, 슬레이어(살해자), 쿡, 인셀, 백기사, 그리고 만기나(자기 비하자 또는 여성적 특질이 강한 남자), 로스티roasties(섹스에 능동적인 여자), 처녀, 관심증 환자의 세계에 온 것을 환영한다.

극단적인 MRA들은 여성과 페미니즘, 그리고 섹스라는 기본적 '인권'을 자신에게서 빼앗아갔다고 생각하는 사회를 깊이 혐오한다.

'오늘날의 성 시대정신은 여성의 자기도취와 특권의식을 부추긴 나머지 두 세대에 걸쳐서, 대부분 천박하고 이기적인 인간쓰레기(기생충)이며 남성의 자원과 선의를 빨아들여 어리석은 허영심을 추구하는 데 낭비하는, 인간 블랙홀이 된 여성들을 만들어냈다……'[1]

이 멋들어진 말은 선도적인 남성권리운동가 폴 엘람Paul Elam이 2011년에 '남성 라디오를 위한 목소리A Voice For Men Radio'라는 팟캐스트를 시작하면서 한 말이다. 이 말에는 오늘날 남성권리운동의 동력을 이루는 '생각'이 깔끔하게 담겨 있다.

MRA들은 자신의 실업, 알코올중독, 경제적 어려움, 성적 욕구 불만, 이혼, 가정법원의 판결, 위신의 실추가 향수 냄새를 풍기며 남성 호르몬을 무력화하는 사악한 페미니즘 탓이라고 생각한다.

실제로 남자들이 고충을 겪는 경우가 있는 것은 사실이다. 우리는 개정된 가족법에 따른 소송에서 고전하는 경우가 많았다. 남성의 자살률은 전례가 없을 정도로 높다. 남자들의 직업은 위험하고 죽임을 당할 가능성이 더 높다. 오스트레일리아에서는 매주 여성 한 명(배우자 또는 이전 배우자)이 남성의 손에 살해된다. 우리는 삶의 모든 것을 희생해서라도 남자답게 행동하기를 요구하는 강력한 사회적 압력 때문에 정서적으로 고립된다.

성 불평등을 해소하기 위해 분투하고 가정폭력, 성폭력, 성차별 문제를 공론화하려는 페미니즘을 지원하는 진보적 남성 단체도 많다. 그러나 스펙트럼의 반대편에는 소셜 미디어에서 익명으로 목소리를 높이고 레딧Reddit 같은 플랫폼에서 혐오스러운 아이디어를 공유하는 분노에 찬 MRA의 무리가 도사리고 있다.

가장 황당하고 불안정하며 분노하는 사람들은 '비자발적 순결involuntary celibate'의 줄임말인 인셀들incels이다. 이들은 현실과 동떨어진 성적 욕구 불만에 사로잡힌 나머지, 좌파 지향의 진보적 페미니스트 세상이 자신에게서 여성과 섹스할 '권리'를 박탈했다고 진심으로 믿는다. 또한 세상이 이미지, 용모, 카리스마, 돈과 성공에 좌우되므로 평균적인 남자는 섹스를 위한 여성의 선택을 받을 기회가 없다고 생각한다.

물론 이런 생각은 은유적 맨박스의 사악한 창조물이다. 진정한 남자가 되려면 예쁜 여자, 아니면 적어도 여자의 마음을 끌 수 있어야 한다. 여자가 예쁠수록 남자의 가치도 올라간다. 그러나 잘생기지도, 재미있지도, 똑똑하지도, 돈이 많지도, 카리스마 있지도, 강하고 섹시하지도 않은 남자라면 어떻게 될까? 할 수 있는 일이 거의 없고, 섹스의 기회도 없음을 의미하게 된다. 여성 혐오적 사고방식이지만 인셀의 생각을 이해하기는 어렵지 않다.

인셀은 여자들 – 모두가 무책임하고 천박하며 자기 집착적인 – 이 오직 자신이 씁쓸하게 '차드chads'라 부르는 알파 맨과의 섹스만 원한다고 생각한다. 여성을 섹스에 끌어들이거나, 더 나아가 여성의 선택을 받을 정도로 잘생기고, 카리스마 있고, 똑똑하고, 재미있거나, 아니면 돈이 많은 남자가 차드의 지위를 확보한다.

인셀은 고립된 젊은이다. 남성호르몬과 분노의 위험한 혼합물인 그들의 폭력적 행동은 자신을 거부한 여성에게로 향한다.

나도 그런 느낌을 기억한다. 자신에게 관심을 가져주길 바랐던 모든 섹시한 여자는 당신보다 다섯 살 위인 남자, 자동차를 가진 남자, 모를 일이지만 가죽 재킷을 입은 남자를 좋아했다. 여자들이 나쁜 남자를 좋아한다는 것은 누구나 안다. 당신이 나쁜 남자가 아니라는 것은 엿같은 일이다.

대학 시절에 아주 멋진 여자를 좋아했던 기억이 난다. 우리는 그저 친구 사이였다. 어느 날 밤 내가 방문을 두드리자 그녀가 문을 열었다. 그녀의 침대에는 '벨레인스 The Verlaines'라는 끝내주게 쿨한 밴드의 리드싱어가 누워 있었다. 그 순간 나는 완전히 바보 같고, 쿨하지도 섹시하지도 못하다는 느낌에 마치 진흙을 뒤집어쓴 것 같았다. 그녀는 좋은 여자였다. 하지만 벨레인스라니!

그날 밤 인터넷에 접속할 수 있었다면 적절한 검색어를 사용하여 나의 고통을 이해하고 충분히 쿨하거나 잘생기지 못한 데 대한 비분을 달래줄 수 있는 남성 온라인 커뮤니티를 찾아냈을 것이다. 나는 그렇게 퇴짜를 맞았다. 아마도 내 탓이 아니라 사악하고 이기적이고 난잡한 여자들이 잘못이라는 생각을 위안으로 삼았던 것 같다.

분명히 이 같은 태도는 저절로 계속되는 순환으로 이어진다. 여자들은 난잡하며 차드만 원한다고 생각하고, 뚱뚱한 여자들까지 섹스를 할 수 있다는 것이 얼마나 어이없는 일인지에 관한 글을 올리기를 즐긴다면 재미있는 데이트 상대가 되지는 못할 것이다. 당신이 수집한 도롱뇽이나 사무라이 검을 보고 싶어 하는 여자는 아무도 없다.

다음은 'theemperorhirohito'라는 대화명을 사용하는 인셀이 한 인셀 사이트에 올린, 자신을 정의한 글이다.

인셀이란 적어도 우리에게는 용모의 문제다. 불안하거나 사회성이 부족해서 섹스를 못하는 것은 자신의 책임이다. 용감해지고, 더 나은 사회성을 배우고, 밖에 나가서 모험을 감행할 수 있다. 이런 일을 하지 않는다면 자발적으로 순결을 선택하는 것이다. 나는 사람들의 통상적인 문제가 해결할 수 있는 문제임을 깨달았다. 그러나 얼굴과 신장은 자신이 어떻게 할 수 없는 문제다. 이것이 인셀을 만드는 '속성'이다. 당신의 통제 너머에 있다. 그것이 적어도 나에게는 정체성의 핵심이다.

하지만 여성은 순전히 그녀의 마법적인 질이 가진 힘 때문에 결코 인셀이 될 수 없다. 인셀들은 여성 동료들이 – 과체중이고 우스꽝스럽고 매력 없는 여자들까지도 – 단지 자신의 가용성을 확실히 드러내는 것만으로 섹스를 할 수 있다는 사실에 격분한다.

여기서 어느 인셀이 어떻게 비자발적 순결 군단의 신참자가 차드의 개념을 이해하도록 돕고 있는지 들어보자.

나는 차드가 사회경제적 존재를 지칭하는 용어라고 본다. 매우 부유하고, 다양한 도시에 살고, 보트를 소유하고, 아이비리그에 속한 학교에 가는 것이 차드를 차드로 만든다고 생각한다. 사람들은 때로 뜻밖의 행운 같은 우연적 이유로 누군가를 차드라고 부른다. 나처럼 개 같은 상황에 있지 않다면 그는 차드다. 그러니 엿이나 먹으라고 하라.

접근해서 쫓아다니지 않더라도 여자의 마음을 끌 수 있는 사람은 차드다. 더 상위의 차드는 슬레이어slayers라 부른다.

하위의 차드는 특정한 부류의 여자들에게만 매력적이지만, 슬레이어는 거의 모든 여자의 마음을 끈다. 결론적으로 당신이 차드가 아니라면, 남은 옵션은 베타 공급자beta provider(자신을 사랑하지 않고 성적 매력을 느끼지도 않는 여자를 위해 열심히 일하고 경제적 지원을 베푸는 남자 – 옮긴이)가 되는 것뿐이다. 차드가 아닌 대부분의 '보통 남자'는 이런 길을 따르며, '쿡 당할Cucked(속아넘어갈)' 가능성이 매우 높은 불행한 관계에 이르게 된다.

그런 것이 싫다면, 인셀로 남되 소개업소나 창녀를 이용하는 방법이 최선이다. 여자들이 자신에게 잘 걸려들고, 때가 되면 섹스를 허락한다고 주장하는 사람들은 자신이 차드임을 모르고 있을 가능성이 매우 높다. 많은 인셀(이 사이트에 있는)은 아마도 살아가면서 적어도 한두 명의 여자는 끌어들였다는 의미에서 차드일 가능성이 높다. 나는 차드가 아니다. 진정한 인셀이다. 나에게 관심을 보이거나 섹스를 허락한 여자는 아무도 없었다.

너무나 슬픈 이야기다.

성적 관계에 대한 인셀의 권리를 신장하고 여성에게 선택권을 부여한 페미니스트 운동의 잘못을 바로잡기 위해 정부가 여자들에게 인셀과 데이트하도록 돈을 줘야 한다고 진지하게 제안한 사람들도 있었다.

또 다른 사람은 '나는 평생 누군가와 관계를 맺어본 적이 없다. 친구도 여자도 없었다. 급우 중에 내 이름이나 나에 관해 뭔가를 아는 사람이 아무도 없는 외로운 대학생이다'라고 말한다.

인셀 중에는 위험할 정도로 불안정한 사람들이 있다. 그들 중 한 사람은 '내가 결국 총기 난사 사건을 일으키게 된다면, 너무 오랫동안 인간관계에서 소외된 데 따른 손상과 스트레스 때문일 것이다.

그런 일이 실제로 일어난다면, 옳고 그름을 판단하는 정신적 능력을 상실한 나에게 살인의 책임을 물어 비난할 수 있을까?'라고 말한다.

인셀의 이념 때문에 적어도 스물다섯 명이 사망했다. 인셀 운동의 영웅 중 한 명인 엘리엇 로저Elliot Rodger는 2014년 캘리포니아에서, 자신에게서 섹스를 박탈했다는 이유로 '대여성전쟁'이라 명명한 전쟁을 시작하기 위해 여섯 명을 살해하고 열네 명에게 부상을 입혔다. 악명 높은 그의 말은 '인셀의 반란은 이미 시작되었다!'였다. 알렉 미나시안Alek Minassian은 2018년 4월 토론토에서 열 명을 죽이고 열여섯 명에게 부상을 입혔다. 크리스토퍼 하퍼 머서Christopher Harper-Mercer는 2015년에 아홉 명을 살해한 뒤 엘리엇 로저의 공격을 찬양하고 자신의 총각 상태에 대한 분노를 표명하는, 불안정성을 적나라하게 드러낸 선언문을 남겼다.

MRA의 핵심 전술 중 하나는 페미니스트들을 공격하기 위해 온라인 자경단을 결성하는 것이다. 브리즈번에 있는 서점 '애비드 리더Avid Reader'는 페미니스트 작가 클레멘타인 포드의 신간 출간에 즈음하여 별 하나 평점의 독자 후기 수백 건을 올린 MRA 괴물들의 공격을 받았다.

서점의 소셜 미디어 매니저인 크리스 커리Chris Currie는 웹사이트 '퀘스트 커뮤니티Quest Community'에서 '우리는 곧바로 서점에 대한 집단적 공격임을 알아챘다. 그래서 우리는 친절한 평가에 감사하는 글을 올렸다. 그들이 승리하도록 내버려둘 수는 없었다. 우리의 멋진 고객들은 일치단결하여 5,000건이 넘는 별 다섯 개짜리 후기를 올림으로써 그들을 물리쳤다'[2]고 말했다.

한 페미니스트 블로거는 놀랍도록 긍정적인 미국의 남성 웹사이트 '좋은 남자 프로젝트'에서 '그들에 관한 글을 쓰는 일은 집 없는 고양이에게 참치를 먹이로 주는 일과 같다. 실제로는 고양이 100마리에게 참치 먹이를 주는 것에 더 가깝다는 점만 빼고. 그들은 느닷없이 나타나 야옹거리며 돌아다니고 그곳을 난장판으로 만든다'고 말했다.

2018년 5월 〈뉴요커〉에 실린 글에서 지아 톨렌티노Jia Tolentino는 '인셀이 실제로 원하는 것은 섹스가 아니다. 그들은 완전한 남성 우위를 추구한다'고 주장했다.

실제로 인셀들은 섹스의 재분배에는 관심이 없다. 자신 말고 그 누구에게도 섹스가 재분배되기를 원하지 않는다. 그들은 성전환자나 통상적 기준의 매력을 갖추지 못한 여성의 성적 소외에 무관심하다. ['푸시pussy(여성의 성기를 가리키는 비어 - 옮긴이)를 가진 사람은 절대로 인셀이 될 수 없다. 누군가는 그와 섹스를 하려고 목을 맬 것이다. (중략) 남자들은 돼지, 코뿔소, 괴물과도 섹스하려고 줄을 선다.'] 인셀들이 원하는 것은 극도로 한정적이며 분명하다. 매력 없고 투박하고 불쾌한 여성 혐오자가 젊고 아름다운 여성과 원할 때 언제든 섹스할 수 있기를 원한다. 그것이 자연적 권리라고 믿는다.[3]

'섹스할 권리를 가진 사람이 있는가?'라는 제목으로 〈런던 리뷰 오브 북스〉에 기고한 글에서 아미아 스리니바산Amia Srinivasan은 인셀 문제의 정곡을 찔렀다.

'문제는 우리가 타인에게 욕구를 품을 권리나 욕구의 대상이 될 권리가 없을 뿐만 아니라 누가 욕구의 대상이 되고, 누가 그렇지 못한지

가 정치적 문제임을 인정하는 양면성 속에서 살고 있다는 것이다.'⁴

섹스 로봇

실제로 인셀의 확대되는 규모, 세력, 영향력, 그리고 위험성은 젊은 남성의 참여와 여성의 죽음이 늘어남에 따라 사회가 대응해야 하는 정치적 문제가 되었다.

그들은 놀라울 정도로 극단적이다. 인셀의 삶이 강간보다 나쁘다고 생각한다. '나는 인셀덤 inceldom이 치유되거나 차드로서 새로운 삶을 시작하게 된다면 기꺼이 강간을 당할 것이다'라고 말한 사람도 있었다.

또 한 사람은 '우리가 겪는 고통의 궁극적 원인은 여자들이다. 여자들은 우리의 삶을 부당하게 생지옥으로 만들었다. (중략) 우리는 여자들에 대한 증오에 더 집중해야 한다. 증오는 힘이다'라고 말했다.

그들은 여성이 자신을 원하지 않는 이유를 도저히 이해하지 못한다. 어느 인셀은 '여자들은 나를 무시하면서도 남자를 찾을 수 없다는 멍청한 말을 한다. 밖에 나가면 땅바닥에 핫도그가 널렸는데 배고프다고 하는 것과 마찬가지다'라고 말했다. 이 불쌍한 사람의 문제는 버려진 음식과 자신을 동일시하는 것일 가능성이 높다.

까다롭고 쌀쌀맞다고 여겨지는 여자들을 향한 증오가 너무나 큰 나머지 '제 갈 길을 가는 남자들 Men Going Their Own Way, MGTOW'이라는 인셀 하부 집단은 온라인 남성 사이트에서 여성과의 관계를 완전히 포기하라는 아이디어를 내놓았다. 여성과의 성적 관계에서 벗어나면 경제적으로 착취당하고, 이용당하고, 속아넘어가거나 강간범으로 몰릴 일이 없다는 이론이다. 〈사이콜로지 투데이〉에 실린 글에서 제레미 니콜슨Jeremy Nicholson은 MGTOW 공동체가 '더 이상 여성과의 관계나 데이트에 의욕을 느끼지 못할 정도로 좌절하고 혼이 난 남자들이며, 스스로 행복을 찾는 데 집중하는 사람들이다'라고 설명했다.[5] 그들은 '수도승처럼' 순결 유지를 MGTOW적 정서의 가장 순수한 형태로 여긴다.

그러나 대다수의 인셀은 자신이 성적 욕구의 노예이며, 진정한 문제는 바위에 올라앉아 욕망에 사로잡힌 선원들을 유혹하여 수장시키는 사이렌의 마녀들처럼 눈·머리카락·유방으로 자신을 홀리는, 진정 짜증나는 여자들이라고 말한다.

인셀들은 기술이 발전하여, 정교한 응답 알고리즘으로 구동되어 대화가 가능하고 부드러우면서 따뜻한 피부와 강한 팔다리를 갖춘 초현실적 섹스 로봇이 출현할 날을 고대한다. 그날이 오면 여자는 무용지물이 될 것이다. 정말 기다려진다.

이미 어린 소녀의 모습을 닮았거나, 주인의 의사에 저항하여 사실상 강간을 할 수 있도록 하는 섹스 로봇의 윤리적 문제가 제기되었다.

2017년의 오스트레일리아 기술박람회에서 사만다Samantha라는 인공지능 섹스 로봇이 손상을 입는 사건이 일어났다. 사람들은 그녀의 가슴과 팔다리에 상처를 입혔다. 심하게 오염되고 손가락 두 개가 부러졌지만 여전히 말을 할 수 있었던 사만다는 충격에 빠진 프로그래머에게 "괜찮아요, 감사합니다"라고 말했다.

사만다는 사람의 목소리와 접촉에 따라 늘어나는 성적 흥분의 징후를 보이도록 프로그램되었다.[6] 즉 유혹당하도록 설계되었다. 그녀가 그날의 집단강간을 어떻게 느꼈는지는 알려지지 않았다.

레딧의 걱정이 많은 인셀은 섹스 로봇의 인공지능을 연구하는 여성 과학자가 로봇의 두뇌에 '당신의 성기를 찌르도록' 부추기는 페미니스트 암살 프로그램을 탑재할 수도 있다고 우려했다.

하지만 MRA들은 대체로 섹스 로봇이 여성에게 종속된 자신의 노예상태를 영원히 끝장낼 거라고 기대하면서 섹스 로봇의 발전을 환영한다.

여자들도, 지금까지는, 전적으로 동의한다.

서로 다른 길

남성권리운동 역사의 기저에는 공상과학영화의 고전이 된 「매트릭스」(1999년)에 나온 '파란 약과 빨간 약'의 전설적 개념이 자리 잡고 있다. 로렌스 피시번이 연기한 모피어스는 키아누 리브스가 연기한 네오에게 알약을 선택하라고 권한다. 불빛이 대머리에 어른거리는 모피어스가 으스스한 목소리로 말한다.

"파란 약을 먹으면 이야기는 여기서 끝난다. 아침에 침대에서 일어나 무엇이든 믿고 싶은 걸 믿으면 되지. 하지만 빨간 약을 선택하면 이상한 나라에 남게 되고, 토끼 굴이 얼마나 깊은지를 내가 보여주게 된다. 내가 제시하는 것은 진실뿐임을 잊지 마라. 진실은 자네가 볼 수조차 없는 세계에 아무것도 모른 채 갇힌 노예라는 것이다. 빨간 약은 진실을 폭로한다."

MRA들은 빨간 약을 먹는 것을 여자들이 남성을 무력화하는 좌익성 정치학과 향기로운 머리카락의 함정에 빠뜨리려고 자신들 주위에 쳐놓은 거미줄의 실상을 보게 되는 순간으로 왜곡한다. 이미 인셀, 게이머, 컴퓨터 괴짜, 팬보이들의 고전이 된 이 영화에서 간단한 아이디어를 빌려온 것은 영리한 생각이었다.

그들은 예외 없이 온라인에서 빨간 약을 찾는다. 다큐멘터리 영화 제작자인 캐시 제이Cassie Jaye의 남성권리운동을 다룬 영화 「더 레드 필The Red Pill」은 큰 논란을 불렀으며 전 세계적인 반대 운동을 촉발했다. 2016년에 개봉된 이 영화는 오스트레일리아 전역의 대형 시네마 체인에서 상영이 금지되었으며, 소수의 독립영화관에서만 상영되었다. 대형 체인들은 영화 상영에 반대하는 로비 집단 – 페미니스트와 MRA 모두 – 의 청원과 소셜 미디어를 통한 압력에 굴복했다.

이 영화는 MRA의 주장을 분명하게 설명하고, 균형을 잡기가 불가능한 주제에 대해 균형 잡힌 접근을 시도한다. 양쪽 진영 모두 열정적인 신념이 너무 강해서 한쪽이 다른 쪽의 견해를 진솔하게 고려해볼 여지는 전혀 없었다.

제이 자신은 영화의 말미에서 "남성권리운동에 관해 더 많이 알게 될수록 모든 것이 더 혼란스럽다"고 고백함으로써 동료 페미니스트들의 원성을 샀다.

결국 오스트레일리아에서 제한적으로 상영된 이 영화는 어느 한쪽 주장으로 기울게 하는 데 거의 영향을 미치지 못했다. 양쪽 진영에서 분노의 목소리가 그만큼 컸다.

남자들의 남성 혐오

MRA들은 심지어 우리가 사용하는 언어에까지 영향을 미친다. '커컬드cuckold(오쟁이진 남자)'라는 옛 영어 단어를 끌어내어 주류 언어에 편입시킨 방식이 그들의 힘과 영향력을 명백히 입증한다.

다른 남자와 바람을 피운 여성 배우자를 둔 남자를 비하하는 용어인 '커컬드'는 1296년에 「올빼미와 나이팅게일 The Owl and the Nightingale」
이라는 시에서 처음으로 사용되었다. 배우자의 부정에 관한 논쟁에
서 올빼미가 '그 여자는 너무 오랫동안 냉대를 받은 나머지 자신의
욕구를 채우려고 결심했을 수도 있어. 누가 알겠나. 남편을 오쟁이
진 남자로 만들더라도 어쩔 수 없었겠지'라고 말한다.

셰익스피어도 이 말을 즐겨 사용했다. 「오셀로」 제3막에서 에밀
리아가 데스데모나에게 '남편을 영주로 만들기 위해서라면 오쟁이
를 지워서 수도승으로 만들지 않을 여자가 어디 있겠어요?'라고 말
한다.

'커컬드'는 다른 새의 둥지에 알을 낳는 뻐꾸기를 의미하는 프랑
스어에서 유래했다. 엄청나게 크고 게걸스러운 뻐꾸기 새끼는 다른
새끼들을 죽이고 그들의 자리를 차고앉아 불운한 양부모에게 점점
더 많은 먹이를 요구한다. 이처럼 누군가를 내쫓고 그 자리를 차지
한다는 데서 '쿡 cuck'의 의미가 유래한다.

불과 몇 년 동안 이 단어는 극우 진영에서 진보적이고 페미니즘을
지원하는 남성 – 실제로는 자신과 의견이 다른 거의 모든 사람 – 을
모욕하는 데 애용하는 용어가 되었다.

게이머게이트 Gamergate로 알려진 2014년의 씁쓸한 논쟁은 이 용어
와 MRA의 극단적인 견해를 백일하에 드러냈다. 게임 개발자인 에런
조니 Eron Gjoni는 전 여자친구이자 게임 개발자인 조에 퀸 Zoë Quinn이 그
녀가 개발한 게임에 대한 호의적인 리뷰를 얻어내기 위해서 게임 담
당 기자와 같이 잤다고 비난하는 장문의 글을 블로그에 올렸다. 엄
청난 야만성과 성차별주의가 끓어오르는 가운데 게임업계는 인신
공격과 아울러 부정한 요부 게임 개발자와 한통속으로 추정되는 출

판물들에 대한 불매운동을 펼쳤다. 메시지는 분명했다. 게임은 남자들의 것이다.

머지않아 조니도 여자친구가 바람을 피울 정도로 '알파다움'이 부족했음을 지적하는 온라인상의 괴롭힘에 시달리게 되었다. 쿡이 된다는 것은 여성의 지배를 받는 나약하고 소심한 남자가 된다는 의미다. 여자친구가 다른 남자와 자는 것을 막지 못할 정도로 남자답지 못했기 때문에, '자기 것'조차 지키지 못한 형편없는 루저라는 논리다.

2015년 7월에는 레딧의 트럼프 지지자들이 정치적 반대자들을 비하하는 용어로 '쿡'을 애용했다. 그달 말까지 이 말은 하루에 1만 3,000회나 트윗되었고, 2016년 11월 6일에는 6만 3,000회로 정점을 찍었다.[7]

레딧의 하위 사이트인 '인셀티어스IncelTears'은 '섹스를 하고 여자들의 콧대를 꺾으려는 멍청한 시도를 하면서 자신을 바보로 만들고 있는 자칭 인셀'에 대한 재미있는 메시지를 발표했다. 이 메시지는 MRA, 극우보수주의자(나치), 인종차별주의자, 인셀들이 자신과 견해가 다른 사람을 모욕하기 위해 '쿡'이라는 단어를 일상적으로 사용한다고 지적했다.

한 누리꾼은 '인셀에게 쿡은 누구든지 섹스를 하는 사람 또는 섹스는 하지 않지만 자기와 의견이 다른 사람이라는 의미다. 타인을 찝찝하고 멍청한 얼간이라고 말하는 건 정말 한심한 파시스트들이 하는 짓이다'라고 말했다.

이 말의 다른 의미는 '타인과 섹스하고 싶은 강한 충동, 처녀이며 따라서 당신과 섹스하지 않는 여자, 공공장소나 소설에서 보는 커플, 동성애, 여성에게 정중히 대하기, 여성과 섹스하지 않는 유일한 사람이 아님, 지구상의 모든 여자와 섹스하지 않음, 여자들의 고향이기도 한 지구에 사는 것, 여성과 사랑스러운 일부일처 관계를 유지하는 것'으로 확대된다.

MRA의 모욕적 언어 목록에 매우 근접한 표현 중에 '백기사white knight'가 있다. 사전 사이트인 '어번 딕셔너리Urban Dictionary'는 '백기사 증후군'을 다음과 같이 설명한다.

> 명사. 대부분의 남성에게서 볼 수 있으며, 다음과 같은 행동으로 이어지는 성격적 특성.
> 1. 어떤 형태로든 고통을 겪는 것으로 보이는 모든 여성을 도우려고 뛰어든다.
> 2. 자칭 '비탄에 빠진 여인'에게 매력을 느낀다.
> 3. 기사도의 규범을 따르고 대체로 착한 남자처럼 행동한다.

백기사는 '거의 언제나 관심증 환자 또는 그들의 하위 장르인 문제녀의 옆이나 주변에서 볼 수 있다'고 한다. 이런 여자들은 백기사를 끌어들이려고 흔히 스스로 불러온 '문제'를 이용한다는 비난을 받는다. MRA들은 문제가 고장 난 자동차이든 폭력적인 전 남자친구이든 간에 허둥지둥 달려가는 백기사를 혐오한다.

'어번 딕셔너리'의 SourPuss91이라는 사용자가 작성한 가상 대화는 백기사에 대한 MRA들의 혐오감을 웅변적으로 포착한다.

> 백기사의 여자친구 : 오늘 저녁에 외식할까? 한 달 내내 힘들게 일한

보상으로 늘 가보고 싶었던 고급 레스토랑에 갈 수도 있고.

백기사 : 오, 아니야! 정말 미안해. 지난밤 내내 수지와 문자를 주고받았는데, 자기가 다시 임신했고 남자친구에게 강간을 당했고 지독하게 이기적인 아버지는 클리토리스 피어싱 할 돈을 거절했다면서 내가 와서 안아주면 좋겠다고 했어. 가서 불쌍한 수지를 위로해야 해.

백기사의 여자친구 : 당신을 콧물 닦는 수건처럼 이용하는 여자 말이야?

백기사 : 아니, 나는 그녀를 도우려는 거야. 내 어깨에 기대어 울 수 있도록. 그녀에게는 내가 필요해. 나는 정말 끝내주는 남자라고!

백기사의 여자친구 : 나는 어떡하고?

백기사 : 안됐지만 당신은 아무런 문제도 없는 분별 있는 숙녀이고 끊임없이 관심을 가져달라는 부담을 주지도 않잖아. 비탄에 빠진 여인도 아니고 내 자존심을 살려줄 거리도 주지 못해. 가서 계산해. 이틀 뒤에 돌아올게.

백기사의 여자친구 : 당신의 백기사 증후군은 정말 못 말리겠어. 페니스가 작아도 나는 당신을 사랑하는데.

이런 것이 MRA들이 페미니즘과 싸우기 위해 사용하는 언어다. 증가 일로에 있는 추종자 집단이 온라인에서 사용할 수 있도록 그 언어들은 작고 깔끔한 탄약 패키지로 포장되어 있다. 어떤 생각을 평이하고 이성적인 언어로 설명하는 것보다는 누군가를 차드나 쿡이라 부르는 편이 훨씬 더 쉽다.

남성권리운동은 MRA들이 남성의 권리, 자유, 그리고 지위를 침해했다고 믿는 페미니즘의 성과에 대한 직접적인 반작용이다. 스스로 생각하는 맥락에서 '남성 혐오'를 외치는 운동이다.

학교에서는 '호모'라고 따돌림당하고 맨박스 밖으로 밀려났으며, 자신이 속한 공동체와의 – 특히 여성과의 – 연결에 실패한 외로운 청년은 MRA적 사고방식의 씨앗이 빠르게 자라나는 비옥한 토양이다. 그의 관점에서 보면 잘생기고, 자신감 있고, 돈 많고, 똑똑한 남자들이 항상 여자를 차지한다는 생각이 전적으로 옳다. 진보적 페미니즘의 음모가 섹스하고 사랑하고 존중받는 인간적 권리를 박탈했다고 말해주면서, 같은 생각을 가지고 자신의 분노에 목소리를 실어주는 집단을 발견하는 일은 기쁨에 찬 계시와도 같다.

오랫동안 인종차별과 백인 주류사회의 거부를 겪은 뒤에 과격화하는 테러리스트와 마찬가지로, 잠재적 인셀과 MRA들은 개인의 가치와 본질보다 인스타그램에서 자랑할 만한 몸매와 라이프스타일을 더 중요하게 만드는, 디지털 매체가 주도하는 사회의 희생자들이다. 이들 청년은 거부당하는 경험을 겪을수록 수줍음과 포기가 심해지는, 자체적으로 지속되는 사회적 소외의 순환 속에 갇히게 된다.

인셀의 마음속에서 무슨 일이 일어나는지에 대해 보기 드문 통찰을 보여준 작가 에드윈 호지Edwin Hodge는 라이프스타일과 인간관계를 다루는 미국의 온라인 플랫폼 '멜 매거진MEL Magazine'에서 자신의 이야기를 들려주었다.

당시의 내 삶은 너무나 혼란스러웠다. 자신에 대한 확신이 전혀 없었던 나는 특히 남성의 권리 같은 이슈에 영향을 받기 쉬운 상태였다. 나의 생각은 중구난방이었다. (중략) 사회적 극단주의 집단이 혼란에 빠진 삶과 신념의 갈등을 겪는 청년들을 어떻게 이용하는지에 관한 수많은 자료가 있다. 나는 손쉬운 표적이었다.[8]

호지는 단순한 계기로 새로운 MRA가 생겨날 수 있다고 설명한다.

나는 여름 막바지에 여자친구와 헤어졌고 망연자실한 상태였다. 친구들 중 대다수가 여자였지만 그들을 멀리하고 남자들과 어울리기 시작했다. 여자들과의 관계는 점점 우정보다 누구를 낚아서 한 건 올릴 수 있을까 하는 쪽으로 변해갔다.

나는 소셜 미디어가 대중화되기 직전인 2005년까지 '남성의 권리' 라는 말을 접해보지 못했다. 때때로 페미니스트들을 죽여야 한다고 주장하는 MRA들과 마주치면 '미친 소리'라고 생각하곤 했다. 그리고 다수의 MRA와 같은 행동을 했다. '그런 말은 주변부의 목소리야' 라면서, 그들이 남성권리운동 전반을 대변하는 목소리는 아니라고 말하곤 했다.

사회학 공부를 시작한 에드윈 호지는 성 이론을 접하게 되었다. R. W. 코넬R. W. Connell의 『남성성Masculinities』과 『남자와 소년 The Men and the Boys』을 비롯한 전공 서적을 읽으면서 극우보수적 견해가 바뀌기 시작한 그는 '그들은 내가 마침내 접하게 된, 페미니즘 이론에 근거하여 실질적 해결책을 제시하는 연구의 모든 경험적 증거 앞에서 설 자리를 잃었다'고 말했다.

호지는 자신이 여자들이 아니라 남자들에게 압박을 받았음을 깨달았다. 그는 지적·도덕적 깨달음을 얻은 뒤에 맨박스를 발견하고 비교적 정확하게 설명했다.

남자들은 극기적·합리적인 사람으로 사회화된다. 우리에게 허용되는 감정은 분노와 기쁨뿐이며, 우리 스포츠 팀이 패배했을 때처럼 몇몇 귀중한 순간에만 눈물을 흘리는 것이 허용된다. 한 사람의 MRA로서 나는 남자들을 이 같은 상자에 집어넣은 것이 여자들과 페미니즘이라고 믿었다. 그러나 내가 접하게 된 페미니즘 서적들은 남성성의 위기를 입증할 뿐만 아니라 남성성의 가장 중요한 감시자가 남자들이라는 사실을 지적했다. 남자들은 '계집애 같다'는, 바느질이나 요리를 좋아한다는, 아니면 운다는 이유로 서로 치고받으며 싸운다. '동성애자'라는 이유로도. '남자다워야 해.' '계집애는 될 수 없지, 안 그래?'

여성과 페미니즘은 분노한 청년을 위험한 인셀이 되도록 밀어붙이는 세상에 대한 책임이 없다. 남자들의 책임이다.

맨박스 안에는 인셀의 혐오 대상인 차드와 슬레이어가 있다. 잘생기고, 돈과 성적 매력을 갖춘 성공한 남자들이다. 안으로 들어갈 엄두를 낸 사람은 엄중한 압박을 받고 기준에 미달한 사람은 모두 축출되는 것이 맨박스의 속성이다. 인셀은 남자가 되는 데 실패했다는 말을 듣는다. 그는 너무 책벌레형이고 말랐고 핼쑥하고 여드름이 많고 키가 작고 못생겼다.

여자들에게는 누가 – 맨박스 안에서 확고하게 자리를 잡고 – 남성성을 잘 실천하고 누가 그렇지 못한지가 매우 분명하다. 그녀는 게임의 법칙을 안다. 남자를 보기만 해도 남자다움의 수준을 알 수 있고 그렇게 판단한다.

맨박스 바깥의 쌀쌀한 황야를 헤매는 소외된 청년에게는 자신에게 관심을 가질 여성을 찾을 기회가 크게 줄어든다. 그녀는 맨박스 안에서 찾아낼 수 있는 최고 등급의 남자와 그에 따르는 모든 혜택을 원한다.

'멜 매거진'은 에드윈 호지의 글을 게재한 뒤에, 고백 후의 그에게 어떤 일이 일어났는지를 소개했다.

에드윈 호지를 겨냥한 MRA의 역풍은 신속하고 격렬했다. 페미니즘 학자가 되기 위해 남성권리운동을 떠난다는 이야기를 하자마자 이전의 MRA 형제들이 반격을 시작했다.

그들은 소셜 미디어를 통해 호지를 맹렬히 비난하고 레딧과 트위터 계정을 삭제하라고 요구했다. 그를 거짓말쟁이, '진보적 쿡'이라 부르고 대학 교육 시스템의 모든 잘못을 비난했다. (호지는 사회학 박사과정을 밟고 있다.)

그들은 호지의 고용주에게 산더미 같은 이메일을 보내어 해고를 요구했다. 호지는 한때 신변의 위협까지 느꼈다. 그는 '몇 주 동안 정말로 불안했던 시기가 있었다. 어떤 친절한 MRA 멤버가 내 전화번호와 집주소를 온라인에 올렸기 때문이다'라고 말했다.

MRA 운동에 대한 핵심적 비판 중 하나는 페미니즘을 공격하는 데 지나치게 집중한 나머지 분노에 찬 익명의 사이버폭력의 유혹을 떨치지 못하며, 따라서 남자들에게 영향을 주는 진정한 문제의 초점을 흐린다는 것이다. 호지는 처음에 한 이야기에서 남성권리운동이

'부정적 성향, 분노, 증오, 그리고 두려움'으로 물들었기 때문에 운동을 떠날 것이라고 말했다. 그리고 MRA는 그의 논지를 깔끔하게 입증했다.

남자다움을 선동하는 정체불명의 남자들

갑자기 당신도 MRA일지 모른다고 걱정되는가? 최근에 페미니스트 및 반MRA 사이트에 여러 형식으로 올라온 멋진 테스트를 소개한다.

만약 다음에 해당하면…… 당신은 MRA다.

1. 성별에 따른 임금차별에 아무런 문제가 없다고 생각한다. 그러나 데이트 비용을 부담하는 일은 매우 싫어한다.

2. 남자가 여자보다 강하다는 것은 과학적으로 입증된 사실이라고 주장한다. 하지만 우리 사회가 남자가 여자를 때리는 것을 여자가 남자를 때리는 것보다 더 나쁜 일로 여기는 데 대하여 불평한다.

3. 성관계 승낙 연령이라는 개념은 불공정하며 10대 소녀와 성관계를 갖는 것에 아무런 문제도 없다고 생각한다. 그러나 실제로 10대 소녀가 섹스를 즐긴다는 사실을 알게 되면, 그녀가 세계 최고의 잡년이라고 생각한다.

4. 잘 알기도 전에 남자는 바보라고 가정하는 여자를 증오한다. 그러나 좋아하는 여자가 다른 남자를 좋아할 때는 그 남자가 당신이 아니라는 이유로 바보라고 생각한다.

5. 평등을 원한다면 여자들도 군대에 가야 한다고 생각한다. 하지만 한편으로 군대는 여자들이 갈 곳이 아니라고 생각한다.

6. 남자는 야수라고 가정하는 여자들을 증오한다. 그러면서도 여성이 제대로 된 옷을 걸쳐서 몸을 가리지 않는 것은 맹수들 속에서 고기로 만든 옷을 입고 있는 것과 마찬가지라고 생각한다.

7. 남성의 성역할에 순응하지 않는다는 이유로 남자들이 괴롭힘을 당한다는 사실을 증오한다. 그러나 여성의 권리에 관하여 견해가 다른 사람을 만났을 때, 당신의 즉각적인 반응은 그를 여자와 비교하는 모욕으로 무력화하려는 것이다. 심지어 '만기나 mangina'라는 용어를 쓸 수도 있다.

8. 좋은 남자란 존재하지 않는다고 생각하는 여자들을 증오한다. 좋은 남자로 자칭하고 모든 여자가 자신에게 빠지도록 할, 보기 드문 자질을 갖춘 듯이 행동한다.

9. 남자는 그저 섹스만 원한다고 생각하는 여자들을 증오한다. 그러나 남성 페미니스트를 만나면 그가 단지 섹스를 위해서 그런 행동을 한다고 생각한다.

10. 모든 남자를 일반화하는 여자들을 증오한다. 그러나 여성으로부터 성차별주의자라는 말을 들으면 다른 남자들도 마찬가지라고 주장한다.

11. 강간으로부터 자신을 보호할 책임은 여성에게 있다고 주장한다. 그러나 여자들이 위험 신호를 감지하고 지침에 따라 행동하면 모든 남자를 강간범으로 가정한다고 불평한다.

한 여성은 이런 내용을 티셔츠에 프린트해야겠다고 했다가, 솔직히 사람들이 멈춰 서서 자신의 가슴을 30분 동안 쳐다볼 구실을 줄까봐 걱정된다고 말했다. 그리고 '그런 티셔츠를 입으면 사람들은 내가 섹스를 원하는 것일 뿐이라고 생각할 거야'라고 덧붙였다.

최근에 인셀들은 낙태가 나쁜 일이라고 결정했다. 잠재적 여자친구들이 태어나지 못하기 때문이라는 것이다. 그들은 '낙태된 여자친구Aborted GF'라는 골때리는 밈meme(유전자처럼 개체의 기억에 저장되거나 다른 개체의 기억으로 복제될 수 있는 비유전적 문화 요소 또는 문화의 전달 단위 ─ 옮긴이)을 가지고 격분하는 반낙태 하위 레딧에 합류했다. 분홍색 드레스를 입은 소녀의 귀여운 막대 그림 주위에 다음과 같은 기괴하고 섬뜩한 문구들이 보인다.

- 너와 함께하지 못해서 미안해. 우리 엄마는 생각이 달랐어.
- 너는 건강한 음식도 먹지 못하고 너무 슬퍼 보여. 내가 뜨거운 음식을 요리해줄 수도 있었는데…….
- 너와 함께 아이를 많이 낳고 싶었는데…….
- 헤이, 우리는 같은 날 태어났을 수도 있어. 쌍둥이처럼.
- 너를 위해 기도할게.

강경한 반페미니스트가 늘어나고 있다. 그들은 강간의 위협과 함께 타락한 만큼이나 창의적인 징벌의 긴 목록으로 페미니즘에 우호적인 발언을 하는 사람들을 괴롭히는 데 매진한다.

얼마 전에 '세계 남성의 날'이 있었다. 사실상 매일매일이 남성의 날이지 않느냐고 할 수도 있지만, 그날 소셜 미디어에는 남성의 정신건강에 관한 메시지와 소년들에게 자신의 감정을 드러내라고 격려하는 메시지가 넘쳐났는데, 이는 물론 토론의 장을 여는 바람직한 일이다.

하지만 '세계 남성의 날'은, 다소 역설적으로, MRA들을 격분시켰다. 제임스 달튼James Dalton이라는 – MRA들은 보통 자신의 이름을 잘 밝히지 않는 편이다 – MRA는 다음과 같은 트윗을 올렸다.

소년들은 더 남자다워져야 하며 남자가 되는 데 집중해야 한다. 이런 여성화된 허튼수작은 무시하라. 남자다운 남자는 도덕적으로 파산한 진보주의자들에 대한 분노 외에는 감정을 드러낼 필요가 없다.

물론 그는 분노에 찬 항의와 무의미한 트위터 논쟁을 촉발했다. 글레스터Gledster는 '남자는 자신의 감정에 관한 이야기를 할 필요가 없다는 생각은 말 그대로 남자를 죽인다. 남자들에게는 자신이나 타인에게 해를 끼치지 않으면서 자신을 표현할 수단이 필요하다. 당신의 주장은 도움이 되지 않는다'고 반박했다.

이 문제에 관하여 자신과 견해를 달리하는 모든 사람을 '푸시'라 부르고, 진정한 남자가 무엇인지 아는 사람이 아무도 없다고 목소리를 높인 제임스는 자신의 프로필에 사진을 올리는 실수도 저질렀다. 그가 요크셔에서 일하는, 올빼미 같은 용모에 머리가 벗어져가는 '문제 해결' 엔지니어라면 아마도 트위터상에서 목소리를 높이지 말아야 했을 수도 있다. 사진은 비판자들에게 '당신이 화가 난 이유는 시간당 요금을 내지 않아도 되는 여자친구를 가져본 적이 없기 때문이 아닌가?' 같은, 재미는 있지만 도움이 안 되는 불친절한 논평 거리를 제공한다.

어쨌든 그 트윗을 읽고 '음…… 이 280자에는 일리가 있군. 내 생각이 바뀌었어!'라고 받아들이는 사람은 아무도 없었다.

진정한 남자다움의 의미를 다시 생각하고 창조하는 데 도움을 줄 수 있는 사람은 '남자다워라'는 명령이 어떤 피해를 초래하는지를 이해하는 남자들이다. 맨박스의 구속조건을 바로 보고 거부하는 남자가 늘어날수록 모두를 위한 공간도 늘어난다. 지원 조건이 완화될수록 더 많은 사람이 들어갈 수 있다. 모든 사람이 들어가면 그곳은 더 이상 맨박스가 아니고 그저 우리의 세계가 된다.

규칙이 많이 바뀔수록 모두를 위한 더 좋은 장소가 된다.

결과적으로, 분노하고 비난과 증오의 대상을 찾는 남자가 점점 줄어들 것이다. 괴롭힘, 스토킹, 강간, 살인도.

청소년이 이보다 나은 사람으로 성장하도록 돕는 일은 모든 건전한 성인의 몫이다.

제2부

남자답게 산다는 것

제4장

왜 사랑하는
사람에게
폭력을 휘두를까?

폭력을 앞세우는 남자들

인류는 계속되는 기근, 태풍, 타국의 군중을 겨냥한 폭탄이나 차량 돌진 테러 같은 두려운 이야기와 이미지에 극도의 피로감을 느껴왔다. 그리고 우리는 가정폭력에 관한 놀라운 통계에도 강한 면역력을 얻게 되었다.

격분과 경악을 유발하는 충격, 공포로 받아들여야 할 숫자들이 소셜 미디어와 뉴스 매체를 통해 매일같이 우리의 눈앞에서 펼쳐지는 죽음과 재앙의 태피스트리에 얽혀들면서 의미를 잃는다.

우리가 매일같이 접하는 전쟁, 기근, 자연재해, 자동차 사고, 범죄에 따른 죽음의 숫자를 완전히 이해하기는 불가능하다. 그렇지 않다면 우리가 살고 있는 세계가 아름다운 장소라는 확신을 갖기가 매우 어려울 것이다.

오스트레일리아의 가정폭력 통계를 설명하는 데 사용되어온 용어인 '유행병'과 '국가 재난'은 적절한 단어다. 잠시 이들 숫자가 어떤 의미인지 생각해보자.

평균적으로 매주 여성 한 명이 배우자나 이전 배우자에게 살해된다. 2015년에는 80명의 여성이 폭력 행위로 사망했다. 그중 80퍼센트는 가정폭력이었던 것으로 추정된다. 2016년에는 71명의 여성이 폭력 때문에 사망했다. 이런 통계를 테러에 의한 사망자 수와 비교해보라.[1] 1978년부터 2014년까지 36년 동안 전 세계에서 113명의 오스트레일리아인이 테러로 인하여 사망했다. 평균적으로 매년 세 명에 불과한 숫자다.

여성과 아동에 대한 폭력을 끝내기 위해 활동하는 단체 '아워 워치Our Watch'는 다음과 같은 중요한 사실(발표 시점의 최신 자료)을 발표했다.[2]

- 오스트레일리아에서는 평균적으로 매주 여성 한 명이 배우자나 이전 배우자에게 살해된다.
- 오스트레일리아 여성 셋 중 한 명은 15세가 되기 전에 물리적 폭력을 당한 경험이 있다.
- 오스트레일리아 여성 다섯 중 한 명은 성폭력을 당한 경험이 있다.
- 오스트레일리아 여성 넷 중 한 명은 가까운 배우자에게 물리적 또는 성적 폭력을 당한 경험이 있다.
- 오스트레일리아 여성 넷 중 한 명은 현재 또는 이전 배우자에게 정서적 학대를 당한 경험이 있다.
- 여성은 가까운 배우자로부터 폭력을 당할 가능성이 남성보다 적어도 세 배 높다.

- 여성은 가까운 배우자로부터 폭력을 당해 치료를 받거나 입원하고, 생명의 위협을 호소할 가능성이 다섯 배 높다.
- 이들 폭력을 경험한 여성 중 절반은 돌봐야 할 자녀가 있다.
- 여성에 대한 폭력은 가정이나 친밀한 관계에만 국한되지 않는다. 오스트레일리아에서는 매년 30만 명 이상의 여성이 배우자가 아닌 타인의 폭력 – 성폭력인 경우가 흔하다 – 을 경험한다.
- 2018년에는 18~24세 여성 열 명 중 여덟 명이 길거리에서 괴롭힘을 당했다.
- 젊은 여성(18~24세)은 상위 연령 집단보다 물리적·성적 폭력을 경험하는 빈도가 매우 높다.
- 장애인 여성이 폭력을 경험할 가능성이 더 높다는 증거가 늘어나고 있다.
- 오스트레일리아 원주민과 토러스 해협 제도의 원주민 여성이 비원주민 여성보다 폭력을 경험하는 빈도가 높다.

이 얼마나 믿기 힘들 정도로 슬프고 충격적인 숫자들인가!

아마도 오스트레일리아에서 며칠에 한 번꼴로 배우자의 손에 살해되는 여성들과 우리 사회에 존재하는 남성의 우위와 통제, 그리고 성 불평등 사이에 직접적인 연결선을 그을 수 있다는 사실이 가장 심각한 문제일 것이다.

오스트레일리아의 '가정폭력 및 사망에 관한 리뷰 네트워크Domestic and Family Violence Death Review Network'(이런 이름의 단체가 필요하다는 것이 얼마나 끔찍한 일인가)가 2018년 6월에 발표한 획기적인 연구는 통계에 기초하지 않았다는 점에서 독특하다. 이 연구에서는 2010~2014년에 가까운 배우자가 저지른 152건의 살인 사건 – '살인에까지 이르기 전에도 폭력이 있었음을 보여주는 믿을 만한 정보'가 존재하는 – 을 세부적으로 조사했다.[3] 관련된 정보는 검시법원, 경찰의 수사 기록, 재판 기록, 검시 결과에서 수집되었다.

연구 결과는 가장 위험한 형태의 가정폭력이 남성에 의하여 여성을 대상으로 저질러지는 경우가 압도적이라는 사실을 의문의 여지 없이 입증했다.

남자들이 저지른 살인 중 3분의 1 이상이 희생자와의 관계가 끝난 뒤에 발생했다. 살해된 여성 중 4분의 1 가까이는 살해 당시에 살인자로부터의 가정폭력 보호조치를 받고 있었다.

빅토리아 가정폭력지원센터의 CEO 피오나 맥코맥Fiona McCormack은 가족 간 폭력에서 성별이 중요한 요소라고 말한다. '남성이 가족 간 폭력을 저지르고 여성과 아이들이 당하는 경우가 압도적으로 많다는 것은 대단히 불편한 진실일 수도 있다. 하지만 사회적 공동체로서 우리가 폭력을 선택하는 남자들이 존재하는 이유에 주목할 용기를 내지 못한다면 결코 문제를 해결할 수 없을 것이다.'[4]

남자들이 여성을 동등한 인간으로 존중하지 않는 것은 단지 잘못되고 비윤리적이고 해롭기만 한 일이 아니다. 이러한 '학습된 태도'는 수많은 죽음을 초래했다. 어떤 측면으로 보든지 대단히 심각한 문제다.

가정폭력의 실태

오스트레일리아 인권위원회는 여성에 대한 폭력을, 위해와 강압의 위협을 포함하여 공공 또는 개인 생활에서 여성에게 신체적·성적·심리적 피해와 고통을 초래하거나 초래할 가능성이 있는 성별에 근거한 모든 행동으로 폭넓게 정의한다.

가정폭력은 배우자 한쪽이 정서적 학대, 물리적 폭력, 성폭력, 언어폭력, 경제적 학대, 심리적 학대, 가족 및 친구와의 관계 차단, 자신이 선택한 종교를 믿지 못하게 하는 행동을 통해서 다른 배우자를 통제하고 지배하려 들 때 발생한다.

'화이트 리본 오스트레일리아'는 남자들의 감성과 지성에 호소하여 여성에 대한 폭력을 멈추려고 활동하는 단체다. 운동의 핵심에는 문제의 해결책 찾기를 능동적으로 선택했음을 보여주기 위해 남자들이 서약하는 맹세가 있다.

'나는 일어나서 여성에 대한 남성의 폭력을 막기 위한 말과 행동에 나설 것이다. 이것이 나의 맹세다.'

'화이트 리본'은 교육사업 중 일부로 오스트레일리아 전역에서 성인 남성과 소년들이 참여하는 워크숍을 연다. '남자다움의 의미를 다시 정의하기'라는 제목의 과정은 문제의 근원을 집중 조명한다.

남자다움의 의미에 관한 편협한 생각은 남성과 여성 모두에게 해를 끼친다. 남자들은 때때로 지배하고 통제해야 한다는 압박을 느낀다. 남자는 튼튼하고 강해야 한다고 생각하는 사람들도 있다. 이러한 특성이 '성별 규범'이라 불린다. 남자다움에 관한 사회적 정의의 재검토는 남자들이 받는 - 충족 불가능한 성취를 기대하는 - 압박을 제거하는 데 도움이 될 것이다. 남성을 향한 이러한 기대는 여성에 대한 폭력, 학대, 통제가 발생하는 상황을 조성한다.

'충족 불가능한 기대' – 우리는 다시 한 번 맨박스의 높은 벽에 직면한다.

굳게 닫힌 문 뒤에서 무슨 일이 벌어지는지를 세상에 보여주기 위해 자신이 겪은 가정폭력의 이야기를 들려주는 여성들이 있다. 그들은 다른 여자들이 혼자가 아니며 자신의 잘못이 아니라는 것을 이해하도록 돕고 대안적 현실을 제시하기 위해 개인적 경험담을 털어놓는다.

가정폭력을 경험한 여성들의 충격적인 이야기를 찾아내기는 우려스러울 정도로 쉽다. 단순히 그런 이야기가 너무 많기 때문이다.

그들의 이야기는 우리의 정서, 가치관, 상상력 등 모든 측면에 호소한다. 이야기는 깊은 동기를 부여하여 우리를 연결하고 변화를 만들어내는 가장 강력한 도구다. 웃기는 트윗, 재미있는 책, 매혹적인 기업 소개, 블록버스터 영화 등은 모두 훌륭한 이야기일 뿐이다. 이야기는 우리가 같은 공동체의 구성원임을 보여준다.

빅토리아 가정폭력지원센터는 이야기를 이용하여 변화를 일으키고 공동체를 건설하려는 전 세계의 수많은 플랫폼 중 하나다. 아래에 발췌 소개하는 여성들의 실화는 슬프고 무섭고 으스스할 정도로 비슷하며, 남성의 지배가 여성의 삶과 인간관계를 박살낸 생생한 사례다. 그녀들의 이름은 신변 보호를 위해 가명을 사용했다.

도나

그와 함께하는 시간이 계속될수록 나의 자긍심은 파괴되었다. 자신이 쓸모없고 멍청하며, 그의 말처럼 잡년이라고 확신하게 되었다. 그런 식으로 세뇌된 나는 그가 없이는 생존할 길이 없다고 생각하는, 전적으로 의존적인 사람이 되었다. 그토록 형편없는 나를 거둘 사람은 그밖에 없다고 생각했다.

그는 모든 잘못을 나와 아이들에게 덮어씌웠다. 때로는 그가 직장에서 질책을 받았거나 친구들 앞에서 멍청한 짓을 했기 때문일 수도 있었다. 신경이 날카로워진 그는 통제력과 힘을 가졌다는 느낌을 원했다. 그래서 집에 와서 성질을 부리곤 했다. 내가 "커피 한잔 할래요?"라고 묻는 간단한 말 때문일 수도 있었다. 무엇이든 폭력적 언행의 구실이 될 수 있었다. 그는 "어떻다고 생각해, 멍청아, 당연히 커피 한잔 해야지" 같은 말로 꼬투리를 삼았고, 나는 벌을 받아야 했다.

아기를 출산한 직후였다. 나는 피로했다. 그는 내가 잠자리에서 쓸모가 없으며 그를 사랑하지도 않는다고 생각했다. 어느 날 밤 그가 집에 돌아왔을 때 나는 잠들어 있었다. 그가 느닷없이 내게 달려들면서 말했다.

"너를 죽여버릴 거야. 내 돈을 전부 너에게 줄 순 없으니까 이혼은 하지 않아."

그는 내 목을 조르려 했다. 때마침 우리 집에 머물던 남동생이 비명 소리를 듣고 방으로 뛰어들었다. 동생은 그가 하는 짓을 보았다. 나는 이미 기절한 상태였다. 동생이 뛰어든 일, 침실의 불이 켜진 것 등 아무것도 기억할 수 없었다. 그저 두려움에 떨었다. 남동생이 집에 있었던 것이 천행이었다.

나는 경찰에 신고하지 않았다. 그들이 뭘 하겠는가. 그저 '두 분이 다 투셨군요' 같은 말이나 하겠지 하는 생각에서였다. 더욱이 경찰에 신고하면 그의 경력을 망치게 될까 걱정스러웠다. 그는 자신의 삶을 망쳤기 때문에 나를 없애버리고 싶다고 말하곤 했고, 경력까지 망친다면 나를 죽이려 들 거라고 생각했다. 그래서 이튿날 경찰 대신 지역주민센터에 전화를 걸었다. 결혼 상담 전문가를 찾는 나에게 그들은 말했다.

"결혼 상담은 필요 없습니다. 당신은 이리로 들어와야 합니다. 당신과 아이들의 생명이 위험합니다."

그렇게 전문가가 내 생명이 위험하다고 말했을 때에야 겨우 깨달았다. 그래서 가방을 꾸려 집을 떠났다. 그가 직장에서 돌아오지 않을까 너무 두려워서 끊임없이 뒤를 돌아보면서.[5-1]

카즈

나는 그 남자에게 홀딱 빠졌다. 그는 처음 석 달 동안은 훌륭했지만, 그 후에는 대단히 지배적인 사람으로 변했다.

그는 내가 친구들과 자유롭게 얘기하도록 허용하지 않았으며, 이를 어기면 물건을 집어 던지거나 부수곤 했다.

그는 나에게 잡년이라면서 침을 뱉고 때렸다. 그의 폭력 때문에 이틀 동안 침대에 누워 있었고, 사람들에게는 다친 이유를 거짓말로 둘러댄 적도 있었다. 그는 칼을 빼서 내 이부자리를 찌르고, 여러 가지 물건으로 위협했으며, 나와 동승한 차를 고속으로 몰기도 했다. 그리고 언제나, 항상, 내가 잘못한 것이었다.

모든 것이 내 잘못이며 내릴 수 없는 롤러코스터를 탄 것 같았다. 더는 참을 수 없을 때까지 하루하루를 울면서 보내던 나는 결국 그를 떠났다. 그 후에 나를 찾아와 다시 한 번 기회를 달라면서 용서를 구하는 그에게 응하기는 했지만, 나로서는 어쩔 수 없는 일이었다.

우리는 다시 동거하지 않았고, 나는 더 자주 친구들과 어울리기 시작했다.

그 사람이 없는 삶이 훨씬 더 행복하다는 것을 깨달았다.[5-2]

이소벨

나는 결혼했고 불행했다. 그는 폭력적인 남자였으며 나와 내 가족까지도 바르게 대하지 않았다. 행동은 점점 더 고약해졌으며 상황은 날마다 악화되었다.

상황이 아주 나빠지자 그를 무시하려 노력하면서 하루하루를 견뎠다. 집에서 할일을 하면서 그를 무시하려 했다. 나를 괴롭히기 시작하려는 기미가 보이면 차를 타고 드라이브를 하거나 엄마 또는 친구의 집으로 갔다. 단지 그에게서 멀어지기 위해서였다. 그는 내가 집에 돌아오면 잠깐 다정하게 굴다가 다시 예전의 고약한 인간으로 돌아가곤 했다.

우리가 함께 지낼 때 그는 내가 누구와 외출하는지에 대하여 매우 엄격했다. 쉽사리 다른 사람 ─ 남자든 여자든 ─ 과 외출도 할 수 없는 나에게는 자신의 삶이 없었다. 자신의 집에 갇힌 죄수처럼 느껴졌다. 같이 외출할 수 있는 사람은 그 아니면 내 가족뿐이었다. 목줄에 매인 개처럼 느껴졌으며 거기서 풀려날 수 없었다. 나는 그가 운동을 하러 나갔을 때면, 보통의 남편과 아내들처럼 자지 않고 기다렸다. 집에 돌아온 그는 "왜 자지 않고 있어?"라고 말하곤 했다. 그럴 때면 '그저 커플들이 서로에게 하는 것과 같은 행동을 하고 있을 뿐'이라고 생각했다.

그는 내가 찾아내지 못하도록 돈을 감추었다. 자주 우리 돈의 절반이 어디로 갔을까 생각했는데, 그 돈은 그의 헛간에 감춰져 있었다. 나는 '이건 아니야'라고 생각했다. 그는 자신이 원하는 데에 돈을 썼지만 내게는 그런 일이 허용되지 않았다. 필요도 없는 쓰레기 같은 물건에 감춰둔 돈을 쓴 그는 나중에 "이걸 왜 샀는지 모르겠어"라고 말하곤 했다. 우리는 늘 빈털터리였다. 내 가족에게는 우리의 불행한 결혼 생활에 관해 이야기했지만, 그의 가족에게는 그러지 않았다. 그들은 그저 그의 편을 들었을 테니까.**5-3**

애나

첫 남편은 정신적·신체적 폭력성과 섹스 중독 문제가 있는 사람이었다. 결혼하기 전부터 폭력에 관한 그의 가족력을 알고 있었다. 결혼 전에 한번은 차 안에서 나를 죽이고 자기도 죽겠다고 위협한 적도 있었다. 나는 가족을 떠나면 그의 행동이 변할 것으로 기대했고, 아주 짧은 기간이었지만 실제로 그렇게 되기도 했다.

첫아이를 낳기 전에 그는 두 번이나 차 안에서 우리를 죽이겠다고 위협했다. 아이를 낳은 후에는 나를 마음대로 조종하려는 정신적 학대, 나의 부정에 대한 의심과 스토킹이 더욱 심해졌다. 둘째아이가 태어난 후에는 섹스 중독증이 도져서 여러 여자와 바람을 피우기 시작했다.

우울증은 나의 미소를 앗아갔다.

살얼음판을 걷는 것 같은 삶이었지만 나는 그를 사랑했다.

되풀이되던 신체적 학대는 그가 나를 한쪽 귀의 청력에 문제가 생길 정도로 심하게 때리고 강간했던 날에 그쳤다. 그 이후에는 후회하는 것처럼 보였고, 나는 물리적 폭력이 멈춘 것을 고맙게 생각했다.

몇 달 동안에 아이들이 아버지와 멀어지는 것이 보였다.

그를 떠나기 전 몇 주 동안 나는 그가 딸에게 가하려던 성폭력을 간신히 막았고, 아들에게 칼을 던지는 광경을 지켜보며 공포에 떨었다.[5-4]

100개의 이야기를 더 소개할 수도 있지만, 공통되는 핵심은 '처음에는 아주 좋은 남자였던 그가 지배적인 사람으로 변했다'이다.

남자들에게 무엇이 그렇게 잘못되어갔을까? 왜 사랑해야 할 사람들을 때리고 강간하고 죽일까?

이는 가정폭력 범죄를 저지르는 개인 – 그 수가 너무나 많은 – 의 문제가 아니라 이 같은 범죄가 가능한 세상을 만들어낸 심원하고 체계적인 사회문제다.

빅헬스VicHealth의 CEO이자 정부와 비영리단체에서 풍부한 경험과 업적을 쌓은 제릴 레흐터Jerril Rechter는 무엇이 문제인지에 관해 '강간과 폭력을 참아주는 문화는 강간과 폭력이 발생하도록 허용하는 문화다. 폭력은 본능이 아닌 선택의 문제이며 결코 용납될 수 없다'[6]라고 명쾌하게 지적한다.

오늘날의 문화는 남자들에게 자신이 저지른 행동을 설명하고 책임지고 궁극적으로는 멈추라는 것은 고사하고 그런 행동을 직시하라는 요구조차 하지 않는다. 웬일인지 남자들은 우리 사회의 가장 심각한 문제에 관한 논의에서 불가사의하게 실종된 상태다.

페미니스트 언어학자 줄리아 페넬로페Julia Penelope는 문장의 표현에서까지 우리가 어떻게 명백한 남성의 문제를 피해자인 여성과 관련된 문제로 솜씨 있게 바꾸어놓는지를 보여준다.[7]

'존이 메리를 때렸다 John beat Mary'라는 문장으로 시작해보자. 매우 분명한 문장이다. 그러나 '메리가 존에게 맞았다 Mary was beaten by John'라고 표현을 바꾸면, 존이 문장의 끝으로 이동하면서 현장에서 탈출하기 시작한다. 이제 누가 그런 짓을 했는가가 아니라 메리가 맞았다는 사실이 가장 중요한 정보가 되었다. 그다음으로 우리는 '메리가 맞았다'로 표현을 바꾸어 존을 완전히 배제하고, '메리는 매 맞은 여자다'로 끝을 맺는다. 이런 것이 멍들고 피 흘리는 수많은 메리에게 전형적으로 사용되는 언어다.

이제 메리가 매 맞은 여자라는 사실을 알게 된 우리는 그 이유를 물을 수 있다. 그녀는 무슨 옷을 입었는가? 어떤 행동으로 그 남자를 짜증나게 했는가? 왜 그저 그 자리를 떠나지 않았는가?

그러나 우리는 가장 중요한 질문, 즉 '존, 왜 메리를 때렸나?'를 무시하고 있다.

가정폭력은 여성의 문제가 아니라 남자들의 문제다.

환경의 변화

미국의 여성작가 C. J. 파스코 C. J. Pascoe는 『이봐, 너는 호모야 Dude, You're a Fag』라는 책을 쓰기 위해 18개월 동안 미국의 교외 지역 고등학교에 다니는 10대 소년들과 시간을 보냈다.[8] 그녀는 '패그 fag'나 '패곳 faggot'이 동성애와 거의 상관없이 남성성의 경계를 감시하는 의도로 사용되는 모욕적 용어라는 사실을 알아냈다. 파스코에 따르면 10대 소년들은 다른 남자에게 성적 욕구를 느끼는 남자보다 남자답지 못한 남자가 훨씬 더 나쁘다고 생각했다. 춤을 좋아한다면 용모와 의상에 신경을 써야 한다. 감정이나 무능력을 조금이라도 드러내는 순간 호모가 된다.

그 고등학교에는 게이로 알려진 소년 세 명이 있었다. 그중 두 명은 별 탈 없이 학교를 다녔지만 세 번째 소년은 끊임없이 괴롭힘을 당한 끝에 결국 학교를 중퇴했다. 앞의 두 소년은 덩치가 크고 운동을 좋아했으며 남자다운 외모였다. 세 번째 소년인 리키는 머리를 길게 기르고 춤추기와 여자 같은 옷 입기를 좋아하는, 여성적 페르소나를 갖고 있었다. 리키에게 오랜 고통의 시간을 안긴 것은 단지 게이라는 사실이 아니라 남자다움의 결핍이었다.

그러한 압박의 영향력은 충격적이다. 남자나 소년들의 행동이 항상 맨박스에 부합하는지를 확인하려고 모든 말과 행동을 감시하는 엄중한 오웰적Orwellian(전체주의적인 - 옮긴이) 응시의 눈길이다.

맨박스는 성역할을 잔인하게 강요하면서 인종적·종교적 편견과 동성애 혐오에도 대단한 역할을 한다. 이러한 현상은 어디서나 볼 수 있다. 분홍색 셔츠를 입고 창조적 패션 감각을 뽐내면서 시드니의 조지 스트리트를 활보하던 날이 기억난다.

"이야, 분홍색 셔츠라니."

내 옆을 지나치던 남자가 친구에게 말했다. 내가 좋아한 꽃무늬 반바지를 입었을 때도 대단히 남자다운 남자들의 비웃음을 들어야 했다. 개인적으로는 그 같은 모욕에 전혀 신경 쓰지 않았지만, 그런 경험은 맨박스의 압력이 작동하는 완벽한 본보기였다. 알지 못하는 사람들까지 내가 (그들이 보기에) 여성적인 옷을 걸침으로써 맨박스 밖으로 나갔다는 사실을 일깨워주었다.

맨박스는 남자들이 차이를 식별하고, 차이를 표적으로 삼아 억압할 수 있기 때문에 존재한다. 맨박스는 공격적 행동을 허가하고, 자신과 타인을 압박하는 정서적 억압의 닫힌 고리를 형성한다. 규칙을 깼을 때의 처벌은 따돌림, 멸시, 비아냥거림 같은 것이 보통이지만 경제적 제재, 물리적 폭력, 심지어 살인으로까지 확대될 수 있다.

남자들에게는 끊임없이 자신의 남자다움을 다른 남자들에게 과시하면서 남성성을 연기하는 것 말고 다른 선택이 없다. 남자들이 축구팀, 동성애자를 공격하는 갱, 상인들의 모임, 술집에 모인 은행원들, 기업 이사회처럼 집단을 이루었을 때 더 나쁜 행동을 하는 것은 그 때문이다.

진정으로 남자다움을 입증하려는 우리의 끊임없는 시도는 남자들과 주변에 있는 사람들의 삶에 엄청나게 파괴적인 영향을 미친다.

남성의 삶에서 중요한 부분인 직업 현장은 남성성의 위험한 요소가 핵심적 능력으로 여겨지는 곳이다. 오랜 세월 동안 남자들은 광산, 사무실, 또는 가족 농장의 축축한 방목장에서 고되게 일하면서, 견디기 힘든 지루함과 육체적 희생을 악마와의 거래처럼 받아들였다. 그들은 일하는 대신에 생계를 책임진 경제적 우월자로서 가족의 절대적 복종을 요구했다.

그러나 기술의 발전은 직업 현장에 혁명을 불러왔다. 이제는 능숙한 지게차 운전 기술보다 창조성과 소통능력이 훨씬 더 요구되는 시대가 되었다. 우리는 현재 진행 중인 자동화 혁명을 통해 인공지능 알고리즘이 트럭 운전, 창고 관리, 광업, 농업, 제조업, 원격통신과 아울러 일부 화이트칼라 일자리까지 대체하면서 전통적인 남성의 일자리가 잡초처럼 잘려나가는 광경을 보고 있다. 간단히 말해서 모든 업종에서 남자들에게 남부럽지 않은 삶을 보장했던 일자리가 사라지고 있다.

내가 몸담은 분야인 출판계도 1990년대와 2000년대에 디지털 플랫폼이 부상하면서 발목이 잘려나갔다. 당신의 휴대전화에 킴 카다시안Kim Kardashian(미국의 패션 디자이너·방송인·모델·사업가 - 옮긴이)의 최근 사진과 「더 배첼러The Bachelor」(미국의 ABC TV 프로그램 - 옮긴이)의 폭로를 보여주는 'TMZ'(미국의 가십 웹사이트 - 옮긴이)가 있는데 무엇하러 주간지를 사겠는가? 출판계가 내부적으로 무너지고 있는 상황이 내 잘못이 아니라는 것을 입증하려고 친구들에게 열심히 이런 설명을 하곤 했다. 따라서 나는 아무런 약함도 보이지 않았다. 오케이?

이런 상황에서 우리가 선택할 수 있는 유일한 일은 자신의 핵심적 스킬 – 내 경우에는 글쓰기, 디자인, 창조성과 스토리텔링 – 을 새로운 디지털 미디어 환경에 맞추어 조정하는 것이다. 나와 많은 동료가 바로 그런 일을 했다. 우리는 의욕적으로 신생기업과 프리랜서 '컨설턴트들'이 있는 시장으로 자신의 특별한 스킬을 가져가서 다양한 수준의 성공을 거두었다.

이렇게 갑자기 일하는 방식이 변하면서 남자들은, 매우 필사적인 노력에도 불구하고, 경제적으로 무력한 처지에 빠지고 통제력을 잃게 되었으며, 노동을 통해서 당연히 얻었던 존중을 누릴 수 없게 되었다. 실직한 남자가 '남자답기'는 어렵다. 평생이 보장되던 일자리들이 10초짜리 스냅챗처럼 사라졌다.

더욱 심각한 것은 새로운 고용시장이 창조성, 공감과 소통능력 같은 – 바로 예전에 우리가 남자답지 못하다고 날카로운 바위 위로 내던진 남자들에게서 볼 수 있었던 – 스킬을 요구한다는 사실이다.

악마와의 계약은 한때 남성에게 힘과 특권을 부여했다. 사회에서 부양자 역할을 담당했기 때문이다. 이런 상황의 반전은 페미니즘에 대한 반발과 완고한 성차별주의 및 동성애 혐오의 분출을 촉발했다. MRA와 극우적 혐오 단체들이 그토록 분노하는 이유다. 그들이 대중적 기반을 넓혀가는 이유이기도 하다. 영역, 임금, 존중을 다투는 투쟁이다.

수십 년 동안 이런 상황을 겪으면서 남자들은 공동체나 인간관계의 연결이 없는 정서적 고립 상태에 빠졌다. 그들은 감춰진 두려움과 슬픔을 홀로 견딘다. 우리는 진정한 남자임을 입증하기 위한 싸움으로 유일하게 분노의 감정만 남은 탈진 상태가 되었다. 그러한 싸움은 여성을 섹스의 대상으로만 여기도록 부추겼다. 이 두 가지 – 분노와 여성을 '열등하게' 여기는 생각 – 가 결합하여 가정폭력이 폭발적으로 늘어나는 상황을 조성했다.

남성은 적절하게 소통하는 능력이 부족하여 사소한 이유로도 – 요리, 돈, 다른 남자와의 대화 같은 – 감정을 폭발시킬 수 있으며 언어폭력이나 주먹으로 그런 문제를 해결한다.

그것이 바로 가정폭력을 통해서 남자들의 손에 살해되는 여성들과 성차별을 직접 연결하는 선이다.

나이 든 남자들의 역할

남성의 사고방식을 바로잡고 생명의 구원을 시작하기 위하여 대체 무슨 일을 할 수 있을까? 반가운 소식은 성차별주의, 차별과 압박이 학습된 행동이며 변화가 일어날 수 있다는 것이다.

이것은 리더십의 문제다. 힘과 영향력을 갖춘 남자들이 더 많이 일어서서 서로 간에 문제를 제기할 때가 되었다. 소년들을 사회화하는 방식을 바꿀 때가 되었다. 간단히 말해서 남자다움이 무슨 의미인지

다시 정의할 때가 되었다.

소년이 훌륭한 남자로 성장하도록 하는 문제에 관한 논의를 20년 넘게 주도하고 있는 오스트레일리아의 심리학자 스티브 비덜프Steve Biddulph는 소년들에게 본보기가 되는 남자들이 필요하다는 확고한 믿음을 갖고 있다. 2018년 그는 〈시드니 모닝 헤럴드〉에 기고한 글에서 다음과 같이 말했다.[9]

> 대부분의 소년은 타인을 잘 대하는 것을 중요하게 여기는, 배려하는 사람으로 자라난다는 사실을 기억할 필요가 있다. 10대 시절에는 때로 모험을 하거나 잘못된 판단을 하지만, 그런 일에서 충분한 교훈을 얻으며 훌륭한 성인으로 성장한다.
> 해로운 남성성은 오스트레일리아 남성의 규범이나 표준이 아니다. 적절한 남성성의 왜곡이며 건전한 남성성이 전파되지 않은 상태에서 발생하는 전염병이다. 어른이 없고 남자들이 앞으로 나서지 않으며, 또래 집단이 삶의 지혜를 얻는 대체적 원천이 될 때 해로운 남성성이 생겨난다.

비덜프에 따르면 건전한 남자다움은 그냥 저절로 얻어지는 것이 아니다. 가르쳐야 한다.

젊은 남자들이 모인 집단은 분위기를 정하고 나쁜 행동을 근절하는 안전하고 통제된 집단이거나, 아니면 깡패 보스와 부하들이 구성원들을 「파리대왕Lord of the Flies」(윌리엄 골딩의 소설 – 옮긴이) 식으로 다루는 군중심리의 지배를 받는 집단이다.

후자에 해당하는 집단에서는 여성 혐오보다 권력이 중요한 가치를 갖는다고 비덜프는 말한다. 여자들에 대하여 쓰레기 같은 말을 하는 것은, 그와 반대되는 말 – 부드럽고 다정하고 공감하는 – 을 하면 '푸시'라 불리기 쉬운 표적이 되기 때문이다. 따라서 젊은 남자는 실제로 사랑하는 여성에 대하여 끔찍한 말을 하게 된다. 그녀를 비하하고 물건처럼 취급한다. 그런 말과 행동이 클럽의 멤버십을 유지하는 대가다.

비덜프는 소년들에게 손가락을 흔들면서 나쁜 짓을 하지 말라고 말하는 일의 무의미함을 아쉬워한다. 젊은 남자가 훌륭한 성인이 되려면 그에게 관심을 가지고 소중히 여기는 남자들과의 관계가 필요하다고 말한다.

지난 몇 년 동안, 특히 이 책을 준비하고 남성 문제에 관한 글을 쓰면서, 나는 우리 사회의 나이 든 남자들에게 젊은 형제들에 대한 의무가 있음을 이해하게 되었다.

본보기와 애정 어린 조언을 통해 그들에게 사랑하고 존중하는 여성과의 관계가 소중하고, 기쁨을 주고, 경이로운 관계임을 보여주는 일은 우리 – 쉰세 살인 나도 '나이 든 남자'에 속한다 – 의 몫이다.

우리는 그런 관계가 여성을 물건 취급 할 때 얻을 수 있는 그 어떤 경험보다 훨씬 더 섹시하다는 것을 젊은이들이 이해하도록 도와줘야 한다. 여성에게는 성능이 탁월한 존중 레이더가 있다는 사실을 명심하게 해야 한다. 자네가 여성을 진정한 인간으로 여기지 않는다면 홀로 노트북 컴퓨터나 들여다보면서 지루해하는 매춘부를 살 돈이나 저축하는 처지가 되고 말 것이네, 이 사람아.

비덜프에 따르면 어른은 소년에게 다음과 같은 메시지를 들려주어야 한다.

사랑과 살뜰한 관심을 받고 싶다면 여성을 인간으로 여기고 그들과 공감하고 관심을 가져야 한다. 자신을 연약하게 만들고 마음에 상처를 받을 수도 있는 위험한 일이지만, 결국에는 삶의 참된 기쁨을 찾게 될 것이다. 여성도 삶이라는 모험의 여정에서 남성과 같은 것, 즉 기쁨, 친밀감, 이해, 함께할 동반자를 원한다.

침묵하면 공범자가 된다

마틴 루터 킹은 '결국 우리를 가장 아프게 하는 것은 적이 하는 말이 아니라 친구들의 침묵이다'라고 말했다.

우리는 본보기가 되는 리더십을 통해 아들이 더 좋은 남자가 되도록 도와야 한다. 더 많은 남성이 동료의 성차별적 언어와 행동을 제지하는 목소리를 내야 한다.

소년들은 어른의 폭력에 큰 영향을 받는다. 오스트레일리아의 '여성 안전을 위한 국립조사연구소'에 따르면 가정폭력 피해자 중 61퍼센트는 폭력이 발생했을 때 돌봐야 할 자녀가 있었으며, 48퍼센트는 어머니가 매 맞는 모습을 아이들이 보거나 들었다고 진술했다.[10]

비난을 우려하여 인종차별적 농담에 공개적으로 웃는 사람이 없는 것(그러기를 바란다)처럼 남자들은 성차별적·폭력적 언어에 대한 제지를 시작해야 한다.

우리는 성차별주의가 괜찮지 않은 환경을 조성해야 한다. 침묵을 지키면 당신도 공범자가 된다.

"저 여자 좀 봐! 화끈하군…… 헤이, 베이비!"

"재미없어, 이 친구야. 마초 흉내 그만해."

남자들에게는 폭력적인 행동이 용납되지 않는 또래 문화를 조성할 수단이 있다. 충분히 많은 수가 충분히 긴 시간 동안 일어서면 여성에 대하여 폭력적인 사고방식을 가진 남자들이 자신에게 가장 소중한 것 – 지위 – 을 잃기 시작할 것이다. 멍청한 성차별주의자가 되고 싶은 사람은 아무도 없다.

미투 운동 이후에 붕괴하고 있는 사회적 계약은 우리에게 남자다움이 무엇인지 다시 생각할 기회를 준다. 우리는 배려하고, 정서적으로 고립되지 않고, 남성 또는 여성과 열린 관계를 맺을 수 있고, 지배가 아니라 대화를 추구하며, 모든 사람을 동등하게 소중히 여기는 남자들을 만들어낼 수 있다. 자신의 삶에서 사랑과 존중을 통하여 얼마나 큰 기쁨을 얻었는지를 보여줌으로써 소년들이 사랑을 두려워하지 않도록 이끌 수 있다.

우리 중에 일어서는 사람이 많아질수록 사랑하는 사람을 죽이는 일이 줄어들 것이다.

제5장
왜 자신을 죽일까?

오늘, 여섯 남자가 사라졌다

오늘, 바로 오늘 오스트레일리아에서 여섯 명의 남자가 자신을 죽일 것이다. 어제도 같은 일이 일어났다. 내일도 마찬가지일 것이다. 날마다 이런 일이 일어난다. 여섯 명의 남자가 자신을 죽인다.

다시는 자식들과 함께할 수 없는 여섯 명의 아버지일 수도 있고, 다시는 배우자에게 키스할 수 없는 여섯 명의 남자일 수도 있다. 이는 여섯 번의 비극적인 장례식, '왜?'라는 의문과 함께 남겨진 가족과 친구들 여섯 집단을 의미한다.

단 하루도 빠짐없이.

이 통계에 여성을 추가하면 숫자는 하루에 여덟 명으로 늘어난다.

위기 지원 및 자살 방지 서비스인 '라이프라인Lifeline'은 남성의 자살률이 여성의 약 세 배라고 보고했다. 최근 통계는 그러한 사실을 입증한다. 2014년에 자살한 2,864명 중에 남성이 2,160명이었다.

자살은 15~44세의 오스트레일리아인이 사망하는 가장 주요한 원인이다. 매년 자살하는 오스트레일리아 남성의 수는 자동차 사고 사망자보다 두 배가량 더 많다. '도대체 무슨 일이 일어나고 있는가?'라는 의문이 생기는 것은 당연한 일이다.

가정폭력 통계처럼 자살에 관한 통계도 우리가 이해하기에 벅찰 정도로 큰 숫자다. 따라서 우리는 자살에 따르는 고통, 상실감, 끝나지 않고 답할 수도 없는 의문을 이해하기 위하여 개인적 스토리로 눈을 돌려야 한다.

치유되지 않는 상처

자살을 경험한 가족은 여러 세대에 걸쳐 변화와 상처를 겪는다.

우리 가족도 그러했다.

나는 세 살 적이었던 1968년에 처음으로 외조부모와 함께 주말을 보냈다. 외조부모는 퀸스타운에서 가까운 센트럴 오타고 지역에 우리가 '배치batch'라고 부른 작은 별장을 소유하고 있었다. 그곳은 뉴질랜드 남부의 중심 도시인 인버카길 인근에 있던 가족 농장에서 차로 두 시간 정도의 거리였다.

그 주말에 놀이공원에서나 볼 수 있는 우스꽝스러운 모자를 쓰고 애완견 새미와 함께 포즈를 취한 외할아버지 짐과 내가 함께 찍은 사진이 아직도 남아 있다. 당시의 유일한 기억은 외할머니 올리브와 함께 차 안에서 뉴질랜드 국가대표팀의 럭비 경기를 라디오 중계로 들은 일뿐이다. 열성적인 아마추어 사진가이며 전문가급 플라이 낚시꾼이자 등산가였던 외할아버지는 '럭비 경기가 시작되기 전에 돌아온다'는 말을 남기고, 그 지방에서는 꽤 유명한 아이언 산으로 가고 없었다.

1960년대 라디오의 검은색 손잡이와 자동차의 목제 계기판, 지직대는 라디오에서 럭비 경기가 시작되고 끝날 때까지 들려온 이해할 수 없는 함성과 응원 소리가 생각난다. 그 시간이 매우 지루했던 것으로 기억한다.

그런데 외할아버지는 아이언 산에서 내려오지 않았다. 이튿날 산에서 시신이 발견되었다.

외할아버지는 목소리가 크고, 자신만만하고, 대담한 성격이었지만 마음은 부드러운 남자였다. 외할아버지는 의사의 말을 귀담아듣는 사람이 아니었다. 한두 해 전에 심장마비를 일으켜 입원했지만 자신의 문제를 아내와 자식들에게 알리지 않았다.

외할아버지는 쉰다섯 번째 생일에서 하루가 지난 날에 돌아가셨는데, 자살이 아니라 부주의한 사고였다.

외할아버지의 죽음은 분명히 외할머니의 삶에 엄청난 공백을 남겼다. 그의 모든 호통 소리, 소음과 존재감이 덧없이 사라졌다. 그럼에도 외할머니는 이후 4년 동안 놀라운 일을 해냈다. 운전을 배우고, 지역의 잔디볼링 클럽에 가입하여 챔피언이 되었다. 평생 처음으로 가정경제를 돌보았다.

1970년대 초에 노인들이 대개 그랬듯이, 치아를 모두 뺀 외할머니는 당시에 '수술 후 우울증'이라 불린 진단을 받았다. 외할머니는 어머니에게 '너희가 태어났을 때와 비슷한 느낌'이라고 했다. 이전에 외할머니가 산후우울증을 겪었다는 의미였다.

외할머니는 악명 높은 12병동에 입원하는 데 동의하여 어머니를 놀라게 했다. (학교에서는 12병동에 갈 거라는 말이 지독한 모욕이었다.) 하지만 병동에 입원한 외할머니는 충격을 받았다. 외할머니가 어머니에게 말했다.

"여기는 온통 미친 사람뿐이야. 밖에 내보내주지도 않고, 친구들도 다 알게 됐어."

외할아버지의 사망 4주기가 되는 날, 외할머니는 주말을 보내려고 '배치'에 간다고 했다. 어머니는 그런 식으로 외할머니 혼자 떠나는 것이 조금 미심쩍으면서도 슬프다고 생각했다. 외할머니가 남긴 말도 왠지 찜찜했다.

"걱정 마라, 얘야. 어리석은 짓은 하지 않을 테니까."

외할머니는 일요일이나 월요일까지는 돌아올 예정이었다. 어머니는 일요일에 전화를 걸었다. 응답이 없었다. 월요일은 뉴질랜드 최남단 지역에서만 볼 수 있는, 사람들을 우울하게 만드는 고약한 날씨였다. 당시에는 물론 휴대전화가 없었으므로 어머니는 월요일 저녁에 외할머니의 집으로 가서 그녀를 기다렸다. 주방 식탁에는 할일 목록이 그대로 남아 있었다. 외할머니는 '배치'에 가지 않았다. 하지만 어머니는 그녀를 찾을 수 없었다.

실종신고를 하려고 경찰서에 간 어머니는 나이 든 백인 여성의 시신이 발견되었음을 알리는 '지직대는' 경찰 무전기 소리를 엿듣고 외할머니의 죽음을 알게 되었다. 외할머니의 집 주소 – 어머니가 자라난 집 – 였다.

외할머니는 차고에서 연청색 트라이엄프 헤럴드 소형차 뒤에 석탄 자루를 쌓아놓고 휘발유가 떨어질 때까지 자동차 엔진을 켜놓았다. 어머니가 시신을 확인했다. 어머니는 아직도 외할머니의 얼굴을 덮고 있던 검댕을 기억하며, TV의 범죄물 시청을 별로 좋아하지 않는다.

나에게는 이때가 이상한 기억으로 남아 있다. 이모와 외삼촌, 친지들이 우리 집에 모인 것은 기억나지만, 어른들이 즐겁게 수다를 떨고 자전거 묘기를 부리는 내 모습을 흐뭇하게 지켜보던 평소와 같은 파티는 아니었다. 외할머니의 장례식이었던 것 같다. 나는 어른들에게 무슨 일이냐고 물었지만 1972년의 일곱 살 먹은 아이가 대체로 그랬듯이, 만족스러운 대답을 듣지 못했다.

우리가 마침내 외할머니의 자살이 가족에게 준 충격을 이해하게 된 것은 몇 년이 지나서였다. 외할머니가 돌아가셨을 당시 어머니는 스물아홉 살에 불과했다. 어머니에게 삶의 아름다운 시기가 되어야 할 시간은 결코 오지 않았다. 외할머니는 내 남동생과 여동생의 아기 적 모습만 보고 세상을 떠났다. 다시는 15킬로미터 거리인 농장까지 작은 청색 자동차를 자랑스럽게 몰고 와서 저녁식사를 함께하지도 못했다. 수십 년간 이어졌던 사랑, 친밀감, 지원, 기쁨, 성장, 동반자 관계, 어머니와 딸 사이의 이해를 다시는 찾을 수 없었다.

따라서 '자살'은 우리 가족에게 금기시되는 단어였다. 지금도 어머니는 우리 형제자매의 소식을 하루이틀 정도만 듣지 못해도 걱정한다. 어머니는 전화로 "그저 잘 지내나 해서 전화했어"라고 말하곤 한다.

나는 그것이 어머니 자신이 겪은 상실 때문에 진심으로 걱정하는 말임을 알고 있다. 어머니는 그런 상실을 다시는 견뎌낼 수 없을 것이다. 단 한 건에 불과한, 그것도 수십 년 전에 벌어졌던 외할머니의 자살은 오늘날의 우리에게 여전히 영향을 미치고 있다.

실패, 그리고 위험한 생각

나에게도 얼마 전에 자살의 유혹이 현실로 다가온 것은 상당히 놀라운 일이었다.

나는 뉴질랜드에서 신문기자로 경력을 쌓기 시작했다. 1988년에는 여자친구를 따라서 오스트레일리아로 옮겨 시드니에 있는 루퍼트 머독Rupert Murdoch(오스트레일리아 출신의 기업인·언론인으로 대표적인 글로벌 미디어 거물이다 - 옮긴이)의 〈데일리 텔레그래프〉에 입사했다.

뉴스코퍼레이션(루퍼트 머독 소유의 미디어 복합기업 - 옮긴이)의 문화는 불량배들처럼 거칠고, 일할 때는 열심히 일하고 놀 때는 신나게 놀았는데 나는 그런 분위기를 좋아했다. 서리힐스에 있는 '이브닝 스타'라는 신문사의 단골 술집에 앉아 있는 편집장에게 1면 기사 원고를 제출하여 승인을 받으면서 큰일을 하는 조직의 일부라는 소속감이 생겨났다. 편집실에서 뛰쳐나가 미처 화장실에 도착하기도 전에 한바탕 폭발적인 설사를 하는 술 취한 스포츠부장에게 모두가 기립 박수를 보내는 광경을 즐겁게 지켜보면서 나와 어울리는 사람들을 만났다고 느꼈다.

당시에는 우스꽝스럽고 미친 짓 같았지만, 아직도 나는 인쇄 저널리즘의 영광스러운 시절에 동참했음을 매우 감사하게 생각한다.

결국 나는 잡지사로 자리를 옮겨 가십 잡지 〈NW〉와 〈우먼스 데이〉의 편집을 맡게 되었다. 1990년대 말에는 한 부당 3달러 95센트인 〈우먼스 데이〉가 매주 50만 부 이상 팔려나갔으며, 페이지당 약 2만 5,000달러를 받는 광고가 60페이지 정도 실렸다. 한번 계산해보라. 이들 잡지는 유명인에 대한 가십이라는 어리석음에 바탕을 두었음에도 빅비즈니스였으며 지금도 그러하다.

그 후 나는 다시 신문사로 돌아가 발행인으로 일하다가 잡지부 담당 이사가 되었다.

그렇게 약간 뚱뚱한 몸매의 양복 차림으로 전망 좋은 사무실에 앉아 있는 것이 2000년대 말에 40대가 된 나의 모습이었다. 여러 면에서 좋은 시절이었지만, 동료들과 나는 그런 시간이 오래 지속되지 않을 것임을 알았다. 인터넷이라 불리는 적수가 다가오고 있었으며, 우리에게는 그에 대처할 방법이 없다는 것이 일반적인 인식이었다. 그래서 나는 2008년에 언론계에서 쌓은 경험과 인맥, 상당한 자부심으로 무장하고 에이전시의 세계에 뛰어들었다.

소더스SoDUS라는 작지만 잘나가는 에이전시에서, 탁월한 재능을 갖춘 창조적 인간이며 세상에서 제일 멋진 친구인 출판계 출신 동료 망명자 데이비드 허튼David Hutton으로부터 에이전시의 모든 것을 배웠다. 오늘날까지도 나는 그에게 우정과 함께 지적 재산이라는 빚을 지고 있다. 최근에 우리 집 정원에서 함께한 저녁식사 자리에서 강한 진토닉 두 잔을 마신 내가 그런 말을 하자 그는 예상치 못한 감상적 반응을 보였다. 이 이야기를 책에도 쓰겠다고 하자 그가 웃으면서 "꾁도 잘 기억하겠네"라고 말했다.

몇 년 뒤 나는 아티스트리Artistry라는 에이전시를 창업했다. 아티스트리는 2016년에 B&T가 선정한 '올해의 에이전시' 명단에 올랐다. 지금까지도 직접 고안하고 추진했던 브랜드 개발의 성과가 내가 한 일들 중에서 가장 훌륭했다고 자랑스럽게 여긴다. 자신의 능력에 대한 확신이 입증되었다고 생각했다. 봐라, 내가 만든 에이전시가 벌써 상을 받게 되었다!

그러나 알고 보면 나는 사업가로서는 지나치게 창조적이다. 점심식사를 같이하면서 사람들과 대화하는 데도 능숙하다. 세법은? 별로.

나는 수표 결제, 은행 잔고, 대기업의 재무 시스템 같은 것에는 신경 쓰지 않고 과거에 그토록 많은 성공을 가져다준 될 대로 되라는 식의 행동을 계속했다.

우리는 하지 말아야 할 거래를 하고 믿지 말아야 할 사람들을 믿었다. 돌이켜보면 우리가 감수했던 위험이 당시에 생각했던 것보다 훨씬 더 분명해진다. 결국 두 건의 큰 문제 - 하나는 우리의 잘못 때문이었고 또 하나는 그렇지 않았다 - 가 발생했고 에이전시의 문을 닫아야 했다.

나는 사업에 집중하느라 자산 분할에는 별로 신경 쓰지 않았다. 에이전시를 성장시키느라 보수를 많이 받지 않았으며 - 늘 직원이 우선이었다 - 개인 대출도 받았다. 자산 분할이 완료되면 개인적 채무를 상환할 계획이었다. 그때가 되면 사업도 다시 잘 돌아갈 테고 달콤한 인생이 찾아올 것이었다.

똑똑한 사람 중에 돈을 벌기 위해 돈을 빌린다는 사실을 모르는 사람은 없다. 그렇지 않은가?

결과적으로 카드 몇 장이 바닥에서 빠져나가자 카드로 지은 집 전체가 무너져 내렸다.

집이 날아갔다. 저축했던 돈이 날아갔다. 사업도 날아갔다. 내가 소유했던 것들 중에 가장 좋은 자동차도 사라졌다(부유한 나라에서나 일어날 법한 일임은 분명하지만, 어쨌든). 잘나가는 사업가였던 나는 불과 몇 년 만에 실직한 중년 남자가 되고 말았다.

성공을 거듭해온 - 인생의 첫 45년 동안 - 나는 상당한 충격을 받았다. 처음으로 절망하고 의기소침해졌다. 한동안 내 문제가 무엇인지를 알지 못했다. 기억력을 잃고 집중하지 못하는 신체적 증상도 나타났다. 늘 그래왔듯이 머릿속에는 모든 문제를 해결하기 위한 점점 더 필사적이고 가망 없는 계획들이 소용돌이치고 있었다.

나는 누구와도 많은 대화를 하지 않았다. 나의 문제였고 내가 해결해야 했다. 나 자신의 어리석음과 실패에 대해 깊은 당혹감에 빠진 나머지 문제를 이성적으로 생각할 수 없었다. 나의 정체성 전체가 전문적 일을 기반으로 구축되었으며, 성공이 인격의 주춧돌이었다. 나는 또한 통제할 수 없는 일들에 대하여 맹렬한 분노를 느꼈다.

당시에는 '모두 엿이나 먹으라고 해!'라고 소리치고 싶은 심정이었다. 내게는 잘못이 없는데, 몇 년 동안의 피나는 노력에도 불구하고 일이 잘못되었다고 생각했다. 내가 기울인 그 모든 노력에 대한 보상은 어디에 있는가?

그래서 나 자신을 죽이는 것만이 유일한 해결책임이 분명해졌다. 그렇게 하면 내가 얼마나 노력했는지 모두에게 보여줄 수 있을 것이었다.

사랑하는 사람들을 외면하는 최악의 탈출구

모든 자살에는 30번 정도의 시도가 있는 것으로 추정된다.[1] 이는 오스트레일리아에서 오늘도 240명 정도가 벼랑 끝에 서서 아래를 내려다보고 뛰어내리는 선택을 한다는 것을 의미한다. 살아남은 사람들은 그저 운이 좋았을 뿐이다.

자살 관련 통계에서 남성이 다수를 차지하는 이유 중 하나는 남자들이 더 잔인하고, 폭력적이며, 확실하게 원하는 죽음에 이를 수 있는 자살 방법을 선택한다는 것이다. 여성은 약을 과다 복용하거나,

물을 채운 욕조에 누워 손목을 긋는 것 같은 자살 방법을 선호한다. 남자들은 총을 사용하거나, 목을 매거나, 높은 곳에서 뛰어내린다.

내 생각이 어떤 식으로 흘러갔고, 얼마나 철저하게 자살 계획을 세웠는지를 이야기하려 한다. 겁이 날 수도 있고 아플 것 같아서 높은 곳에서 뛰어내리고 싶지는 않았다. 약을 과다 복용하는 방법은 왠지 역겹고 쿨하지 못하다고 생각되었다. 눈물과 토사물로 범벅이 된 태아 같은 모습으로 발견되고 싶지는 않았다. 경찰의 손에 살해되는 상상도 잠시 해보았다. 나의 죽음은 모든 사람이 이야기하는 영광스럽고 광기 어린 죽음이 되어야 했기 때문이다. 그러나 총을 쏠 정도로 경찰을 짜증나게 하려면 옷을 벗고 칼을 휘두르는 정도의 극적인 장면을 연출해야 했다. 그다지 미치광이 같아 보이지 않는 나를 경찰이 그저 테이저건으로 제압하여 유치장에 가둘 것이 염려되었다.

그러던 어느 날 나만의 특별한 장소에서 가능성을 발견했다. 시드니 동부에 곡선구간을 몇 개 통과한 후에 수백 미터의 직선구간이 나오고 다시 급격한 곡선구간이 나타나는 도로가 있다. 마지막 곡선구간에는 기둥과 돌담이 있다. 나는 자동차와 모터스포츠광임을 자처한다. 이는 주어진 구간에서 차의 속도를 얼마까지 높일 수 있는지 꽤 잘 알고 있다는 뜻이다. 나는 마지막 곡선구간이 나오기 전에 시속 160킬로미터까지 달릴 수 있다고 생각했다.

나의 파트너나 딸에게 내가 어떤 방법으로 자살할 것 같으냐고 물어본다면 그들은 이구동성으로 '불덩어리'를 언급할 것이다. 그들이 기억할 정도로 자주, 항상 농담조라서 아무도 진정한 위험을 알아차리지 못했지만 그런 이야기를 했던 것이다.

몇 차례 시험주행을 했다. 과속 단속 경찰은 엿이나 먹으라고 생각했다. 나는 자살 연습 중이다. 그 도로에서 타이어의 비명소리와 함께 곡선구간을 통과한 후 직선구간에서 속도를 높이는 연습을 다섯 번 했다. 예상대로 어렵지 않게 시속 160킬로미터에 이를 수 있었다. 마지막 곡선구간에 도착하면 매번 운전대를 꺾었지만, 그대로 곧장 달려서 저세상으로 가는 것이 얼마나 쉬운지 느낄 수 있었다. 필요할 경우에 호그와트 급행열차 9¾ 승강장이라는 탈출구가 나를 기다리고 있다는 생각은 상당한 위안이 되었다.

나는 최후의 질주를 시작하기 전에 필요하다고 생각되는 모든 사람에게 문자 – 디지털 자살 통보 – 를 보내야겠다고 마음먹었다. 문자를 보내야 할 사람들을 머릿속에서 헤아려보았다. 그런 상태에서 얼마나 생각이 혼란스러워질 수 있는지를 보여주는 이야기다.

첫째는 가족. 나는 '아니야, 그들은 괜찮을 거야. 나는 늙었고 외국에서 살잖아. 그들은 극복할 거야'라고 생각했다. 나는 가족들, 특히 어머니에게 무슨 짓을 하게 될지를 무시하고 있었다.

다음은 깊이 사랑하는 파트너 제이드다. 부끄럽게도 나는 '그녀는 나보다 상당히 젊고, 예쁘고, 쾌활한 성격이야. 다른 사람을 만나서 새로운 행복을 찾을 기회가 있을 거야. 어쨌든 새 남자가 나에 대한 기억과 경쟁하지는 못할 테니까 그에게는 엿같은 일이지'라고 생각했다. 자살이 비열하고 공격적인 행동이라는 데는 의심의 여지가 없다.

이제 딸 차례다. 당시에 딸아이는 젊은 여성으로서의 삶이 주는 압박과 싸우고 있는 열일곱 살 소녀였다. 막 고등학교를 졸업하고 대학 생활을 시작하는 시기였다. 딸아이의 10대 시절에 우리는 윤리학, 비판적 사고, 철학, 심리학, 글쓰기, 일, 삶, 인간관계, 영성, 무신론, 무엇이 옳고 무엇이 그른지, 지구에서 살아가는 개인으로서 우리의 책임 같은 다양한 분야를 넘나드는 대화를 했다. 거창한 주제들이었다. 그런데 어떻게 딸아이에게 이런 짓을 할 수 있을까? 딸아이에게 내가 한 모든 말이 헛소리가 되고 말 것이다. 딸에게서 아버지에 관한 기억을 빼앗고 오직 하나만 남겨놓을 것이다. 언제 떠났다는.

정말 신기하게도 나는 당시에 딸아이의 즉각적인 고통과 장기적인 상처만을 우려하지 않았다. 내가 남길 장기적 유산에 관해서도 생각했다.

알다시피 나는 결국 자살을 결행하지 않았다.

그 이후로 지금까지, 계획대로 자살했다면 경험하지 못했을 경이로운 일이 너무나 많이 일어났다. 자동차 운전을 배우는 딸과 함께한 120시간의 운전은 특권이자 기쁨이었다. 성인으로서 서로를 알아갈 수 있는 오랜 시간이었다.

그동안 우리는 이사를 했으며, 제이드는 집 앞쪽의 멋진 맞춤형 공간에서 자신의 커뮤니케이션 사업을 하고, 나는 뒤쪽의 개조된 차고에서 글을 쓴다. 내가 자살했다면 이 책을 쓰는 기쁨을 결코 맛보지 못했을 것이다(당신이 이 책을 읽는 즐거움도—그럴지 알 수는 없지만).

나는 말 그대로 정원에서 빈둥거리며 시간을 보낸다. 나이를 먹으면 나타나서 '방금 꼬마 양파를 심었는데 비가 와서 다행이군……'이라고 말하도록 하는 유전자가 있음이 틀림없다. 언젠가 할아버지 티가 나는 나이가 된다면 가능한 한 나쁜 할아버지가 될 작정이다. 나이 든 영감이 되어 좋아하는 것을 원하는 만큼 큰 목소리로 말할 수 있는 자유는 달콤할 것이다.

제이드와 나는 요리, 와인, 그리고 서로를 향한 사랑이 중심을 이루는 진정으로 안락하고 단순한 삶을 함께한다. 매일 저녁 주방에서 한두 시간씩 그저 일에 관한 이야기, 창조적인 사업과 삶에 관한 대화를 하면서 행복한 시간을 보낸다.

최근에 동생네 가족이 우리 집에 와서 머물 때는 1주일 동안 집 안이 조카들로 가득 찼다. 몇 년 동안 보지 못한 아이들을 다시 보게 된 것은 멋진 일이었다.

자살을 선택했다면 이 모든 순간을 누리지 못했으리라는 건 너무나 당연한 일이다. 앞으로 남아 있는 모든 기쁨과 마법도 만날 수 없을 것이다. 나는 그런 사실을 알며 여기 살아 있는 것에 깊은 감사를 느낀다. 하지만 오늘도 여섯 명의 남자가 이곳을 떠난다.

중요한 질문은 이것이다. 왜?

도움 요청을 가로막는 남자다움

안타깝게도 우리는 늘 그랬듯이 맨박스에서 답을 찾을 수 있다. 다음은 미국의 콘스탄티노스 치리고티스Konstantinos Tsirigotis와 마르타 치리고티스 마니카Marta Tsirigotis-Maniecka, 보책 그루진스키Wojciech Gruszczynski의 연구에서 인용한 글이다.

여성은 심각한 우울증을 겪을 가능성이 남성보다 두 배 높지만, 자신의 목숨을 끊을 가능성은 남성의 4분의 1이다. 이 같은 역설에 대하여 한 가지 가능한 설명은 남성이 독립심과 과단성을 높이 평가하며, 도움이 필요함을 인정하는 일을 연약함으로 여겨서 회피한다는 사실이다. 여성은 상호 의존을 이해하고 친구들과 상의하며 기꺼이 도움을 받아들인다. 결정을 내릴 때도 관계의 맥락에서 여러 요소를 고려하며 남성보다 더 쉽게 마음을 바꿀 수 있다.[2]

2017년 〈허핑턴 포스트 오스트레일리아〉에 실린 기사에 따르면 남성 자살의 핵심 요인 중 하나는 '남자를 정의하는 방식'이다. 다음은 남성 문제 전문가인 사회학자 마이클 플러드Michael Flood 박사의 말이다.

> 이러한 생각은 조금은 무너져가고 있고 지역에 따라 차이가 있다. 하지만 여전히 남자다움의 의미에 관한 강력한 이상이 존재한다. 남자다운 남자는 강인하고, 약점이 없고, 이성애자이고, 통제하는 사람이며, 감정을 드러내는 행동을 피한다는 등의 생각이다.
> 우리가 남자들에게 항상 강인하고, 극기적이고, 고통을 드러내지 말라고 가르치면 그들의 신체적·정신적 건강을 옥죄고, 다른 남성 및 여성과의 우정과 인간관계, 사회 참여를 제한하게 된다.[3-1]

자신의 감정을 말할 능력이나 자유가 없는 남자들은 정신건강 문제에 직면하거나 자살 충동을 느끼더라도 도움을 구할 수 있는 길이 사실상 차단되어 있다. 오스트레일리아의 시골 지역은 기후변화에 따라 되풀이되는 가뭄이 토지의 생명력을 앗아가고, 땅주인인 남자들은 강인하고 극기하고…… 죽을 때까지 열심히 일하라는 엄중한 요구를 받는 최악의 고립 상황에 놓여 있다. 이러한 시골의 자살률은 도시보다 40퍼센트 높다.

정신건강에 문제가 있는 사람들을 지원하는 자선단체 세인 오스

트레일리아Sane Australia의 대변인 세라 코커Sarah Coker에 따르면 도움
이 필요한 사람들을 찾아내는 데 많은 시간이 필요하고, 시골 지역
의 정신건강 서비스에 투입되는 예산이 줄어든 것이 비극의 주요인
이다. 그녀는 '다수의 소규모 공동체에는 아직도 정신질환에 관한
부정적 인식이 남아 있다. 자신의 감정과 정신건강 문제에 관해서
말해야 한다는 인식을 확산시키는 일을 비롯하여, 특히 시골과 소외
된 지역에서 해야 할 일이 많다'고 말한다.

문제는 자살 가능성이 높은 노년층에서 가장 심각하다.

자살을 방지하고 정신질환자를 돕는 비영리단체 비욘드 블
루Beyond Blue와 블랙독 연구소Black Dog Institute가 2015년에 수행한 '남
성의 자살 기도를 차단하는 것은 무엇인가'라는 제목의 연구는 남
자들이 '진정한 남자'가 되기 위해 자신을 죽인다는 사실을 뒷받침
한다.

블랙독 연구소의 연구원 안드레아 포가티Andrea Fogarty 박사는 〈허
핑턴 포스트〉에서 '인터뷰에 응한 남자들이 모두 자신의 감정을 말
해서는 안 된다는 암묵적 메시지가 존재하는 문화 속에서 성장한 이
야기를 했다'[3-2]고 말했다.

비욘드 블루의 웹사이트는 '남자들은 모든 것을 마음에 담아둔다
고 알려져 있다. 그러나 기분이 울적할 때는 외부의 도움을 구하는
것이 책임 있는 행동이다'[4]라고 말한다. 이 사이트는 남자들이 살아
가면서 평균적으로 여덟 명 중 한 명이 우울증을 경험하고, 다섯 명
중 한 명은 불안증을 겪는다고 지적한다.

사람은 누구든지 살아가면서 정신건강 상태가 변화하며, 스트레
스와 경험에 따라 긍정적이고 건강한 상태에서 부정적이고 건강하

지 못한 상태로 바뀔 수 있다. 비욘드 블루의 웹사이트는 남자들이 자신의 정신건강을 평가해볼 수 있는 체크리스트, 정신질환의 징후·증상 목록과 대처 방안을 제시한다.

'모벰버 파운데이션Movember Foundation'(콧수염을 의미하는 'moustache'와 11월을 의미하는 'November'를 합성한 이름으로, 오스트레일리아에서 시작된 남성 운동이다 - 옮긴이)은 2003년부터 남성의 건강 문제, 특히 정신건강과 자살 방지를 위한 기금을 조성했다. 모벰버 파운데이션의 홈페이지에는 '정신건강에 관해 진솔한 대화를 할 때가 되었다'라는 헤드라인이 있다. 홈페이지는 오스트레일리아 남성이 살아가면서 둘 중 한 명이 정신건강 문제를 겪게 된다는 사실과 자살하는 사람 넷 중 세 명이 남성임을 지적하고, 굵은 글씨로 '우리는 무엇을 할 수 있는가?'라고 묻는다.

그리고 '이야기하라. 질문하라. 경청하라. 행동을 격려하라. 동참하라'는 대답을 제시한다.

모벰버 파운데이션은 우리 대부분이 친구에게 자신이 필요하다면 그와 함께할 것이라고 말한다는 사실을 강조한다. 그러면서도 친구에게 도움을 청하는 일은 불편하게 여긴다는 것이다. 이러한 두 가지 입장은 일관적이지 않다. 모벰버 파운데이션의 말대로 '무언가 변화가 일어나야 한다'.

'R U OK(괜찮아)?' 운동을 창시한 개빈 라킨Gavin Larkin은 1995년에 아버지 배리Barry를 자살로 떠나보냈다. 'R U OK?' 웹사이트의 운동을 소개하는 비디오에는 사망한 날의 배리가 말한 너무나 슬픈 녹음이 포함되어 있다.

카메라가 배리와 아주 행복해 보이는 어린 아들의 흑백사진을 보여주는 동안에 배리가 "그렇게 나는 모든 사람으로부터 단절된 셈이다. 음, 그러니까 당시에 나는 아무에게도 말을 하지 않았다. 상점에서 뭔가를 주문하거나 신문이나 빵 같은 것을 살 때 말고는. 그리고 어, 오늘밤에 내 삶을 끝내기로 결심했다……"⁵고 말한다.

배리의 자살은 개빈의 삶에 막대한 영향을 끼쳤고, 그는 아버지를 기리기 위해 'R U OK?' 운동을 시작했다. 누군가가 배리에게 괜찮으냐고 묻고 대화를 했다면 결과가 달라질 수도 있었다.

'R U OK?'의 슬로건은 '대화가 삶을 바꿀 수 있다'이다. 개빈에 따르면 '대화는 진정한 변화를 만들어내기 위해 유일하게 우리 모두가 할 수 있는 일이기 때문이다. 인간적으로 연결되고 그 상태를 유지하는 것은 우리 자신을 포함하여 누구든지 위기에 처한 사람을 위한 최선의 행동이다. (중략) 우리는 각계각층의 모든 오스트레일리아인이 사랑하는 사람들에게 손을 내밀고 괜찮으냐고 물으면서 마음을 쓰고 있음을 그들이 알도록 해주기를 원한다'.

매년 9월이면 '괜찮아?날ʀ U ok?ᴅᴀʏ'이 돌아오지만, 이러한 대화는 하루에만 그치지 말고 매일같이 계속되어야 한다.

개빈은 2011년에 암으로 사망했다. 그가 남긴 유산은 우리의 마음속에 심어준 단순하면서도 강력한 아이디어다. 대화를 시작하라. 친구와 사랑하는 사람들에게 괜찮으냐고 물어보라. 괜찮지 않다면 그들을 도와줘라.

독자들 중에 깊은 우울감을 느끼거나, 심지어 자살을 생각하는 사람이 있다면 이 책을 통해서 손을 내밀며 호소한다. 제발, 누군가와 대화하고 도움을 받으십시오. 전화기를 들고 친구나 사랑하는 사람에게 전화하라. 그들은 당신을 비판하지 않을 것이다. 당신이 미쳤다거나 약하다고 생각하지도 않을 것이다. 당신의 말을 경청하고 도움을 얻을 수 있도록 힘써줄 것이다.

울적한 남자는 결코 강인하지 않다

남자다워지려는 삶이 우리를 죽이고 있다. 이유는 단순하다. 강인하고 극기하는 남자가 되느라 너무 바쁜 나머지 생명을 구할 수도 있는 도움을 청하지 못하게 만들기 때문이다.

몇 년 전에 음악과 함께 친구들과 어울려 밤을 보낸 뒤 함께 차를 타고 가던 친구 한 명이 언론계의 직장에서 어려운 시기를 보내고 있는 자신의 상황을 이야기한 적이 있다. 그는 "기차에 뛰어드는 편이 더 나을지도 모르겠다"고 농담처럼 말했다. 진심이냐고 묻는 나에게 자신이 이 세상을 떠나는 것이 낫겠다는 견해를 말하며 기묘하게 차분하고 냉정한 태도를 보였다.

나는 그날 밤 늦게 우리 둘을 모두 아는 친구에게 전화했고, 함께 그에게 전화를 걸어 가능한 한 빨리 누군가의 도움을 받으라고 권했다. 그런 말과, 특히 그처럼 의도를 드러내는 냉정한 태도는 진짜 생각이 무엇인지를 알려주는 명백한 신호였다.

그 친구는 실제로 도움을 받았고 위험한 상태에서 회복되었다. 경력에서도 안정을 찾은 그는 이제 기타와 아이들을 사랑하는 아버지이며, 가끔씩 놀랍도록 훌륭한 사진을 온라인에 올린다.

우리는 그날 밤 그가 실제로 자살에 얼마나 가까이 다가갔는지에 관한 이야기를 한 적이 없다. 그러나 도움을 받으라는 우리의 권유가 시의적절하고 요긴했으며, 그의 삶에 긍정적인 변화를 일으켰음을 알고 있다.

울적하다고 느낀다면, 궁극적으로 자신의 생명을 구할 수 있는 도움과 당신 사이에 강인하고 독립적인 척하는 남자가 서 있다는 것을 인지하라.

당신이 괜찮다면, 좋다. 친구가 자신의 감정을 털어놓아도 안전하다고 느끼는 남자가 되어라. 자신을 비판하지 않을 것임을 알 수 있는 남자가 되어라.

친구와 가족과 동료를 지켜보라. 이혼이나 실직 같은 충격적인 일을 겪은 사람이 있는가? 분노와 절망을 표현하거나, 심지어 농담처럼 자살을 이야기하는 사람이 있는가? 그렇다면 기다리지 마라. 매일매일이 '괜찮아?날'이 되게 하라. 전화기를 들어라. '헤이, 그냥 전화했어. 어떻게 지내?' 당신이 할 일은 그것이 전부다.

남자답게 행동하는 일에 잠재적·치명적 위험이 있다는 사실을 절감한다면 우리의 생각과 행동을 바꿔야 한다.

제6장
멋진
사무실의
검은 손길들

미투 운동

로저 에일스Roger Ailes가 연단에 서자 대부분 숙취가 가시지 않은 상태로 강연장에 모인 청중이 조용해졌다. 우리는 거물을 보고 있었다. 벗어진 머리보다 목이 더 굵은 에일스는 언뜻 자바 더 헛(영화「스타워즈」에 나오는 타투인 행성의 지배자 - 옮긴이)과 비슷해 보였다. 그가 말했다.

"안녕하세요. 나는 패리스 힐튼(미국의 사업가이자 모델, 배우, 가수, 패션 디자이너이며 사교계의 명사다 - 옮긴이)입니다."

폭소와 함께 요란한 박수갈채. 장소는 멕시코 칸쿤에 있는 고급 호텔이다. 때는 2004년. 루퍼트 머독의 충성스러운 부하 중에 가장 뛰어나고 똑똑한 사람들이 영국, 미국, 오스트레일리아에서 모여들었다. 1주일 동안 회의를 열어 다가오는 디지털 콘텐츠의 위협에 어떻게 대응할지를 토의하고 시장에 관한 아이디어를 교환하기 위해서였다. 그리고 논쟁하고. 또 새벽까지 술을 마시고.

초청된 연사들의 면면은 믿기 어려울 정도로 화려했다. 곧 미국의 국무장관이 될 콘돌리자 라이스는 오찬장에서 연설했다.「플래툰」이나「풀 메탈 자켓」같은 영화에서 바로 빠져나온 사람 같은 토미 프랭크스 장군은 리더십에 관하여 강의했다. 그는 2003년의 이라크 침공과 사담 후세인 정권의 전복을 지휘한 인물이었다. MIT(매사추세츠 공과대학)에서 온 과학자는 태양열로 구동되는 키보드와 종이처럼 둘둘 말 수 있는 스크린을 보여주었다. 실제로 작동하는 것들이었다. 이때가 2004년이었다고 말했던가?

우리가 그곳에서 1주일간 접한 지성과 경험은 참으로 놀라웠으며, 지금이라면 절대로 가능하지 않을 일이었다. 비용도 꽤 들었을 것으로 생각된다.

에일스는 거대한 체구 안에 있는 '할 수 있다' 식의 뉴스코퍼레이션 특유의 강인한 기업가 정신 때문에 특히 존경받았다. 우리는 뉴스코퍼레이션을 '세계 최대의 소기업'이라 불렀다.

1980년대에 루퍼트 머독이 시드니 서리힐스의 옷가게, 카페와 술집이 모여 있는 홀트 스트리트에 위치한 뉴스코퍼레이션 지사를 방문할 때마다 로비의 승강기에는 기자 나부랭이들이 더럽히고 담뱃불에 탄 자국을 가리기 위해 새 고급 카펫이 조심스럽게 깔렸다. 그 후에는 머독의 다음번 방문에 대비하여 새 카펫을 조심스럽게 걷어두었다.

회사 안에서 전해오는 이야기에 따르면 1996년에 머독이 이미 TV 마케팅의 천재임이 입증된 에일스에게 잘나가는 CNN과 맞서기 위한 폭스 뉴스의 설립을 개인적으로 요청했다고 한다. 에일스에게는 백지수표가 건네졌다. 그가 콘텐츠와 브랜드 개발에 필요한 인력, 스튜디오, 장비를 갖추고 미국의 뉴스 플랫폼 중에서 가장 강력하고 논란의 대상이 되는 폭스 뉴스를 시작하는 데는 불과 몇 달밖에 걸리지 않았다.

에일스는 2017년에 사망했다. 그가 남긴 유산―도널드 트럼프의 대선 운동 때 맡은 고문직 외에―은 폭스 뉴스의 젊은 여성 직원들에게 장기적·체계적으로 자행한 노골적 성희롱이었다. 에일스는 결국 2016년에 전·현직 직원들의 빗발치는 항의에 한마디 대답도 없이 4,000만 달러의 퇴직금을 받고 폭스 뉴스의 회장직을 사임했다.

또한 폭스는 적어도 세 명의 여성과 법정까지 가지 않고 입을 다물도록 합의했다.[1] 에일스가 사망했을 때는 여러 건의 소송이 진행되고 있었다.[2] 하지만 나는 2004년의 멕시코 여행에서 그의 기업 문화에 대한 강연이 최고였던 것으로 기억한다.

직장에서는 권력이 무기이자 방패이며 나쁜 행동이 공공연한 보상을 받는다…… 돈을 벌어들이는 한.

폭스 뉴스 상층부의 상황은 심각했다.[3] 부유하고 영향력 있는 진행자 빌 오라일리Bill O'Reilly는 2017년에 3,200만 달러의 성희롱 보상금을 내기로 합의했다. 그는 다른 여성 다섯 명에게도 1,300만 달러를 지불한 것으로 알려졌다. 폭스 뉴스는 오라일리가 사임을 강요당하기 전에 관련된 의혹을 알았는데도 매년 2,500만 달러의 계약을 연장했다.

에일스와 오라일리의 성희롱에 관한 주장은 할리우드에서 가장 큰 영향력을 가진 남자인 영화 제작자 하비 웨인스타인Harvey Weinstein의 극악한 성추문이 폭로된 것과 비슷한 시기에 터져 나왔다. 마치

종기를 째는 것 같았으며, 쏟아져 나온 고름은 똑바로 보기가 끔찍할 정도였다. 함께 들고일어난 여성들은 자신에게 성희롱을 자행한 사람의 이름을 밝히고 수치를 주는 이례적인 미투 운동에 동참했다. 영화배우 로즈 맥고완은 창문을 열어젖히고 자신이 불같이 화가 났으며 더는 참지 않겠다고 소리쳤다. 또 다른 배우인 앨리사 밀라노도 여성들이 앞으로 나와서 '사람들에게 문제의 심각성을 알려야 한다'는 트윗으로 힘을 보탰다.

우리 모두가 경청할 수밖에 없을 때까지 많은 여성과 일부 남성의 목소리가 더해졌다. 기네스 팰트로, 애슐리 저드, 제니퍼 로렌스, 우마 서먼 같은 영화배우를 비롯하여 유명인들이 스타 파워를 보탰다. 앞으로 나와서 자신의 이야기를 하는 일이 안전하며 충분한 지지를 받는다고 느끼는 여성이 점점 더 많아졌다.

언론계·연예계·재계의 수많은 유명인을 겨냥한 혐의가 제기되면서 미투 운동은 진정한 변화를 추진하고 여성이 더 안전하게 일할 수 있는 직장 환경을 만들거나, 아니면 용기를 얻은 피해자들의 손에 대중적 수치를 당하고 브랜드에 손상을 입는 위험을 감수하도록 고용주들을 압박했다.

이 모든 일은 남성이 직장과 사회에서 여성을 대하는 방식을 재고하도록 압력을 가했다. 20년 전에는 허용되었을 수 있지만 오늘날에는 그렇지 않다는 것이 분명해졌다.

미투 운동의 마법은 수많은 비난의 목소리 – 전 세계적으로 사회 각계각층에서 터져 나온 – 가 여성들에게 큰 소리로 말할 용기를 주었다는 것이다. 미투 운동은 많은 사람의 삶에서 성폭력이 실제적인 문제라는 인식을 일깨웠다. 여성들에게 새롭고, 가슴 벅차고, 강력한

목소리를 주었다. 2017년 말에는 꽃향기, 향수 냄새, 그리고 1960년
대 말 이래로 볼 수 없었던 변화를 향한 열정과 함께 디지털 미디어
가 주도하는 혁명이 세계를 휩쓸고 있는 것처럼 느껴지는 의기양양
한 순간도 있었다.

그 이후로 기세가 조금 수그러들기는 했지만 미투 운동은 전 세계
적으로 남녀 간에 어떤 행동이 적절한지 혹은 그렇지 않은지에 대한
인식의 변화에 크게 기여했다. 파트너가 능동적으로 분명하게 '예
스'라는 의사를 밝히지 않는 한 섹스에 동의한 것이 아니라는 의미
의 '적극적 동의enthusiastic consent'라는 아이디어가 힘을 얻고 있다.

이 책을 쓰고 있는 지금, 뉴사우스웨일스 주정부는 자기 아버지 소
유의 킹스 크로스 나이트클럽 뒷길에서 성 경험이 없고 두려움에 떠
는 소녀에게 항문 섹스를 강요한 혐의로 기소되었다가 풀려난 루크
라자러스Luke Lazarus 사건 이후에 섹스 동의와 관련된 법률을 재검토
하고 있다. 라자러스는 10대 소녀 색슨 멀린스Saxon Mullins가 '노'라고
말하지 않았으므로 동의 여부가 불분명하다는 이유로 무죄판결을
받았다.

멀린스는 섹스 동의 문제에 관한 국가적 논쟁을 촉발한 ABC TV의
「포 코너스Four Coners」(오스트레일리아의 시사 다큐멘터리 방송 프로그램 - 옮긴이)
와의 인터뷰에서 "나는 그날 내 일부가 죽었다는 것을 압니다"[4]라고
말했다. 그녀는 미투 운동이 조성한 환경 덕분에 신분을 밝히고 이
야기하는 것이 안전하다고 느꼈다. 멀린스의 용감한 이야기는 주정
부가 동의의 의미를 재검토하는 계기가 되었다.

네트워크 텐의 뉴스 진행자였던 트레이시 스파이서Tracey Spicer는
오스트레일리아 미디어 업계의 남성적 문화를 비난하면서 미투 운

동을 주도해왔다. 그녀의 분노는 정당했다. 둘째아이를 출산한 지 두 달 만에 이메일로 해고 통지를 받은 그녀로서는 당연한 비난이었다. 화장을 지우고 화려한 드레스도 입지 않은 2014년의 테드 강연과 자신의 회고록 『벌거벗은 착한 여자 The Good Girl Stripped Bare』에서 스파이서는 용모와 나이로만 여성을 평가하는 미디어 업계에 맹공을 퍼부었다.

스파이서는 2017년 10월에 '30년 동안 미디어 업계에서 일하면서 심각한 성희롱을 자행하는 사람들이 있음을 알고도 말하지 않은' 죄책감으로, 트위터를 통해 오스트레일리아 미디어 업계의 피해자들에게 앞으로 나오라고 요청했다.[5] 그 결과는 놀라웠다.

2018년 초에 그녀는 〈오스트레일리안 파이낸셜 리뷰〉와의 인터뷰에서 "처음 몇 주 동안만 500건의 메시지가 쇄도했고 지금은 1,500건에 육박한다"[6]고 말했다.

스파이서, ABC TV, 〈페어팩스 미디어〉의 6주에 걸친 조사 끝에 결국 폭로된 돈 버크Don Burke의 야수 같은 행동은 여러 해 동안 미디어 업계의 공공연한 비밀이었다. 스파이서는 미디어 업계에 바위 밑에서 집게로 집어 올려야 할 고위직 인사가 또 있다고 주장한다. 그녀가 수집한 정보에 따라 스무 명의 유명인이 조사를 받고 있다.

스파이서는 직장 내 남녀 관계의 속성을 잘 알고 있다. 그녀는 "직장에서 이루어지는 남녀 관계를 막을 수는 없다. 나도 직장에서 남편을 만났다. 직장에서 일하는 시간이 너무 길어서 많은 여성이 그렇게 된다. 그러나 차이점은 동의의 여부와 힘의 불균형이 존재하는 상황이다. 사무실 동료와 관계를 맺는 것과, 권력을 이용해 누군가를 부당하게 공격하거나 희롱하는 것은 전혀 다른 문제다"라고 말한다.

스파이어는 2018년에 미디어 업계와 복지 및 자선단체에서의 업적에 따른 훈장을 받았다. 그녀는 이렇게 말한다.

"큰 변화는 쉽게 오지 않는다. 상황이 급변하는 가운데 실수가 있어서는 안 된다."

권력의 그림자 속

웨인스타인, 버크, 그리고 미투 운동 이전의 세계는 불명예스러운 해고의 사유가 될 수 있는 행동이 적극적인 격려를 받는 별세계였다. 나도 그런 세계에서 살았기 때문에 잘 알고 있으며, 칸쿤 회의는 완벽한 본보기였다.

그곳에서 나는 오스트레일리아 미디어 업계에 전해 내려오는 이야기들 중에 가장 기괴하고 주목할 만한 사건을 목격했다. 머독이 회의에 참석한 모든 사람들 앞에서 공식적으로 환영 연설을 하는 의장 만찬 자리에서였다. 〈선데이 텔레그래프〉의 편집자로 유명한 로이 '로키' 밀러Roy 'Rocky' Miller가 머독을 소개하기로 되어 있었다.

밀러는 두려움을 모르고, 뛰어나며, 때로는 매우 무서운 편집자였다. 그는 1990년부터 8년 동안 매우 성공적으로 〈선데이 텔레그래프〉의 편집자 자리를 지켰으며, 머독 밑에서 반세기 동안 산전수전을 겪은 언론인이었다. 기자들이 구급차를 쫓아다니고, 경찰·범죄자들과 어울려 술을 마시고, 술집에서 신문 편집이 이루어지고, 그레이하운드와 조랑말 경주에 돈을 거는 일이 다음 날 신문 머리기사만큼이나 중요했던 시절을 보낸 인물이었다.

멜버른 출신의 신사다운 편집자 브루스 거스리Bruce Guthrie는 자신의 책 『머독을 물다Man Bites Murdoch』에서 밀러를 '일도 파티도 열심히

하고 생각보다 행동을 앞세우는, 머독이 선호하는 임원'의 전형으로 묘사했다.

편집실 직원들에게 욕설 퍼붓기를 서슴지 않는 밀러였지만, 머독의 제국에서 일하는 동료 간부뿐만 아니라 영국 보수당을 이끄는 마이클 하워드Michael Howard와 소설가인 부인 산드라Sandra까지 참석한 자리에서 머독을 소개하는 데는 부담을 느꼈다. 그래서 그는 머독의 또 다른 고위급 심복인, 자신과 마찬가지로 두려움의 대상이며 전설적인 편집자인 콜 앨런Col Allan에게 그날 저녁의 소개사를 위한 도움을 청했다.

앨런은 시드니의 〈데일리 텔레그래프〉에서 시작하여 〈뉴욕 포스트〉의 편집자로 벼락출세한 인물이었다. 〈데일리 텔레그래프〉에서 일하던 시절 그는 편집회의 도중에 편집장 사무실의 싱크대에 오줌을 누는 버릇으로 악명이 높았다. 싱크대는 작은 문 뒤에 있었으며 그곳에 화장실이 없다는 사실을 모두가 알고 있었다. 우리는 그가 오줌 누는 소리를 들을 수 있었다. 앨런은 자신의 권력과 언론사의 문화에 힘입어 부하 직원을 괴롭히는 폭군이었다. 스탠리 상을 받은 만화가 워렌 브라운Warren Brown이 수년간의 괴롭힘에 넌더리가 나서 앨런의 머리를 겨냥해 던진 트로피가 뒤편 벽에 박힌 사건이 벌어지기도 했다.

나는 의장 만찬이 개최되는 날 오후에 해변에서 돌아오다가 바에서 이미 약간 맛이 간 듯한 콜과 로키의 모습을 보았다. 콜이 지난 몇 시간 동안 술을 권하면서 로키의 마음이 안정되도록 돕고 있음이 분명했다.

우리는 옷을 갈아입은 뒤 버스를 타고 다른 고급 호텔에 마련된 만찬장으로 갔다.

밀러에게 중요한 순간이 왔다. 만찬을 위해 정장을 입고 넥타이를 맨 사람들 속에서 헐렁한 검정색 셔츠와 검정 청바지의 이례적인 차림을 한 밀러가 자리에서 일어나 약간 휘청거리면서 무대로 향했다. 사람들의 속삭임 소리가 커지는 가운데 마이크를 잡은 그의 서두는 좋았다.

"신사 숙녀 여러분 안녕하십니까. 내 이름은 로이 밀러이고, 위대한 남자 루퍼트 머독을 소개하는 영예를 누리게 되었습니다."

그 이후는 내리막이었다. 로이가 말했다.

"나는 루퍼트를 졸라fucking 사랑합니다."

내 주변에 앉은 모든 사람, 런던과 뉴욕에서 온 미디어 업계의 간부들은 자신의 귀를 의심할 정도로 충격을 받았다. 내 뒤에서 누군가가 영국 상류층 특유의 억양으로 "세상에, 이 무슨 망신인가"라고 말했다. 만찬에 참석한 오스트레일리아인들은 폭소를 터뜨렸다. 굿 올드 로키Good old Rocky.

밀러의 말은 계속되었다.

"나는 루퍼트를 졸라 사랑하고 뉴스를 졸라 사랑합니다. 나는 뉴스 분야에서 40년 넘게 일했습니다. 강간을 하더라도 그런 장기형은 받지 않습니다."

썰렁한 농담에 만찬장은 나지막한 신음으로 가득 찼다. 청중의 호응을 얻지 못하는 것을 깨달은 밀러는 아는 이야기로 돌아갔다.

그가 다시 말했다.

"나는 루퍼트를 졸라 사랑합니다. 나는 뉴스도 졸라 사랑합니다."

이제 만찬장은 매우 소란스러워졌다. 마침내 머독이 무대로 향했다. 맙소사! 그가 로키를 즉석에서 해고할까?

의장은 휘청거리는 밀러의 어깨에 팔을 두르더니 이렇게 말했다. "신사 숙녀 여러분, 경쟁지의 종말을 개인적으로 주도한 유일무이한 편집자 로키 밀러를 소개합니다."

그러고는 머독이 열성적으로 박수를 치기 시작했다. 모두가 그의 박수에 동참했다.

〈데일리 미러〉는 시드니에서 발행되는 석간지였다. 편집자인 로키가 지휘한 〈데일리 미러〉에 철저하게 두들겨 맞은 경쟁지 〈선〉은 1998년에 폐간되었다.

머독은 잊지 않았다. 로키의 팔을 높이 치켜올리면서 그는 세계적 미디어 업계의 고위 간부들에게 자신이 이런 사람을 소중히 여긴다는 분명한 메시지를 던졌다. 중요한 것은 이것이다. 어떻게 행동하느냐는 문제되지 않는다. 사업만 똑바로 하면 항상 보호받을 것이다.

루퍼트는 2003년부터 2009년까지 영국 〈선〉지 최초의 여성 편집자였던 레베카 브룩스Rebekah Brooks에게, 그녀가 '깡패'였기 때문에 호감을 느꼈다고 전해진다. 〈뉴스 오브 더 월드〉의 전화 도청 사건이 터졌을 때, 브룩스는 자신이 당시에 편집자이기는 했지만 그러한 일에 관해서는 전혀 알지 못했다고 주장하여 사건과 관련된 처벌을 모면했다. 훗날 런던에 있는 뉴스 인터내셔널의 CEO가 된 그녀는 전화 도청 사건 조사와 관련하여 불리한 증거가 될 수 있는 수많은 사내 이메일을 파기하도록 승인했다.[7]

브룩스는 2015년에 뉴스 인터내셔널에서 이름이 바뀐 뉴스 UK의 CEO로 임명되었다. 머독은 자신이 좋아하는 '깡패'가 어려운 시기에 보여준 훌륭한 서비스를 잊지 않았다.

마초남과 '단추 두 개의 법칙'

2006년의 일이다. 내 전화기의 벨이 울린다. 나보다 나이가 많은 뉴스코퍼레이션의 간부다. 타블로이드지 출신으로 술을 많이 마시고 욕도 잘하는 구식 인물이다. 그는 책상 위 서랍에 있는 술병, 고약한 성격, 그리고 1985년에 〈데일리 미러〉의 편집자로 일할 때 1면에 올리곤 했던 '플래빗 flabbit' – 악명 높은 '플라잉 래빗 flying rabbit'(날아다니는 토끼 – 옮긴이) – 으로 유명했다. 그림과 함께. 아마도 그런 이야기가 사실이라고 믿었던 모양이다.

우리는 오늘날 〈스텔라〉라 불리는 〈선데이 텔레그래프〉에 끼워 넣는 잡지에 사용할 종이에 관한 의견이 엇갈렸다. 나는 그의 말을 듣고 자리에서 일어나 곧장 CEO인 존 하티건 John Hartigan의 사무실로 갔다. 그가 한 말은 너무나 기괴하고, 동성애 혐오적이고, 모욕적이고, 믿을 수 없을 정도로 공격적이었다.

그 간부가 열띤 사무실 논쟁의 경계를 넘어서 개인적인 모욕을 가하고, '그의 엉덩이를 걷어찰' 빌미를 주었다는 것이 나의 입장이었다. 나는 그저 존이 사실대로 이해해주길 바랐다. 그 간부에게 양복, 넥타이, 직함이라는 보호막이 없다면 크리스마스 바비큐 파티에서 술 취한 늙은 삼촌을 밀어 넘어뜨리는 것과 다름없는 일이 일어났을 것이라는 말에 존은 약간 걱정스러운 듯했다.

마호가니 로Mahogany Row(모든 신문사에서 간부들이 일하는 층을 그렇게 불렀다)에서 화요일 오후에 엉덩이 차기 같은 사건이 일어나는 것을 원치 않음이 분명한 하티건이 "내가 얘기해보겠네, 친구"라고 말했다. 그 이후에 다시는 그 문제에 관한 이야기를 듣지 못했다.

같은 해에 한 친구가 내 사무실을 찾아왔다. 내가 알아야 할 이야기를 들었다고 했다. 또 다른 간부가 나에 관한 험담을 하고, 심지어 내 부서를 자기 밑으로 끌어들여 모든 것을 장악하려는 공작을 벌이고 있다는 이야기였다.

다시 한 번 즉시 자리에서 일어나 이번에는 해당 간부의 사무실을 찾아갔다. 비서 앞을 그냥 지나쳐 곧장 사무실로 들어갔다.

"친구, 당신이 무슨 말을 하고 무슨 짓을 꾸미는지 다 알고 있어. 당장 그만둬."

그는 의자에 몸을 기대고 잠시 침묵하더니 히죽 웃고는 말했다.

"음…… 그래서?"

나는 다시 말했다.

"친구(웬일인지 우리는 증오하는 사람도 '친구'라 부른다), 나와 내 부서를 내버려두지 않으면 당신의 엉덩이를 걷어찰 거야."

"뭐라고? 무슨 소리야?"

그가 말을 더듬자 내가 말했다.

"그런 말이 한마디라도 더 들리면 주차장에서 당신 엉덩이를 걷어차겠다는 거야. 진심이야. 꼭 그렇게 하겠어."

사무실로 돌아와 책상 앞에 앉자 나의 남자다운 행동을 치켜세우는 간부들의 전화가 걸려오기 시작했다.

지금 돌이켜보면 자랑스럽지 않다. 참으로 마초 같은 짓이었다. 그러나 당시에는 나 자신에 대해 더 이상 만족스러울 수가 없었다.

강인하고 남자답고 공격적인 행동이 찬양받는 시절이었다. 그런 문화에는 술과 마약과 섹스에 관대하고, 성적 매력에 따라 여성을 평가하는 것도 포함되었다.

오스트레일리아에서 개최된 2000년 올림픽과 2003년 럭비 월드

컵이 벌어진 기간에는 신문사의 떠들썩한 분위기가 광란으로 치달았다. 간부들이 행사 중이거나 행사가 끝난 뒤에 언제라도 섹스를 위하여 여자를 데리고 올라갈 수 있도록 호텔방이 예약되어 있었다. 창녀가 아니라 광고, 마케팅, 미디어 업계에서 일하는 젊은 여성들이었다. 당시에 그들은 기꺼이 요란한 파티를 즐기고 섹스를 경력 발전의 기회와 맞바꾸려는 사람처럼 보였다. 자발적으로 시끌벅적한 '재미'를 보려는 것 같았다. 나는 그런 일에 대해 '저런, 누군가 부인이 알게 되면 큰 문제가 생기겠군!' 정도 이상으로 생각해본 적이 없었다.

이제 중년 여성이 되었을 그들 중에 몇 명이나 자신의 이야기를 밝히는 많은 여성들처럼 미투 운동에 동참했는지 궁금하다.

나는 과거에 언론사에서 일하는 동안 누군가가 나로부터 괴롭힘이나 학대를 받았다고 느꼈을 사람이 없는지 오래, 그리고 깊이 생각했다. 지금은 해외에서 살고 있는, 예전에 같이 일한 직원이 이메일을 보내온 적이 있었다. 그녀는 내가 성적 희롱이나 괴롭힘을 시도하는 사람이 있는지를 파악하기 위해 시드니의 거리를 돌아다니도록 한 일이 아직도 화가 난다고 했다. 당시 우리는 성희롱에 관한 기사를 준비하고 있었다.

나는 내가 아무런 경험이나 도움도 없이 관리자의 소굴에 던져진 서른두 살의 얼치기 기자였으며, 실제로 의문스러운 결정을 내린 일이 종종 있었다고 답했다. 어리석은 짓을 많이 저지르고 사람들을 화나게 했을 수 있음을 인정했다. 그녀를 괴롭히려는 의도가 없었고 단지 기사를 원했을 뿐이라면서 거듭 사과했다. 그녀는 내 답장과 그 내용에 감사해했으며, 자신이 하고 싶었던 말을 한 것에 만족한 듯했다.

나는 미안했다. 그렇지만 나의 사과는 기본적으로 그동안 폭로된 유명인들의 추잡한 행동처럼 '그 시절에는 모두가 그랬다' 식이었다. 나는 세일즈 담당 여성 직원들에게 중요한 고객을 만나기 전에 '단추 두 개의 법칙!' – 누구나 알듯이 셔츠 단추를 두 개 이상 풀어놓아야 한다는 의미 – 을 지키라고 특별히 강조했다. 고객은 가슴골을 좋아한다. 지금은 매우 부끄럽게 느끼지만 당시에는 일상적인 일이었으며, 내가 기억하기에 눈썹을 치켜올린 사람은 아무도 없었다. 그렇다고 잘못된 일이 올바른 일로 바뀌지는 않지만.

물론 말하는 사람이 아무도 없었다는 사실이 당시의 관행을 모두가 기꺼이 받아들였음을 의미하지는 않는다는 것을 인정해야 한다. 그때는 몰랐고 지금도 모르지만, 사교적이고 지나치게 의욕적이었던 젊은 미디어 업계 간부로서의 행동이 초래했을 불편이나 그보다 더한 피해에 대해 부끄러움을 느껴야 한다.

나도 당할 뻔했다!

지금 돌이켜보면 '세상에, 더 심한 일을 당할 수도 있었어'라고 생각되는 몇 가지 사건을 경험했다. 1980년대 초에 대학생이었던 나는 미디어 업계에서 성공하려는 야망을 키워가고 있었다. 그래서 휴일에는 지역방송국을 찾아가 음성 테스트를 받았다. 앞으로 방송 진행자가 될 수도 있겠다는 생각에서였다. 당시 나는 열여덟 살이었다. 방송국의 선임 진행자는 한때 뉴질랜드에서 자신의 토크쇼를 진행했으며 라디오와 TV의 스타인 베테랑이었다. 나를 방송인으로 만들어줄 수 있는 인물이었다.

그 일은 결국 1년에 몇 차례 음성 테스트를 받는 것으로 끝났다. 나는 휴일을 맞아 학교에서 나올 때마다 그에게 전화를 걸어 혹시 자리가 나지 않았는지 물었다. 그러면 "아니, 아직은. 하지만 와서 한 번 더 테스트를 받아보면 어떨까?"라고 대답하곤 했다.

매우 아리송한 일이었다. 음성 테스트는 5분 정도밖에 걸리지 않았지만, 그 후에 우리는 어두운 스튜디오에서 한 시간 동안 잡담을 나누었다. 한번은 그가 지난번 방문 때보다 내 체중이 늘어나서 무척 걱정된다는 듯한 태도를 보였다. 청바지가 아주 꽉 낀다고 말했다. 엉덩이가 커 보인다는 것이었다. 이 남자가 나에게 라디오 방송인이 될 자질이 있다고 생각지 않으면서 그저 우리의 잡담을 즐기고 있다는 사실을 서서히 알아차렸다.

하지만 순진했던 나는 실제로 무슨 일이 벌어지고 있는지 감을 잡지 못했다. 대화의 분위기에서 희미한 성적 전율이 느껴지기는 했지만 우리는 모두 남자였다. 그러니 그가 기대하는 것은 무엇일까? 그리고 그의 집에 가서 함께 한잔하는 것이 나의 경력에 무슨 도움이 될까? 다음번 음성 테스트에서 더 잘할 수 있도록 조언을 해주는 일은 바로 이곳 스튜디오에서도 충분히 가능했다.

그는 1년 동안 되풀이하여 나를 방송국으로 끌어들였지만 결국 육체적인 사건은 없었다. 권력관계의 불균형이 충분치 않았기 때문으로 생각된다. 나는 자신을 더 쉬운 상대로 만들 만큼 절박하게 방송 일을 원치는 않았으며, 그가 나를 물리적으로 강제할 방법도 없었다. 그에게는 짜증스러운 일이었겠지만, 나는 체중이 그보다 20킬로그램은 더 나갔다. (한번은 내 '덩치가 크다'면서 '덩치 큰 남자들은 자기 자신을 모른다'고 했다. 무슨 뜻인지는 모르겠지만.)

하지만 실제로, 상황이 약간 달랐다면 방송 일자리와 섹스를 맞바꾸는 자신을 볼 수도 있는 경험이었다. 나는 세계 곳곳에서 남성과 여성 간에 그러한 일이 어떻게 끊임없이 일어나는지를 이해한다. 그리고 그런 순간에, 특히 권력의 추가 공격자 쪽으로 기울 때 피해자가 할 수 있는 일이 거의 없다는 것도 알게 되었다.

그의 경력을 다룬 라디오 쇼는 그를 외설적 유머를 즐기는 신랄하고 말썽 많은 인물로 묘사했다. 사실이었다.

열여덟 살이었던 같은 해에 나는 방학 동안 중장비를 운전하면서 정원에 물이끼를 깔려는 사람들의 대량 주문을 처리하는 일을 했다. 내가 '이끼 공장'이라 부른 그곳의 관리자는 알바 대학생이나 교도소에서 출소한 사람들만 고용하는 것 같았다. 출소자들 중에 감옥에 갈 때마다 얼굴에 눈물 문신을 새긴 남자가 있었다. 그는 내 엉덩이에 빗자루 손잡이를 쑤셔박는 것이 아주 중요한 일이라고 생각하는 것 같았다. 그의 눈물 문신은 네 개였다. 그래서 나는 휴식 시간이 되면 창고 구석에서 각목을 휘두르면서 빗자루나 삽으로 무장한 출소자 서너 명과 맞서야 했다.

그들은 단순히 나를 겁주려는 것이 아니라 실제로 그 일을 하려고 했다. 두 명이 내 팔을 잡고 있는 동안에 눈물 문신을 한 남자가 신나게 킬킬대면서 내 바지를 끌어 내리려 했다.

다시 한 번 나는 이런 짓을 성폭행이나 강간의 시도로 생각하지 않을 정도로 순진했다. 그저 출소자들이 마초 흉내를 내는 것으로 여겼다. 양털을 깎는 헛간과 건초 방목장이 있는 농장에서 잔뼈가 굵은 소년이었으며, 몇 년째 성인 남자들과 함께 럭비선수로 뛰고 있었던 나는 싸움이 두렵지 않았다. 1970년대와 1980년대에 뉴질랜드의 남학교에서 5년을 보내는 동안 주먹을 써서 나 자신을 방어한 일도 여러 번이었다.

때로 내 바지를 끌어 내렸지만, 맹렬히 저항하는 나의 힘에 가로막힌 그들이 삽입에 성공한 적은 한 번도 없었다. 우리는 흔히 멍이 들고 베인 상처에서 피가 흐르는 채로 다음 작업에 들어가곤 했다.

몇 번인가 내가 빗자루를 들고 "허리를 굽혀, 란지. 이번에는 당신이 빗자루 맛을 볼 차례야, 친구"라고 외치면서 눈물 문신을 한 남자를 쫓아다닌 적도 있었다. 실제로 나는 그를 꽤 좋아했다.

그 일은 이렇게 끝났다. 내가 그런 짓거리에 신물이 났던 어느 날이었다. 그들이 여느 때처럼 내게로 다가왔다. 이번에 나는 특별히 눈물 문신을 한 남자를 지목했다. 그러고는 화가 나서 "친구, 당신은 빌어먹을 게이야. 남자는 다른 남자의 엉덩이를 이 정도로 좋아하지 않아!"라고 소리쳤다.

다른 출소자들은 이 말이 아주 우습고 또 사실이라고 생각했다. 그들은 눈물 문신을 한 남자를 보고 웃었다. 동료들의 웃음거리가 되고 '게이'라 불리는 것을 견딜 수 없었던 그는 결국 포기했다.

이것은 단순히 남자들의 지저분한 장난에 관한 이야기가 아니다. 상황을 바꾸어 내가 할리우드에서 성공을 열망하는 여배우라고 생각해보자. 빗자루 항문 강간을 피하려고 힘겹게 싸워야 하는 그녀의 끔찍한 이야기를 상상해보라. 매일같이! 억눌린 채로 여러 사람에게 공격을 당하는 것도.

나는 상사나 부모에게조차 그런 이야기를 하지 않았다.

내가 오랫동안 이 문제를 생각해본 적이 없고 상처를 받지도 않았다는 것은 사실이다. 이는, 다시 한 번, 권력관계의 균형이 거의 맞았기 때문일 것이다. 우리는 모두 90킬로그램이 넘는 남자들이었다. 나는 그들이 두려운 것이 아니라 그저 성가셨다. 할리우드 여배우와의 중요한 차이점은 명백했다. 그러나 체력에 대한 자신감이 조금 덜했다면, 자신을 방어하기 위한 신체적 능력이 조금 부족했다면 나는 틀림없이 여러 차례 강간을 당했을 것이다.

이런 경험을 나의 미투 사례로 내세울 생각은 추호도 없다. 나는 인식의 부족과 큰 덩치 때문에, 피해자이기는 했지만 상처를 입지 않았다. 성폭력의 끔찍한 기억에 시달리지도 않는다. 힘없는 진짜 피해자의 처지가 어떠한지 이해하는 척하려는 의도도 없다. 그러나 나의 이야기는 성폭력과 성희롱이 우리의 삶에서 얼마나 자주, 그리고 심각하게 나타나는 현실인지를 웅변한다. 내가 더 나쁜 일을 겪지 않은 것은 단지 운이 아주 좋았기 때문이다.

나는 자신이 상처를 입지 않았다고 생각한다 하여 남자가 성폭력의 피해자가 되는 일이 불가능하거나 적어도 쉽지 않다는 인상을 주려는 의도는 전혀 없다.

영화배우 브렌든 프레이저Brendan Fraser는 「미라」(3부작), 「원시 틴에이저」, 「조지 오브 정글」 같은 영화에 출연한 대스타였다. 이제 중년이 되어 촬영장에서 입은 부상의 고통이라는 유산을 짊어지고 살아가는 프레이저는 최근에도 「텍사스 라이징Texas Rising」과 쇼케이스의 「디 어페어The Affair」 같은 TV 드라마에서 몇 차례 강렬한 연기를 보여주었다.

프레이저는 한때 할리우드 외신기자협회의 회장을 지낸 필립 버크Philip Berk가 사람들로 붐비는 베벌리힐스 호텔에서 공공연하게 자신의 엉덩이를 움켜쥐고, 항문 - 프레이저의 표현으로는 '지저분한 부위' – 주변으로 손가락을 놀렸다고 공개적으로 주장했다.

프레이저는 몇 년이 지난 후에 미국의 남성 월간지 〈GQ〉와의 인터뷰에서 자신이 '두려움과 당혹감'에 사로잡혔다고 말했다.[8] 버크는 자신의 회고록에서 엉덩이를 움켜쥔 사실은 인정했지만 손가락을 찔러 넣은 일은 언급하지 않았다. 이 문제를 조사한 할리우드 외신기자협회는 '버크 씨가 프레이저 씨에게 부적절한 신체 접촉을 시도한 것은 사실이지만, (하지만) 성적 접근은 아니었고 장난으로 받아들여지리라는 의도였다'는 결론을 내렸다.

어쨌든 프레이저가 남자이고 공공장소에서 일어난 일이었기 때문에 이 사건은 성폭력이라고 말하기 어려울 정도의 사소한 일로 치부되었다.

스물여섯 살의 케빈 스페이시Kevin Spacey(미국의 영화배우 – 옮긴이)가 마치 신랑이 신부를 안고 문지방을 넘는 것처럼 소년 배우 앤서니 랩Anthony Rapp을 안아 올려 침대에 눕혔을 때 랩의 나이는 열네 살이었다.[9] 스페이시는 그런 일이 있었음을 부인하지 못하고, 자신이 동성애자라는 사실을 마지못해서 인정했다. 그러자 랩이 당한 성폭행은 순식간에 권력이 아닌 섹스의 문제 – 의도적인 강간이 아니라 술취한 상태에서 저지른 성적 일탈의 문제 – 로 바뀌었다.

성폭력은 강자가 약자에게 저지르는 행동이며 남성이 피해를 당하는 일도 적지 않다. 가해자 또한 다른 남성인 경우가 압도적으로 많다.

왜 알면서도 말하지 못할까?

기업과 블루칼라의 세계도 공격성, 성적 지배, 리더십, 강인함과 용기 같은 남자다운 특성을 절대적으로 소중하게 여긴다. 내가 대형 은행이나 광고 회사의 간부였더라도 미디어 업계에서 목격한 실상과 다르지 않았을 것이라고 확신한다. 어떤 행동이 허용되는지 혹은 허용되지 않는지가 이메일로 받은 경영방침처럼 분명했다.

'겁쟁이'처럼 구는 것, 자신을 위하여 일어서지 않는 것, 술집에서 타인과 맞서지 못하는 것, '남자의 일원'이 되어 집단에 소속되지 못하는 것, 조국을 위한 맹세를 하지 않는 것 등은 눈살을 찌푸리게 하는 행동이었다.

마호가니 로의 나이 든 간부가 나를 불러 충고한 적이 있었다. 그가 여비서에게 "미안해, 자기. 문을 닫아야겠어. 우리가 하는 말이 듣기에 좀 거북할지도 모르니까"라고 말했다. 그는 동료 간부 대부분은 그저 뉴스에서 흔히 볼 수 있는 '좆같은 놈들cunts'이므로 걱정할 필요가 없다고 말했다. 신경 써야 하는 것은 '정말로 좆같이 좆같은 놈들real cunty cunts'이라면서 복도 아래쪽을 향해 거칠게 손짓을 했는데 누구의 사무실을 가리키는지 알 수 없었다.

이런 모든 일은 내가, 그리고 나와 같은 처지의 수많은 남자가 매일같이 한바탕 싸우든지, 아니면 때려치우고 싶은 마음이 굴뚝같은 상태로 분노와 스트레스의 응어리를 품은 채 집으로 돌아간다는 것을 의미했다. 그저 소파에 널브러져 와인을 마시면서 풀고 싶은 생각밖에 없었다. 아이들의 숙제를 도와주는 데도 흥미를 잃었고 뒷길에서 운동하는 것도 시들해졌다. 아내와 직장 일에 관해 대화하고 싶은 마음은 더더욱 없었다.

동료를 위협하던 일을 떠올리면 자신에게 놀라게 된다. 실제로 나는 엉덩이 차기 같은 행동을 할 만한 사람이 전혀 아니다. 도대체 어떻게 동료를 공격하겠다고 위협하는 행동이 적절한 대응으로 여겨지고 사람들의 칭찬을 받는 상황에 빠지게 되었을까? 어쩌다가 가장 남자다운 세계에서 자신의 역할을 수행하려고 실제와는 다른 남성성을 가장하는 처지가 되었을까?

답은, 브레이크를 밟기가 어렵다는 것이다. 그러한 행동에는 대부분 금전적 보상이 주어졌다. 많은 돈을 버는 것은 꿈 같은 일로 생각될 수 있다. 그러나 실제로 일어나는 일은 라이프스타일과 씀씀이가 새끼 악마처럼 자라나고 그것을 지탱하기 위해서는 더욱 많은 돈이 필요해진다는 사실이다. 머지않아 집, 자동차, 아이들의 학교에 돈이 들어가고 휴가에 맞춰 예약도 해야 한다. 원치 않아도 러닝머신 같은 직장 일에서 벗어날 길이 없다. 그래서 우리는 단계를 올리고 더 빠르게 달리기 시작한다.

하지만 알고 보면 남자들이 하루에 열 시간 동안 양복을 입고 양복 입은 다른 남자들과 피 터지게 싸우는 일을 사랑하는 것은 아니다. 남자들도 여자들만큼이나 워라밸work-life balance(일과 삶의 균형 - 옮긴이)을 찾기 위해 노력한다. 단지 그 문제에 관해 말하지 않을 뿐이다. 왜냐하면…… 그저 남자는 말하지 않으니까.

미국의 조지아 대학 연구팀은 몇 년 동안 전 세계에서 25만 명 이상을 대상으로 수행된 350건 이상의 연구를 비교 분석했다. 부교수 크리스틴 쇼클리Kristen Shockley의 말대로 결과는 놀라웠다.

기본적으로 우리는 남성과 여성 사이에 그들이 이야기하는 일과 가정의 갈등 수준에 관한 한 차이가 있다는 증거를 거의 찾지 못했다. (중략) 여성은 다른 여성이 이 문제로 어려움을 겪는 이야기를 듣고 자신도 더 심각한 일과 가정의 갈등을 겪게 될 것임을 예상한다. 또한 여성은 남성보다 그런 문제에 관해 더 많이 대화하는 것을 괜찮게 여기는 사회적 분위기도 있다. (중략) 이런 것이, 인정하는 사람은 아무도 없지만 실제로는 조용한 가운데 여자들 못지않게 일과 가정의 갈등에 시달리면서 문제를 해결하려고 노력하는 남자들에게 해를 끼친다고 생각한다.[10]

이전의 연구에서는 남자들이 일과 가정의 갈등 문제에 관한 대화를 불편하게 느낀다는 사실이 밝혀졌다. 그들은 남자다움에 의문이 제기되거나 나약한 사람으로 보이고 고용주의 비판을 받게 되는 낙인이 찍히는 것을 두려워한다.

그래서 여자들이 친구에게 이야기하는 동안에 대부분의 남자들은 늘 그랬듯이 아무에게도 말하지 않는다.

파트타임을 선호하는 남자들

자신의 삶을 돌이켜보고 '과연 이게 전부란 말인가?'라고 자문하는 사람이 점점 늘어나고 있다. 우리는 그 어느 때보다도 개인적 변화를 원한다. 너무 늦기 전에.

2조 달러 규모의 글로벌 투자펀드 핌코PIMCO의 CEO로 연간 1억 달러의 짭짤한 수입을 올리던 미국인 아빠는 열 살 된 딸에게 힘든 교훈을 배웠다. 2014년 모하메드 엘 에리언Mohamed El-Erian은 그해에 자신이 놓친 중요한 사건 22건 – 개학한 날, 시즌 첫 축구 시합 같은 – 의 목록을 딸이 제시한 후에 CEO직에서 물러났다. 그는 '당시에 나는 끔찍하게 수세에 몰린 느낌이었다'고 말했다.

매번 그럴듯한 이유가 있었다! 출장, 중요한 회의, 긴급한 전화 연락, 갑자기 처리해야 할 일 등등.

그러나 나는 그런 일보다 훨씬 더 중요한 것을 놓치고 있음을 깨달았다. 아무리 합리화해도 나의 워라밸에는 심각한 문제가 있었으며, 그러한 불균형이 딸과의 매우 특별한 관계를 해치고 있었다. 나는 딸을 위해 충분한 시간을 낼 수 없었다.[11]

엘 에리언도 일과 개인적 삶의 균형을 맞추려고 노력했다. 그는 '워라밸은 핌코에서도 많은 시간을 투자해온 중요한 문제였다. 하지만 그런 지식은 이렇게 매우 개인적인 경종의 충격을 완화하는 데 거의 소용이 없었다'고 말했다.

또한 미국의 데이터 분석 및 관리 기업인 몽고디비MongoDB의 CEO이고 세 자녀를 둔 맥스 시어슨Max Schireson은 1년에 50만 킬로미터를 비행하는 자신의 모습을 발견했다. 그는 '우리 강아지가 차에 치였을 때, 아들이 응급수술을 받을 때 아이들과 함께하지 못했다'고 털어놓았다.

오스트레일리아에서도 같은 추세가 나타나고 있다. 캐머런 클라인Cameron Clyne은 오스트레일리아 국립은행의 CEO직에서 물러나면서 '경력보다 가족을 우선시할 때 이 같은 결정을 내리게 된다'[12]고 말했다. 그는 CEO직보다 결혼 생활을 더 오래 유지하고 싶다고도 했다.

노동당 상원의원 스티븐 콘로이Stephen Conroy는 2016년에 연방의회 의원직을 사임하면서 '캔버라에 있어야 해서 딸의 축구 연습을 놓치는 일에 화가 난다면 그만둘 때가 된 것이다'라고 말했다.

2018년 5월 웨스턴오스트레일리아 주 출신의 연방의원 팀 하몬드Tim Hammond도 아이들과 더 많은 시간을 보내기 위해 사임했다. 그는 사임 성명에서 오랜 기간 집을 떠나 있어야 하는 것이 정계를 떠나는 이유라고 밝혔다. 그는 '어쩔 수 없는 일이었다. 내가 원하고 세 아이에게 필요한 아버지가 되는 일과 연방의원으로 봉사하는 일을 도저히 양립시킬 수 없었다'[13]고 말했다.

아직도 남녀를 불문하고 일 또는 삶 중 하나에 집중할 수는 있지만 둘 다 잘해내기는 매우 어려운 것이 현실이다. 정상에 있는 동안에 마련한 수백만 달러가 있다면 일을 그만두고 아이들과 시간을 보내는 일이 조금 쉬울 수도 있다. 하지만 어린 자식들을 둔 배관공으로 1주일에 7일 동안 일해야 하고 조수 두 명을 거느리기도 벅찬 처지라면 매우 어려운 일이다.

그런데 최근 몇 년 동안 파트타임으로 일하는 남자가 풀타임으로 일하는 남자보다 여섯 배나 빠른 속도로 늘어났다. 이는 변화한 디지털 직업 현장만큼이나 가정과 아이들과 다시 연결되려는 남자들의 열망을 반영하며, 많은 남자가 적극적으로 더 나은 워라밸을 추구하고 있음을 보여준다.

나는 2008년에 상당한 액수의 퇴직금과 함께 뉴스코퍼레이션을 떠나 서서히 창조성과 소통을 요구하는 기묘하고 경이로운 에이전시의 세계로 들어가는 모험을 시작했다. 그러면서 몇 달 동안 휴가를 보내기도 했다. 10대 초반인 딸과 함께 시간을 보낼 수 있었다. 우리는 주중 오후에 차를 몰고 사람이 거의 없는 클로벨리 비치Clovelly Beach(시드니 동부의 교외 지역에 있는 해변 - 옮긴이)에 가서, 해양생물과 오가는 물고기 떼가 들여다보이는 시원하고 맑은 물속에서 물장난을 하며 놀았다. 그 시절의 추억이 너무 강렬해서, 우리는 아직도 가끔씩 그 곳을 찾는다.

나는 요리를 하고 정원을 돌보고 쇼핑을 하고, 외경심에 눈을 깜박이면서 세계를 둘러보았다. 마치 삶의 모든 좋은 것을 처음으로 보는 것 같았다. 몸무게도 10킬로그램 넘게 빠졌다. 그 시간이 내 삶을 바꾸었으며, 나의 제한된 스킬에 부합하고 의미와 목적이 있는, 재미있고 창조적인 일을 추구하는 새로운 길을 제시했다고 확신한다.

나는 아이를 학교에 데려가고 데려오는 몇 안 되는 아빠 중 한 명이었다. 내가 경험한 바에 따르면 학교의 엄마 마피아들은 대체로 당신의 배우자를 알게 될 때까지는 당신을 실직한 제비족이나 소아성애자 같은 사람으로 여긴다.

아이돌봄센터는 엉터리다. 시드니에 거주하는 500만 명 가까운 주민을 위한 돌봄센터는 9만 곳이 넘는 것으로 추산되지만 정규 근무시간 외에도 이용할 수 있는 곳은 그중 3분의 1도 되지 않는다. 이제 당신의 직장에서 가까운 곳을 찾아보라. 그러나 이사회 발표 도중에 오후 5시 15분이 되어 아이를 데리러 가려고 이사회실을 빠져나올 수 있는 사람이 누가 있겠는가? 이사회는 7시까지 계속될 수도 있고 회의를 마친 뒤에는 술자리가 있을지도 모른다. 피할 길은 없다. 누군가는 아이들을 돌봐야 한다.

나는 오후 5시 5분에 동료의 책상에 올려놓는 파일과 함께 다음과 같은 대화가 오가는 장면을 여러 번 목격했다.

"내일 회의를 위해서 이것 좀 봐주겠나? 주요 부분만 봐줘도 충분할 것 같은데."

"죄송하지만 아이를 데리러 정시에 퇴근해야 하는데요."

"우리 모두에게는 의무가 있지만, 단지 아이를 갖기로 했다는 이유로 동료에게 떠넘기지는 않지. 다른 사람들은 일을 마치기 위해서 남아 있지 않나."

"여동생에게 전화하면 될지도……."

"좋아! 그런 정신이라야지!"

고용인雇傭人들에게 자유와 존중을 보여주면 그들이 곧바로 보답한다는 사실을 밝힌 수많은 연구가 있고 나의 경험도 이를 뒷받침한다. 누군가가 1주일에 나흘만 일하겠다거나, 목요일에는 오후 3시에 퇴근하겠다고 말하면 그러라고 허락하라. 그러면 당신의 고용인은 어렵게 얻은 특권을 누릴 자격이 있음을 입증하기 위해 최상의 업무 성과를 내려고 노력할 것이다. 고용인으로서는 놀라운 태도인 감사하는 마음도 갖게 될 것이다.

1998년에 대니얼 피터Daniel Petre는 그 당시 거대 기업이었던 오스트레일리아 마이크로소프트의 책임자였다. 그가 쓴 『파더 타임Father Time』이라는 책은 조용한 혁명을 일으켰다. 피터는 한때 사무실을 떠난 지 불과 여섯 시간 뒤에 다시 돌아오는 '여섯 시간의 남자'로 유명했던 마이크로소프트 창업자 빌 게이츠와도 같이 일한 적이 있었다. 하지만 피터는 1주일에 60시간을 일하고 고객 행사까지 더해진다면 주말에조차 아이들과 함께할 시간을 거의 낼 수 없다고 주장했다.

책을 읽으면서 "그래, 좋아. 그는 마이크로소프트 부회장을 지냈고 돈도 많을 테니까 이제 페달에서 발을 내려놓아도 되겠지"라고 코웃음 친 기억이 난다. 나에게는 주택담보장기대출과 태어날 아이가 있었다. 물러설 길이 없었으며, 설사 그러더라도 누군가가 바로 뛰어들어 내 자리를 차지할 것이었다.

2016년에 책의 3판이 나왔을 때 피터는 오스트레일리아의 직장 문화를 좀 더 '아버지 친화적'으로 바꾸려면 아직도 갈 길이 멀다고 말했다. 그는 〈레코드〉의 북 리뷰에서 '이제는 보편적인 문제를 제기하고 아이들과 시간을 보내는 데 관한 이야기를 하는 것이 더 잘 수용될 수 있다고 생각한다'고 말했다.

> 직장생활을 시작하고 성공하기를 원하는 젊은이들이 더 오랜 시간 동안 근무하기를 요구하는 나이 든 상사의 압박을 받게 되는 것은 심각한 문제다. 아버지가 아이들과 시간을 보내는 일의 중요성을 CEO들이 이해하지 않는 한, 문제는 여전히 남을 것이다. 우리가 손을 내밀어 젊은이들이 더 좋은 아버지가 되는 데 허락은 필요 없음을 일깨워야 한다.[14]

배우자 간의 원활한 소통, 가사노동과 부모의 역할에 관한 전통적 개념에서 기꺼이 탈피하려는 의지도 큰 도움이 된다. 피터는 '우리가 너무 오랫동안 아이들을 돌보는 부담과 가사노동의 의무를 여성에게 기대해왔다고 생각한다. 따라서 우선 할 일은 가사노동의 의무를 50 대 50으로 나누는 것이다'라고 말한다.

이런 말에 불만을 터뜨리는 남자도 적지 않을 것이다.

'우리가 가정을 돌보는 아빠들을 소외시켜온 것도 사실이다. 우리 공동체는 대체로 그들을 인정하지 않고 직장에서의 무능력자나 괴짜로 여긴다.'

내가 케리 패커Kerry Packer 소유의 ACP라는 잡지 복합기업에서 일할 때 '뱃폰Batphone'의 벨이 울린 적이 있다. 좋은 소식을 전하는 법이 없는 흉측한 노란색 뱃폰은 잡지사의 사내 전화 시스템이었다. 우리 각자에게는 고유한 번호가 있었는데, 〈우먼스 데이〉의 편집장인 내 번호는 '142'였던 것으로 기억한다. 패커의 번호는 '1'이었으며, 그때 걸려온 전화가 바로 그 번호였다.

떨리는 손으로 전화기를 들고 겨우 "여보세요"라고 말하자 익숙한 목소리가 소리쳤다. 신과 비슷하지만 더 힘이 강한, 천상의 벌을 내릴 것 같은 무시무시한 목소리였다.

"완벽하게 훌륭한 내 잡지를 자네가 말아먹을 작정인가? 발행부수가 떨어지고 있잖아. 다시 끌어올려. 자네 모가지가 거기에 달린 줄 알아."

그렇게 고함친 뒤에 그는 전화를 끊어버렸다. 잡지사 건물 안에서 장난을 치는 사람이 있다는 확인할 수 없는 소문도 있었지만, 분명히 케리 패커로부터 걸려온 전화였다.

이야기의 요점은, 이런 일이 약간의 스트레스를 받는 정도를 훨씬 넘어선다는 것이다. 이런 식의 낡은 공격성과 함께 괴롭힘, 성차별, 심지어 성희롱까지 점점 과거의 일이 되어간다는 것은 매우 다행스러운 일이다. 우리 모두에게 좋은 일이다.

뚱뚱하고, 머리가 벗어지고, 알코올중독에 빠진 외로운 상태로 더 일찍 죽게 될 가능성이 높다면 점점 더 기름진 월급봉투를 낚아채려고 피 터지게 싸우면서 사다리를 올라가는 일에 무슨 의미가 있겠는가?

인생은 짧다

나와 나이가 비슷한 미국의 코미디언 마크 마론Marc Maron은 종종 지루한 곳에 가서 따분한 일을 하고 싶지 않다고 얘기한다. '그런 짓을 하다가 죽고 싶지 않기' 때문이라는 것이다.

나도 그의 말에 전적으로 동감한다. 지구에 머물 시간이 얼마나 남았는지는 모르지만, 무엇 때문에 줄어드는 것이 느껴지는 시간을 의미 없는 일에 낭비하겠는가?

세상에서 가장 따분한 바비큐 파티에서 갑자기 가슴이 꽉 조이는 느낌이 온다고 상상해보라. 쓰러지는 당신은 감자샐러드 접시에 코를 박으면서 '적어도 세 살짜리 천재 꼬마가 중국어를 배운다는 이야기 따위는 더 이상 듣지 않아도 되겠군'이라고 생각할 것이다.

나도 '그런 식으로 죽고 싶지 않다'고 많이 노력했지만, 가고 싶지 않은 모임이나 행사를 피하기에 충분한 이유가 되지는 못하는 것 같다.

내가 알던 훌륭한 사람들이 이미 너무 많이 세상을 떠났다. 교훈은 간단하다. 인생은 짧다. 최선을 다하라.

제레미 보들러Jeremy Bowdler는 체격과 목소리가 크고 똑똑하고 재미있는 사람이었으며, 두 가지에 열정적이었다. 오토바이와 자신의 딸들. 그의 큰딸은 초등학교 때 우리 딸과 같은 반이었다. 제레미는 오토바이 잡지 〈투 휠스〉의 편집자였다. 나는 공동의 친구를 통해 오래전부터 그를 알고 있었으며, 2007년에 뉴스코퍼레이션이 〈투 휠스〉를 인수하면서 그의 상사가 되었다.

나는 사무실에서 벗어나게 된 것을 기뻐하면서 딸을 데리러 제레미의 집에 갈 때마다 현관 베란다에 앉아 잡담을 나누곤 했다. 제레미의 가죽 상의 칼라에는 딸들의 이름이 수놓아져 있었다. 다음번 곡선구간을 '가장 빠르게'가 아니라 '가장 안전하게' 돌아야 하는 이유를 자신에게 상기시키기 위해서였다. 그는 케이시 스토너Casey Stoner(오스트레일리아의 유명한 오토바이 레이서 - 옮긴이)보다 별로 느리지 않은 속도로 슈퍼바이크를 몰고 필립 섬Phillip Island(오스트레일리아 멜버른 남동쪽의 펭귄으로 유명한 섬 - 옮긴이)을 돌아다닐 수 있는 남자였다.

2012년에 제레미는 중동 지역에 가서 모래폭풍 속에서 오토바이를 타고 돌아온 뒤 몇 주 동안 흉부 감염에 따른 약간의 통증을 느꼈다. 감염은 심장으로 전이되었고 혼수상태에 빠진 그는 52세의 나이로 사망했다.

이아인 셰든Iain Shedden은 오스트레일리아 최대 일간지 〈더 오스트레일리안〉의 음악 담당 작가였으며 존경받는 문인이었다. 오스트레일리아 펑크록의 선구자였던 밴드 '더 세인츠The Saints'의 순회공연에 드럼 연주자로 참여했던 사람이라면 음악에 관하여 권위 있는 글을 쓸 자격을 갖췄다고 할 수 있을 것이다. 가끔 함께 펍에서 시간을 보낼 때, 언제나 느긋하고 침착한 모습으로 '라몬 브라더Ramone Brother'(오스트레일리아의 펑크록 밴드 - 옮긴이)를 그리워하는 듯한 검은 옷을 입고 있었던 그는 음악에 관한 재미있는 이야기를 해달라는 나의 청을 거절하지 않았다. 이아인은 2017년에 60세의 나이로 세상을 떠났다.

캐롤라인 로슬러Caroline Roessler는 가장 가까운 친구 중 한 명이며 우리 딸의 대모代母였다. 재미있고, 입이 거칠고, 마음이 따뜻하고, 술을 많이 마시고, 다정하고 충실한 동료였다. 그녀는 또한 오랫동안 〈오스트레일리안 우먼스 위클리〉의 부편집장을 지낸 뛰어난 편집자였다. 하지만 스포트라이트를 받아본 적은 없었다. 캐롤라인은 레즈비언이었으며, 이는 당시에 그다지 '주간 여성Women's Weekly'적이지 못한 일이었다. 지금도 그렇지만.

나는 그녀를 지금은 폐간된 〈노트북〉의 편집자로 끌어들였는데 몇몇 불운한 재정적 문제에도 불구하고 차질 없이 잡지를 발간하는 놀라운 능력을 보여주었다. 그때는 우리가 세 번째로 함께 일한 시기였다.

한번은 다섯 살쯤 된 우리 딸이 '캐롤라인 아줌마'에게 자기가 학교에 가서 나쁜 말을 되풀이할지도 모르니까 욕을 너무 많이 하지 말라고 청한 적이 있었다. 그러자 다정한 캐롤라인 아줌마는 큰 소리로 "너는 대체 뭐냐, 빌어먹을fucking 앵무새라도 되는 거냐?"라고 대답했다.

그녀는 2014년에 감당할 수 없는 충격에 빠진 파트너, 역시 나에게 많은 도움을 준 가까운 친구인 도나를 남겨놓고 급성백혈병으로 52세의 나이에 세상을 떠났다.

다행스럽게도 캐롤라인, 제레미, 이아인은 자신이 좋아하는 일을 했다. 그들 중 누구도 이른바 기업의 사다리를 오르는 사람이 아니었다. 이들의 그토록 갑작스러운 죽음에서 느껴지는 단순한 공포는 우리가 현재의 삶과 인간관계를 소중하고, 깊고, 풍부하게 만들어야 한다는 확실한 교훈을 준다. 우리도 언제 갈지 모르기 때문이다. 그리고 죽음을 맞을 때 우리 모두 은행의 잔고나 명함에 기록된 직함 따위를 생각하지 않을 것임은 확실하다.

고립된 남성 클럽에서 벗어나라

직장은 남성의 건강에 심대한 영향을 미친다. 장기적이거나 과도한 업무 스트레스는 남성의 건강을 위협하는 중요 요소다. 비욘드 블루는 업무 스트레스가 일하는 남성이 우울증을 겪는 원인의 13퍼

센트를 차지한다고 보고했다.[15]

업무 스트레스를 유발하는 요인에는 직장생활의 가장 부정적인 측면이 망라되어 있다.

- 과도한 요구
- 낮은 업무 통제력
- 과중한 업무와 압박
- 통제와 의사 결정 참여 부족
- 불분명한 업무 역할
- 직업 불안정성
- 장시간 근무
- 괴롭힘
- 소통의 결핍
- 불충분한 자원

남성의 정신건강은 가족, 친구, 동료에게 막대한 영향을 미친다. 더 나아가 잦은 결근과 생산성 감소와 비용 증가로 이어짐으로써 기업의 수익성과 경제의 활력에도 직접적인 영향이 있다.

스트레스는 단순히 우리 몸에서 아드레날린과 코르티솔이 급격하게 증가하는 현상이다. 예컨대 네안데르탈인의 오두막을 집어삼키려는 불길에서 마을 돼지 해럴드를 구해내려고 달려가던 옛 시절에는 필요했지만, 오늘날의 우리에게는 대체로 해로운 현상이다. 항상 싸움 아니면 도주의 각성 호르몬 상태가 장시간 계속되면 다음과 같은 영향을 준다.

- 면역체계와 심장에 손상을 입힌다.
- 다른 심각한 건강 문제가 생길 가능성이 높아진다.
- 기대수명을 줄인다.
- 성생활을 해친다.

미래의 직업 현장에서는 공감 능력과 창조성이 요구될 것이다. 실제로 가족과 함께 있는 집이 당신의 직장이 될 가능성이 높으며, 동료들과는 디지털 기술로 연결되어 프로젝트를 수행하면서 시간을 보내게 될 것이다. 업무상의 동료뿐 아니라 사랑하고 사랑받는 아버지와 배우자로서 주변의 가족과도 상호 교류해야 한다. 온종일 그들과 함께 지내게 될 테니까. '단추 두 개의 법칙'이 더 이상 요구되지 않을 것임은 확실하다. 어쨌든 판매와 관련된 전화를 할 때는.

고립된 남성 클럽과 야만적이고 공격적인 성차별주의 직장 문화가 줄어들면서 좋은 남자들이 일어서서 여전히 남성 지배적인 기업의 이사회실을 압박하는 행동 규범에 맞설 수 있는 튼튼한 발판이 마련되고 있다. 우리 중 일부는 사무실에 완전히 등을 돌리고, 자신의 스킬을 활용하여 스스로 의미와 소득을 창출하기 위해서 독자적인 사업을 시작하고 있다.

우리는 모든 사람이 동등하게 대우받고 존중되는 미래의 협력적인 일터를 만들어내는 데 도움을 줄 수 있다. 삶과 일을 통해 공감, 창조성, 동정심, 소통과 배려 같은 반反맨박스적 가치를 포용할 때 우리는 더 행복해지고 이 세상은 더 나은 장소가 될 것이다.

너무 지나친 요구는 아니지 않은가?

제7장

남자다움이 통하지 않는 남자의 미래

'우는 남자'가 늘어날까?

1970년대 뉴질랜드에서 아이들에게도 거리낌 없이 들려주던 동물 강간에 관한 재미있는 농담에 따르면 옛적에는 남자들이 남자였고 양들이 긴장했던 시절이 있었다고 한다. 그러나 머지않은 미래에 남자들은 자신이 진정으로 원하는 어떤 사람이라도 될 수 있다. 양을 비롯한 그 누구도 괴롭힘을 당하는 일이 없어질 것이다.

당신이 남자라는 것은 단지 남성이라는 성별 정체성을 가진 인간이라는 의미다. 터무니없고 고통스럽게 남자다움을 가장하는 가식 속에서 살아야 한다는 의미가 아닐 것이다. 어떤 감정을 드러내 보이든 상관없는 일이 된다. 다정하고, 슬프고, 두려워하고, 어리석고, 말이 많고, 배려하고, 정서적인 사람이 될 수 있으며, 그런 것은 남자의 말이나 행동이 아니라면서 경고하고 나설 사람은 남녀를 불문하고 아무도 없을 것이다.

미래에는 남자도 있고 여자도 있을 것이며, 어느 쪽 성별도 자신의 정체성으로 선택하지 않는 사람이나 성전환자도 있을 것이다. 그 모두가 상관없는 일이 된다. 생식기와 인격적 특성 간에 더는 연관성이 없어진다. 다른 사람들이 당신에 관하여 내릴 수 있는 판단 기준은 하나뿐이다. 좋은 사람인가 아닌가.

'적극적 동의' 없이는 아무도 타인의 몸을 만질 수 없다. 이는 깊이 뿌리내리고 고도로 사회화된 규범이 될 것이다. 성적인 말이나 접촉을 통해서 타인을 불편하게 만드는 행동은 누구에게도 허용되지 않는다. 당연한 금기가 될 것이다. 성폭력은 지금보다 더 심각한 범죄가 되며 사회의 전반적 인식도 그러할 것이다.

내 말은 추측이 아니다. 우리가 가고 있는 방향이다. 과학적 근거도 있다. 기괴하고, 상상할 수도 없고, 바라건대 경이로운 미래에 대비하라. 그런 미래는 너무나 빨리 다가와서 우리 중 다수가 살아생전에 보게 될 것이다.

현재, 그리고 미래에도 유일하게 바뀌지 않을 것이 있다면 바로 변화 자체다. 변화는 기하급수적인 속도로 일어나고 있다. 우리 사회는 기술이 발전하면서 바로 눈앞에서 우리를 변화시키고, 그 과정에서 상상조차 못했던 기회를 제공하는 변화들에 뒤처지지 않으려 애쓰고 있다.

미래 세계에서는 나노기술 – 극소형(10^{-9}미터) 자기복제 로봇 – 이 과거의 유물이 된다. 나는 트위터를 통해서 오늘날의 극미 기술이 10^{-12}미터 영역을 다루는 피코pico 테크놀로지를 넘어서 10^{-15}미터 수준의 펨토femto 테크놀로지에 이르고 있음을 확인했다. 아원자亞元子

수준에서 복제되는 불가능할 정도로 작고 믿기 어려울 정도로 똑똑한 로봇은 두려운 존재다.

로봇이 문을 열어주고, 춤을 추고, 자동차를 운전하고, 방해물을 뛰어넘고, 소셜 미디어에서 말하고 섹스를 한다. 로봇은 뱀, 벌, 개, 새, 벼룩이 될 수 있다. 스스로 다른 공을 만들어낼 수 있고, 굴러다니면서…… 생각할 수 있는 일은 무엇이든 하는 공 모양의 로봇도 있다. 이미 로봇 기술은 눈이 부실 정도로 빠르게 발전하고 있다.

우주로 날아갔다가 지구로 돌아오는 로켓도 일상적인 일이 되어 놀라는 사람은 아무도 없다. 나는 개인적으로 일론 머스크Elon Musk의 트위터에 로켓이 불을 뿜으며 춤추듯이 착륙하는 놀라운 광경이 올라올 때마다 즐거움을 느낀다. 다른 행성에 인간의 거주지를 개척하는 일이 우리의 젊은 세대가 선택할 수 있는 확고한 현실이 되었다.

인공지능은, 우리가 보게 될 것처럼, 사람이 하던 일을 빠르게 대체하고 있으며 '직업'의 궁극적 의미에 변화를 일으키고 있다.

소셜 미디어가 유례없는 수준으로 우리를 연결하면서 이전에 보지 못한 규모의 토론과 사회적 변화에 대한 요구가 가능해졌다. 미래에는 사람들 사이의 디지털 연결이 더욱 심화한다. 우리의 검색과 대화가 – 눈 깜빡하는 시간의 기준에서도 – 눈 깜빡할 사이에 이루어질 것이다. 헤드업 디스플레이가 우리의 망막에 비친 현실 세계를 덧씌우고 강화한다. 개인용 구글은 머리뼈를 통해서 우리가 생각하는 요구에 맞춰 부드럽게 속삭이고 음악을 들려줄 것이다. 감지된 현실과 디지털 현실의 경계선이 존재하지 않더라도 아무도 신경 쓰지 않게 된다. 눈을 깜빡일 수는 있겠지만.

다양한 아이디어가 변화의 불길이 더욱 높이 타오르도록 부채질

할 것이다. 견해를 공유하는 거대한 공동체들 – 예전에는 중앙에 집
중된 미디어의 통제하에 침묵했던 – 이 손을 잡고 '더 이상은 안 돼!'
라고 외칠 수 있게 된다.

인기 여성 코미디언 유리디스 딕슨Eurydice Dixon이 2018년 6월에 멜
버른의 한 공원에서 살해된 사건은 처음에 소셜 미디어를 통해서,
그리고 나중에는 주류 언론이 동참하여 비탄과 분노, 열린 토론을
촉발했다. 특히 여성들에게는 '빌어먹을fucking 남자들에게 무슨 문제
가 있어서 사람을 가리지 않고 죽이는 짓을 계속하는가?'라고 강력
하게 대답을 요구할 권리가 있다. 왜 여자들이 어디를 갈지 무슨 옷
을 입을지를 걱정하며, 집에 도착하면 친구(여자)에게 전화해야 하는
가? 여성들은 마치 밖에서 이리떼가 돌아다니는 것처럼 행동한다.
위험 대상은 동료 인간인 남자들이다. 오스트레일리아에서 매주 한
명 이상의 여성이 남성의 손에 살해된다는 사실을 기억하라. 남자들
은 위험하다.

딕슨 살해 사건으로 촉발된 토론은 남자들의 행동이 사회화되는
방식과 그들의 폭력 간의 연관성을 조명했다. 사회가 오늘날과 같은
남자들을 만들어왔는데도 우리는 혐오감으로 외면하고 있다. 언론
매체에는 청년들이 강요된 남성적 행동의 족쇄를 이해하고 벗어날
수 있도록 정부와 관련 단체들의 더 많은 도움을 촉구하는 수많은
열정적 기사가 실렸다.

남성의 손에 여성이 살해될 때마다 대답을 요구하는 목소리는 점
점 커진다. 남자들의 문제는 문제인가?

2018년에 나는 '화성의 삶'이라는 제목의 〈페어팩스 미디어〉 칼럼
에서 '게티이미지Getty Images'(미국 시애틀에 본사를 둔 이미지, 영상, 음악 사이트 –

옮긴이)의 크리에이티브 인사이트 부문 글로벌 책임자 레베카 스위프트Rebecca Swift를 인터뷰했다.[1] 20년간 게티의 크리에이티브 부문에서 일하면서 우리 사회가 어디로 가고 있는지를 보통 사람보다 먼저 깨닫게 된 이야기를 하는 그녀의 눈이 반짝였다. 이는 마치 마법과도 같은 일이며, 그 마법은 과학이다.

온라인에서 검색되는 이미지를 통해 우리 미래의 모습이 만들어진다. 간단한 이야기다. 2017년에 게티이미지와 산하의 사진 사이트 '아이포토iPhoto'는 10억 회가 넘는 조회 수를 기록했다. 우리가 마음속에서 무엇을 찾고 있는지를 온라인에서 찾는 이미지 – 웹사이트, 크리에이티브 작업, 광고와 전자댄스음악EDM을 위해 – 가 보여준다는 생각이다.

스위프트는 2018년에 '게이 아빠'에 관한 검색이 53퍼센트, '명상하는 남자'의 이미지 검색이 126퍼센트, '한부모 아버지'에 관한 검색이 60퍼센트 늘어났다고 했다.

그녀는 "'우는 남자'에 관한 검색도 증가했는데, 이는 이미지의 더욱 감정적인 측면을 찾으려는 사람들이 사용하는 검색어임을 보여준다. 남자들이 반드시 무슨 '행동'을 하는 것이 아니라 생각하고 명상하는 조용한 순간에 관한 이미지 검색도 증가했다"고 말했다.

이는 전통적인 남성성에서 벗어나 남자를 부드럽고, 배려하고, 다정하고, 정서적인 인간으로 묘사하려는 욕구가 확대되는 추세를 보여주는 강력한 징후다.

스위프트는 과학적 접근방식을 채택한다. 그녀의 팀이 링스와 질레트 등의 브랜드를 보유한 유니레버 같은 글로벌 대기업에 남성성의 미래에 관하여 자문할 때는 자신의 주장을 뒷받침할 수 있어야 한다.

스위프트는 "우리의 임무는 단순히 공간이나 페이지를 채우는 것을 넘어서 선택된 이미지의 내용과 의미를 살펴보는 것이다. 상업적 환경에서는 데이터가 근거와 논점을 제공한다. '가볍고 유행을 타는' 방식으로 보는 견해를 이야기할 수는 없다. 데이터가 전략과 아이디어를 구축할 기반을 제공한다"고 말했다.

대기업도 귀를 기울이고 있다.

또한 스위프트는 "우리는 남성의 정신건강에 유념하면서 남성성의 고정관념에서 벗어나야 한다는 견해에 도달했다. 남자들은 자신의 감정을 드러내고 느낌을 이야기할 수 있어야 한다"고 말했다. 이를 이해하는 글로벌 브랜드들은 남성의 정신건강과 성별에 관한 고정관념 문제의 개선에 주력하고 있다.

스위프트가 하는 일은 오늘날의 우리가 자신을 표현하기 위해 선택하는 이미지들이 내일의 모습을 보여준다는 점에서 매력적이다.

트렌드 예측 에이전시인 브레인리저브BrainReserve의 창업자이자 CEO이며 전설적인 미래학자 페이스 팝콘Faith Popcorn — 그녀는 1974년부터 이 분야를 연구해왔다 — 은 우리가 알고 있는 남성성이 바뀌고 있다는 대담한 선언과 함께 '칸 라이온스 국제광고제Cannes Lions Festival of Creativity'를 시작했다. 립스틱, 꽃, 아이스크림콘으로 장식한 색색의 발기한 페니스를 보여주는 쿨한 잡지 〈더 퓨처 오브 매스큘리니티〉의 표지에서 그녀가 생각하는 방향을 엿볼 수 있다.

그녀는 〈애드위크〉에서 '우리는 왜 남자들이 그런 고통을 겪는지, 왜 자살자의 70퍼센트를 차지하는지, 새로운 남성성의 정의는 무엇인지, 아이들을 어떻게 키워야 하는지, 성별의 유연성이 어디에서 오는지를 묻게 될 것이다'라고 말했다.

팝콘은 청년층에서 전통적으로 남자답다고 여겨온 행동을 거부하는 사람들이 나타나고 있음을 눈여겨본다.

그들은 자신의 성적 역할이 더 평등하며 일의 구분에 더 융통성이 있다고 생각한다. 이미 거리에서 볼 수 있는 패션에 남녀 구별이 거의 없어진 징후를 볼 수 있다. 남자들의 화장품 사용과 안면 성형도 증가하고 있다. 나는 남자들이 무의식중에 자신의 매력을 위해 노력해야 한다는 것을 깨닫고 있다고 생각한다. 남자들은 육아와 가족을 위해 요리를 하는 데도 더 능동적이다. 여성 파트너와 함께 사는 남자들은 여성과 협력하여 더 많은 일을 한다. 이는 시작에 불과하며 광고인은 이러한 현상에 주목해야 한다.

팝콘은 이미 브랜드도 유니섹스화하고 있다고 말한다. 왜 남성용 탈취제와 여성용 탈취제가 따로 있어야 하는가? 남성용과 여성용 샴푸는? 이러한 구분의 대다수는 인위적이며 단지 마케팅을 위해 만들어진 것이다. 그녀는 '그렇다고 남성이 여성화된다는 말은 아니다. 이 같은 현상은 이제 막 시작되었다는 것이 사실이다'라고 지적했다.

팝콘은 '우리가 (성역할을) 이해하게 될 때는 로봇의 시대가 올 것이고, 이 모든 논의가 그저 무의미해질 수도 있다. 농담이 아니다. 나는 인간 신체의 로봇화가 실현될 것으로 생각한다'며 기술이 성역할에 미치는 영향을 인정한다.

미래의 브랜드는 시장이 전통적 성역할을 거부함을 이해하게 될 것이며, 남성용 또는 여성용이 아니라 남녀 모두를 위한 각양각색의 제품을 만들게 될 것이다.

성공적인 광고인이 할 일은 남성성의 진화를 따라가지 말고 선도하는 것이다. 목적과 의미가 있는 성공적 브랜드는 남성을 복잡하고, 예민하고, 사려 깊고, 다정한 인간으로 보는 새로운 관점에서 언어와 이미지를 '미래화'할 것이다. 이 점에서 팝콘의 생각은 레베카 스위프트의 견해와 거의 일치한다.

브랜드들은 돌보는 사람이 되고 집에서 일하는 남자들을 축하해야 한다. 그들을 선의로 해석하고 좋은 배우자와 부모가 되기를 원한다는 것을 인정해야 한다. 두려움과 무력감, 분노를 느끼는 '남겨진 사람들'을 지원해야 한다. 그들이 느끼는 취약성, 혼란과 분노를 인정하고 극복할 수 있도록 도와야 한다. 브랜드들이 사회적 변화에 대한 견해를 표명하려면 ─ 동성결혼을 지지하고 성차별 없는 언어 사용을 강조한 콴타스 항공처럼 ─ 공적 미디어들과 마찬가지로 긍정적인 변화만 유발하도록 책임 의식을 가져야 한다.

팝콘은 이 문제에 관하여 '이것은 단지 혁명의 시작임을 이해하라'고 마지막으로 말한다.

데이비로 키운다면

뉴욕에 사는 바비 맥컬러프Bobby McCullough와 레슬리 플레시먼Lesley Fleishman 커플은 2018년에 아기를 가졌을 때, 의사가 태어난 아기를 허공에서 흔들며 '아들입니다' 또는 '딸입니다'라고 소리칠 것이라는 생각이 들어 불편했다. 그 순간부터 마치 할리우드의 대본처럼 아기의 정체성이 성별로 처방된다고 생각했다.

바비는 '개떡같은 일이라고 생각했다'고 말한다.

병원 관계자들은 그들의 아기가 태어나기 전에 '최소한 우리 아이의 신체 구조, 또는 당신들이 생각하는 그것의 의미를 설명하지 말아달라'는 부탁을 받았다. '우리는 그들이 중요한 순간에 성별 구분을 이야기하는 것을 막고 싶었다. 그래서 모두에게 부탁했다.'

바비와 레슬리는 극단적인 괴짜가 아니다.[2] 그들은 아기를 위한 최선이 무엇인지를 염두에 두고 심사숙고한 끝에 그와 같은 입장을 취하게 되었다.

처음에는 성별 구분의 문제가 그들의 관심사로 떠오르지 않았지만 임신 기간 중에 탐색을 통해 '데이비theyby'를 키우고 있는, 규모는 작지만 열성적인 사람들의 집단이 있음을 알게 되었다.

'데이비'는 부모가 성별을 밝히지 않기로 결정한 아기를 부르는 용어다. 이들 부모는 자녀를 '그들they/them'이라는 대명사로 부른다. 어떻게 옷을 입고, 행동하고, 노는 아이가 되어야 하는지에 관하여 사전에 포장된 아이디어에서 벗어난 유년 시절을 만들어주려는 고귀하고 – 성역할이 얼마나 명백한 위험인지를 생각해보면 – 바람직한 목적에서다.

바비와 레슬리는 자신들의 결정이 혼란과 불편을 초래할 어려운 결정임을 알았다. 아이의 할머니에게는 대체 뭐라고 설명할 것인가? 그들은 가족에게 아기의 성별을 알렸지만 '우리에게 줄 수 있는 가장 큰 선물은 우리가 선택한 대명사를 사용해주는 것이다'라면서 성별을 무시해달라는 이메일을 보냈다.

바비와 레슬리는 부모와 대화하면서 이해를 구하려 노력했다. 이 커플에게는 분명한 결정이었다. 바비는 '우리는 타인이라면 그 누구에게도 어떤 정체성을 가져야 한다든지, 어떤 사람이 되어야 한다는 말을 하지 않을 것이다. 나는, 왜 모두가 이렇게 하지 않을까라는 생각까지 해보았다'고 말한다.

19년 전에 유일한 자식 – 부모의 적극적인 도움과 함께 분홍색 드레스, 바비 인형, 요정 파티, 마술 조랑말을 좋아하면서 확실하게 여성이라는 정체성을 얻은 – 을 둔 이래로 나의 생각도 바뀌었다. 지금 자식을 또 한 명 얻는다면 성별 문제를 매우 심각하게 숙고할 것이다. 몇 년 전만 하더라도 미친 생각으로 여겼지만 지금은 그렇지 않다.

나에게 자식의 종교적 믿음을 결정할 권리가 없는 것과 마찬가지로 (혹시라도 딸아이가 복음주의자나 수녀가 되기로 결정한다면 부엌에서 불편한 이야기가 오갈 수는 있겠지만) 딸이 스스로 결정하기 전에 성 정체성을 배정해줄 권리도 없다.

조부모들은 손주의 성별을 모른다는 아이디어에 상당한 어려움을 겪는다. 나는 이런 생각을 부모에게 설명해야 하는 상황을 상상해본다. '그들은 사내아이나 여자아이가 아니고…… 음, 그들은…… 하여간 아닙니다.' 손주에 대한 기대로 들떠 있는 예비 조부모들에게 손주를 목욕시키거나 용변을 도와주지도 못하고 미래의 모호한 순간이 올 때까지 의학적 성별을 알 수 없다는 건 간단한 문제가 아니다.

킬 마이어스Kyl Myers는 두 살배기 데이비 주머의 엄마다. 그녀는 데이비를 키우기로 선택하면 변화의 에이전트가 되어 세상에 반주류 메시지를 보내게 된다는 데에 전적으로 동의한다. 마이어스는 〈더 컷〉(뉴욕에서 발행되는 여성 잡지 – 옮긴이)에서 다음과 같이 말했다.

나는 이성애를 규범으로 단정하고 성 정체성을 생물학적 성과 일치시키는 모델에 진저리가 난다. 가부장제에도 너무 지쳤다. 우리가 이런 방식으로 아이들을 키우는 데는 간성intersex자, 성전환자, 동성애자들이 존재하며 성별이 넓은 스펙트럼에 걸쳐서 나타남에도 불구하고 우리의 문화가 지구상의 70억 인간 모두 남자 아니면 여자가 되어야 한다고 생각한다는 이유도 있다.

빠르게 성장하는 데이비 운동이 폭넓게 수용되고 있다는 말은 아니다. 한 여성의 언니는 아이를 데이비로 키우기로 결정한 동생의 베이비 샤워baby shower(출산 축하 선물을 주는 파티 - 옮긴이)에서 멘붕을 경험했다.

언니는 매우 심각한 혼란을 겪는 것 같았다. 자신이 혼란스러워하는 모든 측면 ─ 우리가 어떻게 타인에게 자신의 믿음을 강요하는지 같은 ─ 을 이야기했다. 우리는 아이들에게 해를 끼치고 있을 수도 있었다. 언니는 나의 결정을 극단적 종교 집단에 참여하여 자신의 종교를 바꾸려는 것에 비유했다.

아기의 성을 묻느니 차라리 식이장애를 겪을 가능성과 자동차 사고로 사망할 가능성 중 어느 쪽이 더 높은지를 묻는 것이 낫다고 할 수도 있다. (어느 쪽이 소년 또는 소녀와 어울리는지 생각해보라…….)

사람들에게 미래의 건강 문제를 초래할 근본 원인 중 다수는 섹스가 아니라 성별에 따른다. 오늘날 사회가 형성되는 방식을 고려할 때, 가족의 경제력 외에 아이의 미래를 결정하는 가장 중요한 요인 중 하나는 성별이다.

데이비의 삶에는 성 정체성을 인식하는 순간이 온다. 데이비를 키우는 익명의 부모는 온라인에서, 우리 아이는 세 살쯤 되어서 '나는 여자야'라고 했고 우리는 '오 그래, 우리는 언제나 딸을 원했지. 멋지구나. 환영한다'라고 말해주었다고 한다.

그 아이는 떠밀려서가 아니라 스스로 그곳에 도착했다. 결과는 긍정적이었다. 이제 열세 살이 된 소녀는 성별에 관한 확장된 견해를 또래들과 공유한다. 소녀의 부모는 '우리 아이는 비판적으로 사고한다. 우리 집에는 항상 동성애자와 성전환한 아이들이 초대된다'고 웃으며 말한다.

기계에 빼앗기는 남자의 일

본성과 양육에 관한 논쟁이 여전히 진행 중이지만, 호르몬과 생식기가 성 정체성에 어느 정도의 역할을 한다는 사실은 부인할 수 없다. 하지만 남자다운 행동이 살인자가 될 때까지 감정의 목을 조를 수 있는 위험한 행동이라는 인식이 확산되고 있다.

일에 몰두하면서 미래의 남자다움이 무엇인지를 생각할 필요가 없다고 믿는다면 다시 생각해야 한다. 미래에는 일 – 한때 우리가 남자임을 정의해준, 세상을 향하여 돈을 벌려고 중요한 일을 하는 진짜 남자라고 선언하는 양복과 눈에 잘 띄는 제복으로 대표되는 – 이 우리를 저버릴 것이기 때문이다. 더는 단지 '공급자'라는 이유로 나쁜 행동의 목록을 정당화할 수 없게 된다.

당신이 1만 년 전에 살았다면 취업시장과 경력관리의 절충이 별로 어렵지 않았다. 선택할 수 있는 일은 세 가지였다. 사냥, 채집, 그리고 생식.

개인적으로 나는 생식 쪽에 손을 들었을 것이다. 사냥은 상당히 위험할 것 같고, 채집은……. 하루 종일 딸기를 따서 바구니를 채우는 일은 싫증이 날 것 같다.

저녁에는 모두가 모닥불 주위에 모여 앉아 그날 있었던 일을 이야기했을 것이다. 내가 기대를 품고 묻는다.

"사냥은 어땠어, 오그?"

그가 대답한다.

"아, 오늘은 조금 힘들었어. 세 명이 털북숭이 매머드에 깔리고 한 사람은 이빨 투성이 동물에게 잡아먹혔지. 하지만 이 맛있는 쥐를 잡았어. 어, 그 생식 일은 어땠어?"

"알잖아, 늘 마찬가지지. 여기서 종일 여자들과 노닥거리고. 쉬운 일이 없어."

"너의 고통이 느껴져."

그는 모닥불을 바라보면서 사려 깊은 척 고개를 끄덕인다.

유감스럽게도 오늘날에는 생식이 몇몇 특별한 경우를 제외하면 더 이상 직업이 아니다. 이미 안락한 평생 고용을 보장했던 수많은 일자리가 사라졌을 뿐만 아니라 앞으로도 더 많은 일자리가 기술이 만들어낸 블랙홀 속으로 사라질 것이다. 우리는 사라지는 일자리를 어떻게 대체할지 알지 못한다.

오스트레일리아 경제개발위원회는 '현존하는 오스트레일리아의 일자리 중 약 40퍼센트가 향후 10~15년 사이에 사라질 가능성이 있다'[3]고 보고했다.

한때 남자들은 여자와 자녀들을 위한 공급의 대가로 여성의 복종을 기대했다. 문서화되지 않은 계약이었다. 여자는 음식을 만들고, 가사와 아이들을 돌보았으며, 자신을 매력적으로 가꾸고, 자신의 즐거움을 중요시하지 않는 금욕적 섹스를 정기적으로 제공했다. 남자는 돈을 벌고, 쓰레기수거일에 쓰레기를 내놓고, 함께 사는 여자가 아주 운이 좋은 경우라면 아이들을 '봐줄' 수도 있었다.

그러나 자동화 혁명에 따라 남자들이 지게차로 상자를 운반하면서 공장에서 여덟 시간을 보낼 필요가 없어짐에 따라 전통적인 남성의 권력, 중요성, 지위가 허물어지고 있다. 자동화 시스템은 남자들이 하던 일을 훨씬 더 빠르게, 더 적은 비용으로, 하루 24시간씩 할 수 있다. 무인 트럭이 바깥 차선을 달리고 배송 드론이 하늘을 채우게 된다. 영화, TV, 온라인 콘텐츠에서는 초현실적 아바타들이 배우를 대체할 것이다. 당신은 말하는 로봇에게 커피를 주문하게 된다. 쇼핑할 때는 그저 선택한 물건을 가지고 상점을 나가기만 하면 물품 대금이 계좌에서 자동으로 빠져나갈 것이다.

엑스에이아이X.ai라는 미국 기업은 2017년에 '에이미Amy'와 '앤드루Andrew'라는, 인간의 직업적 삶을 관리하는 데 도움을 주는 가상 비서 로봇을 개발하기 위해 2,300만 달러를 조성했다. 현재 엑스에이아이에서 일하는 사람들의 이메일 주소에는 그들에게 메일을 보내는 사람이 상대방이 에이미나 앤드루가 아니라 진짜 사람임을 알 수 있도록 '휴먼human'이라는 단어가 포함된다. 하지만 인간과 로봇을 구별할 수 있는 방법은 그것이 거의 전부다.

기술, 제조업, 유통, 패스트푸드, 건설, 미디어, 마케팅, 의료, 법조, 연예를 비롯해 수많은 주요 산업이 향후 15년 안에 자동화 혁명에 따른 유례없는 변화에 직면할 것이다.

의료계를 생각해보라. TV 퀴즈 프로그램 「저파디Jeopardy!」의 전설적 챔피언 켄 제닝스Ken Jennings와의 시범 대결에서 승리한 뒤 유명해진 IBM의 인공지능 슈퍼컴퓨터 왓슨Watson은 이제 세계 최고의 의사일지도 모른다. 『제2의 기계시대The Second Machine Age』의 공저자인 앤드루 맥아피Andrew McAfee는 '왓슨은 「저파디!」에서 우승한 뒤에 의과대학으로 간 셈이다. 나는 왓슨이 아직 세계 최고의 진단 전문의가 되지 못했다면, 곧 그렇게 될 것이라고 확신한다'고 말한다.

60만 5,000건의 의학적 증거, 200만 쪽의 의학 서적, 2만 5,000건의 수련 사례를 분석한 왓슨은 우리의 모든 의학 지식을 손쉽게 활용할 수 있다. 왓슨은 1만 4,700시간의 임상 경험도 쌓았다. '세상의 모든 보편적 지식을 학습하여' 퀴즈 프로그램에서 승리하게 해준 정확하고 직관적인 알고리즘을 사용하는 왓슨은 의학적 진단에서도 탁월한 능력을 발휘한다.[4] 왓슨의 진단에는 일관성이 있다. 동일한 입력에 대하여 항상 동일한 결과를 내놓는다. 일관성의 부족은 숙련된 의사들에게서도 흔히 볼 수 있는 결함이다. 설치와 학습이 완료된 후에 왓슨을 운영하는 데는 비용이 거의 들지 않는다. 항상 사용 가능하며 어디에든 있을 수 있다. 당신에게 휴대전화나 컴퓨터만 있으면 왓슨 박사를 만날 수 있다. 간단한 일이다.

따라서 의학 학위조차도 평생의 소득을 보장하지 못한다.

이제 미디어를 생각해보라. 사람들은 온라인으로 다양한 무료 취재원에서 수집하고 종합한 자신의 뉴스를 소셜 미디어에 올릴 수 있을 뿐만 아니라 스스로 출판하고 시민 리포터가 될 수도 있다. 오늘날의 TV 뉴스 대부분에서 일반인이 휴대전화로 촬영한 영상을 볼 수 있다.

가장 인간적이고 창조적인 일로 보이는 새로운 이야기의 창작까지도 위협받고 있다.[5] 연합통신의 경제부장 필라나 패터슨Philana Patterson이 워드스미스Wordsmith라는 소프트웨어에 재무와 관련된 글쓰기를 가르친 후에, 이 소프트웨어는 그해 말까지 패터슨이 20년 걸쳐 쓴 것보다 많은 이야기를 써냈다. 현재 주요 언론사는 대부분 비즈니스, 스포츠, 교육, 재무, 지방, 정치, 라이프스타일과 관련된 보도를 돕기 위해 모종의 소프트웨어를 운영하고 있다.

가장 단순한 데이터를 해석하는 일조차도 인간 기자에게 적용되는 느슨한 지침을 인공지능을 위한 확고한 규칙으로 변환해야만 가능하다. 패터슨은 〈니먼 리포트〉에 '적절한 형태의 이야기를 시작할 수 있는 시스템을 만들려면 기자와 편집자들, 그리고 프로그래머들이 사전에 이러한 문제를 해결해야 한다'고 말했다.

예컨대 워드스미스는 경쟁사들과 비교할 때 납득할 수 없는 수익을 올리는 기업을 조사해보는 일 같은, 기자의 경험에 기초한 본능적·직관적 도약을 할 수는 없다. 그러한 시스템을 작동시키려면 데이터와 기준에 관한, 머리가 빙빙 돌 정도의 매개변수가 필요하다.

하지만 그러한 소프트웨어의 부수적 효과 중 하나는 기자가 가장 잘하는 일을 하도록, 즉 정말로 중요한 이야기, 이야기의 배후에 있는 이야기를 찾아내도록 해방할 수 있다는 것이다. 기자들은 유례없이 방대한 데이터의 의미를 예리하게 파헤치는 새로운 디지털 도구를 이용해 숫자 속에 묻혀 있는 진실과 정서의 핵심을 찾아낼 수 있다. 돼지고기 값이 오른 것은 틀림없지만, 대체 왜?

인간의 입력human input, 창조성, 직관에 대한 요구는 미래의 우리 직업이 어떻게 될지 알 수 있는 단서다.

패스트푸드를 생각해보라. 모멘텀 머신Momentum Machines이라는 미국 기업은 한 시간에 햄버거 360개를 만들 수 있는 로봇을 개발했다. 10초에 하나꼴이다. 이 로봇은 햄버거를 만들기 직전에 토마토, 피클 같은 토핑을 썰어서 사람이 만드는 것보다 신선한 햄버거를 만든다. 심지어 고객의 요구에 따라 패티에 들어가는 돼지고기와 쇠고기의 혼합 비율을 바꿀 수도 있다.

현재 오스트레일리아의 패스트푸드 업계에서는 15만 명이 일하고 있다. 모멘텀 머신은 자사의 기계가 사람들의 일자리를 빼앗을 것임을 알고 있다.[6] 실제로 회사의 공동 창업자 알렉산드로스 바르다코스타스Alexandros Vardakostas는 '우리의 로봇은 직원이 더 효율적으로 일할 수 있도록 돕는 것이 아니라 그들을 완전히 배제하려 한다'고 말했다. 모멘텀 머신은 자사의 기계가 '직원이 하는 모든 일을 할 수 있다, 단지 더 잘한다는 것만 빼고'라고 주장한다.

모멘텀 머신은 기계가 파괴하는 것보다 더 많은 일자리를 창조할 것이라고 주장하면서 블루칼라 직업에 미치는 기계의 영향에 관한 견해도 밝혔다.

기계와 일자리 대체에 관한 문제는 여러 세기 동안 존재했는데, 경제학자들은 대체로 우리가 보유한 기술이 실제로 고용을 증가시킨다는 사실을 인정한다. 고용 증가에 기여하는 요소는 세 가지다. 첫째, 로봇을 만드는 기업은 신규 인력을 고용해야 한다. 둘째, 우리 로봇을 사용하는 식당은 사업 규모를 확장하고 거기에 필요한 인력을 추가로 고용할 수 있다. 셋째, 일반 대중은 햄버거 제조 비용이 낮아짐에 따라 돈을 절약할 수 있다. 이렇게 절약된 돈은 경제의 다른 부문에서 사용될 수 있다.

누가 최고의 남자인가

남자들은 자신이 말라가도록 방치했다고 생각하는 정부에 깊은 의혹과 환멸감을 느낀다. 우익 정치의 부상은, 꿈을 약속하고 나서 빼앗아가버린 시스템을 향해 가운뎃손가락을 치켜올리는 분노한 남자들에 많은 부분 힘입은 것이다.

컬트 작가 척 팔라닉Chuck Palahniuk은 '위험한 글쓰기'의 개념을 접할 때까지 블루칼라 노동자 – 디젤 정비사였다 – 로 살았다. 창조적 구루 톰 스팬바우어Tom Spanbauer가 가르치는 미니멀리즘 브랜드인 '위험한 글쓰기'는 두려움을 더욱 생생하고 정직하게 예술적·창조적으로 표현하기 위해 작가 개인적으로 두렵거나 당혹스러운 대상을 탐구함을 의미한다. 팔라닉의 '위험한 글쓰기'가 낳은 결과는 1999년에 브래드 피트와 에드 노턴이 출연한 영화로 제작되어 크게 히트한 소설 『파이트 클럽Fight Club』을 비롯한 멋진 작품들이었다.

개인적으로 나는 그 영화를 좋아했고 책은 더 좋았다. 책을 다 읽었을 때는 척의 강렬하고 독특하고 거침없는 문장과 비교하여 나에게는 글쓰기 재능이 없다는 절망감을 느꼈다. 달리는 차 밖으로 책을 던져버렸다. 그러고는 곧 한 권을 다시 샀다.

나는 20대 시절에 7년 동안 영춘권이라는 중국 무술을 배웠다. 시드니의 지저분한 지역인 서리힐스에 있는 창고 2층의, 이소룡 영화에도 잘 어울릴 듯한 마룻바닥에서 영춘권을 수련했다. 유단자 띠를 딸 때까지 링에 세 차례 올라 무시무시한 실전 대결도 치렀다. 남자다움을 입증하고 자신의 신체적 능력이 적어도 만나본 모든 남자와 대등하다는 것을 확인하기 위한 개인적 노력의 일부였다.

『파이트 클럽』의 핵심 전제는 주차장이나 버려진 건물에서 만나 한쪽이 두들겨 맞고 항복할 때까지 웃통을 벗고 맨주먹으로 싸우는 남자들이다. 나는 처음 그 책을 읽었을 때 이런 아이디어의 무정부적·물리적 특성에 깊은 인상을 받았다. 남자에게…… 진정으로 중요한 유일한 방법으로 남성성을 증명하기 위해 싸우는 남자들의 원초적 매력이 마음에 들었다. 누가 가장 강인하고, 남자다우며, 고통을 견디고, 순전히 물리적 힘만으로 자신의 의지를 상대에게 강제할 수 있는 최고의 남자인가? '파이트 클럽'이 알려준다.

브래드 피트는 타일러 더든 역을 연기한다. 그는 영화의 핵심 장면에서 맨주먹으로 상대방을 때려눕혀 기절시킨 후에 피와 땀으로 범벅이 된 채 근육질을 뽐내는 파이트 클럽 동료들과 함께 걸으면서, 팔라닉의 기관총 같은 펜 끝에서 나온, 남자들의 가슴에서 불타는 분노와 절망감을 완벽하게 묘사하는 독백을 읊는다. '우리는 필요도 없는 쓰레기나 살 수 있게 해주는 일자리를 증오한다.' 부유하고 유명해질 수 있다고 믿도록 속아넘어갔으며, 또한 절대로 그렇게 될 수 없음을 깨닫기 시작했다는 외침이다.

'우리는 매우, 대단히 화가 났다.'

팔라닉은 자신이 『파이트 클럽』을 쓰던 시기에 '서점에는 『조이 럭 클럽Joy Luck Club』, 『아메리칸 퀼트How to Make an American Quilt』, 『야야 시스터즈의 신성한 비밀The Divine Secrets of the Ya-Ya Sisterhood』 같은 책이 가득했다. 이들은 모두 함께하는 여성들을 위한 사회적 모델을 제시한 소설이었다. 하지만 함께하는 남자들의 삶을 위한 새로운 사회적 모델을 제시한 소설은 없었다'고 말했다.[7]

대다수 평론가는 『파이트 클럽』이 남성성의 핵심 요소인 개인의 자유를 억압하는 소비사회에 맞서 싸우는 남자들의 이야기라고 생각한다. 팔라닉은 자신의 책이 기본적으로 한 가지 사실, 즉 '어떻게든 타인과 연결되기를 원하는 고독한 개인'에 관한 이야기라고 말한다. 그는 남성이다.

인간답게 만드는 특질

산업혁명은 1760년경에 시작되었다. 그 동력은 손으로 만들던 물건을 기계로 만들게 된 변화였다. 산업혁명은 철의 생산, 증기력 이용, 기계와 증기를 내뿜는 공장의 발전으로 특징지어졌다. 증기선과 기차가 새로운 시장으로 제품을 운반했다. 섬유산업과 무역이 세계경제의 원동력이었다.

그 시기에 평균소득과 인구 모두 폭발적으로 증가했다. 생활 및 건강 수준도 극적으로 개선되었다. 1850년대에 전신 기술이 출현함에 따라 통신 분야도 비약적으로 발전했다. 1870년 무렵에는 대규모의 철강 생산과 공장 기계의 발전에 힘입은, 때로 제2차 산업혁명이라 불리는 두 번째 혁신의 물결이 밀려들었다.

내연기관, 철도 네트워크, 전기, 의료 시스템, 풍족한 식량, 수세식 화장실, 자동차와 비행기가 증기기관의 뒤를 이었다. 오늘날 우리의 라이프스타일은 250년이 넘는 기간의 놀라운 변화와 진화를 기반으로 구축된 것이다.

이제 우리가 출발점에 서 있는 자동화 혁명은 불과 15년밖에 걸리지 않을 것이다. 이미 오늘날의 남자들이 이전 세대보다 형편이 나쁜 최초의 세대가 될 것이 분명해지고 있다.

일자리 또한 쉽사리 돌아오지 않을 것이다. 인공지능의 능력이 발전하고 기계들이 기하급수적인 속도로 계속 학습하면서, 그리고 인공지능이 더 많은 인공지능을 창조하기 시작하면서 인간이 맡았던 거의 모든 영역에서 새로운 역할과 응용 분야를 찾게 될 것이다.

하지만 기술의 이용이 증가함에 따라 전문가의 수요도 늘어난다. 마케팅 분야를 예로 들면, 자동화 도구를 언제 어떻게 이용할지를 이해하고 관리하는 일이 미래의 산업에서 전문가의 중요한 과제가 될 것이다.

고객의 기술과 능력을 조화시키는 방안을 찾도록 돕는 일을 하는 신생기업 브레인브로커Brainbroker의 공동 창업자 래리 코치Larry Kotch는 '이런 일들은 일자리를 파괴하는 것이 아니라 단지 요구되는 일자리를 변화시킬 뿐이다. 대신에 사람은 실행하는 기능보다 관리하고 자문하고 탐색하는 기능을 맡게 된다'[8]고 말한다. 행동이 아니고 생각이라는 뜻이다.

사람이 하는 일의 핵심은 사실상 두 가지뿐이다. 아이디어를 생각해내고, 그 아이디어를 현실 세계에 구현하는 것. 독자가 읽고 있는 책을 예로 들어보자. 이 책은 우선 아이디어로 구상한 뒤에 집필, 편집, 디자인, 인쇄, 배포의 과정을 거쳤다.

기계가 논리 면에서는 우리를 능가하지만, 창조성과 공감 능력에서는 절대적으로 무력하다는 것은 좋은 소식이다. 기계가 빵을 만들 수는 있지만, 서커스는 절대로 할 수 없을 것이다.

브리스베인에 있는 서커스 서카Circa의 CEO이며, 서커스의 모든 것을 알고 있는 남자 야론 리프시츠Yaron Lifschitz는 창조성의 가치에 대해 멋지게 표현했다. 그는 커런시하우스Currency House(공연예술 활동을 지원하는 오스트레일리아의 비영리단체 - 옮긴이)에서 있었던 놀라운 연설에서 '예술은 우리 인간이라는 종을 높은 곳으로 끌어올리고, 신을 만나게 해주며, 기억을 해독하고, 가능성이 실현되도록 집단적 상상력을 활용한다. 예술을 창작하는 행동에는 희망이 내재한다'고 말했다. 그 어떤 기계도 그런 문장을 쓸 수는 없을 것이다.

창조성, 공감, 유머, 소통, 스토리텔링처럼 우리를 인간답게 만드는 특질이 미래의 취업시장에서 가장 많이 요구될 특질이라는 것은 얼마나 놀라운 일인가?

특별한 도움이 필요한 아이들을 돕는 일이 가장 존경받고 보수도 많은 직업이 되는 세상을 상상해보라. 노인복지기관에서 노인들과 시간을 보내면서 대화하고 경청하고 친구가 되어 행복하게 해줄 수 있는 공감 능력과 인내심을 갖춘 사람이 2018년의 기업 CEO와 같은 대접을 받는 세상은 얼마나 경이로울 것인가?

모든 일이 계획대로 진행된다면, 우리 모두 어떤 식으로든 자신의 독특한 인간적 창조성을 자유롭게 탐구하게 될 것이다. 미래에는 남자다움의 의미 자체가 극적으로 변화하게 된다. 지금 논의하는 삶과 관련된 성역할의 문제는 아마도 우리가 심원한 사회적 변화가 시작되는 출발점에 서 있음을 말해주는 것일지도 모른다.

일을 하든 안 하든 모든 사람에게 생계를 유지할 정도의 소득을 부여한다는 '보편적 기본소득UBI'의 개념은 자동화 혁명에 따른 일자리 대학살의 해결책이 될 수 있다.

하지만 2018년에 타계한 스티븐 호킹은 이런 개념에 호의적이지 않았다. 기계를 소유한 사람들이 기계가 창출한 부를 고수하느냐 아니냐에 모든 것이 달려 있다고 했다. 기계의 부상에 대한 우리의 대응은 기계 자체만큼이나 우리의 미래에 중요하다. 2015년에 호킹은 '레딧 AMA Ask Me Anyting'(온라인 질의·응답 사이트 – 옮긴이)에서 이렇게 말했다.

> 부가 어떻게 분배되는지에 따라 결과가 달라질 것이다. 기계가 창출한 부가 공유된다면 모든 사람이 여유롭고 풍요한 삶을 누릴 것이고, 기계를 소유한 사람들이 부의 분배에 대항하는 로비에 성공하면 사람들 대부분이 비참한 빈곤 상태에 이르게 될 것이다.[10]

UBI를 위한 재원은 어떻게 마련할 것인가? 아마도 슈퍼리치, 특히 일론 머스크처럼 노동이 아니라 자본으로 돈을 버는 사람들에게 높은 세금을 물려야 할 것이다.

스페이스X·테슬라 전기자동차·하이퍼루프 고속운송시스템·솔라시티의 창립자인 일론 머스크는 자신의 비전이 지속 가능한 에너지의 생산을 통해 지구온난화를 줄이고 '인류가 다른 행성에서도 살 수 있도록 하는 것'이라고 말한다. 그는 UBI에 대해서도 〈포브스〉가 인정하는 세계에서 54번째 부자로서 상당한 부담을 져야 할 것임에도 불구하고 매우 호의적이다.

일론 머스크는 2017년 두바이에서 개최된 포럼에서 '나는 어떤 형태로든 기본소득이 실현되어야 한다고 믿는다. 우리에게 선택의 여지가 없을 것으로 생각한다'[11]고 말했다.

남자다움의 요건이 바뀐다

UBI가 실현되면 가족을 부양하거나 '생계비를 버는 일'이 더는 남자들의 도전 과제가 되지 않을 것이 분명하다. 그들의 과제는 목적을 찾고 가치를 더하고 의미를 경험하는 일이 될 것이다. 무언가 재미있고 시간을 투자할 가치가 있는 일을 찾아내는 것이다. 남성의 정체성이 직업이나 공급자의 역할에서 오지 않는다면 어디에서 올 것인가?

인공지능 분야에서 말하는 특이점의 개념은 초지능을 갖춘 기계가 인지능력에서 인간을 앞지르고, 기술의 진보가 결과를 예측·통제할 수 있는 우리의 능력을 넘어서는 순간이다. 세상의 모든 데이터를 초고속으로 활용하면서 자신을 능가하는 컴퓨터를 창조하도록 프로그램된 초지능 컴퓨터를 상상해보라. 이 컴퓨터는 잠시도 쉬지 않는다. 단시간에 제어가 불가능한 상황에 빠지게 되리라는 것은 쉽게 상상되는 일이다.

인공지능, 유전학, 나노기술, 로봇공학의 혁명 모두가 가까운 미래에 출현할 초지능 기계에 힘을 보탤 것이다. 특이점 이론에 따르면 자가복제 컴퓨터의 지능은 점진적이 아니라 기하급수적으로 증가한다.

미래에 출현할 기계에 대한 우리의 두려움은 오랫동안 연예물의 주제가 되어왔다. 공상과학영화의 고전이 된 제임스 캐머런 감독의 1984년작 「터미네이터」에서는 스카이넷이라는 글로벌 미사일 방어 시스템이 특이점에 도달하여 자의식을 갖게 되자 즉시 인류를 지구상에서 쓸어버리려는 결정을 내린다.

『특이점이 온다The Singularity is Near』의 저자 레이 커즈와일Ray Kurzweil 같은 미래학자는 2045년경에 특이점이 올 것이라고 믿는다. 특이점이 오더라도 세상의 종말이 오는 것은 아닐 수 있다. 2045년이 우리 모두가 불멸성을 획득하는 해가 될 수도 있다.

커즈와일의 생각은 우리의 의식 전체를 가상현실에 다운로드하여, 결코 떠나고 싶지 않을 초현실적 판타지 세계에서 질병이나 죽음에 대한 걱정도 없이 무엇이든 원하는 일에 몰두할 수 있으리라는 것이다.

보다 현실적이고 이해할 수 있는 가까운 미래에는 엔터테인먼트 분야의 가상현실이 이전의 영화나 게임처럼 거대한 산업이 될 것이다. 가상현실은 지금 존재하지 않는 수많은 일자리를 만들어낼 것이다. 가상 세계를 설계하고 프로그램하며, 캐릭터와 스토리라인을 창조하는 사람이 있을 것이다. 당신이 가상 해변에서 즐기는 장엄한 일몰을 담당하는 사람도 있을 것이다. 피냐 콜라다piña colada(럼주에 파인애플 주스와 코코넛 밀크를 섞은 칵테일 - 옮긴이)의 놀라운 맛을 느끼게 해줄 사람도 있을 것이다. (당신의 판타지니까 당신이 좋아하는 음료를 마시는 것이 당연하지 않은가?)

서비스산업에서는 거래의 사회적 요소를 감안하여 여전히 미소를 짓는 아날로그 인간이 필요할 것이다. 사람은 인공지능의 '대사'가 되어, 고객이 인공지능을 이해하고 최상의 서비스를 받을 수 있도록 돕게 된다.

커피숍에서는 기계가 커피를 만들고 주문을 받고 요금을 징수하고 청소를 하고, 사람은 그런 과정에서 고객을 안내하게 될 것이다. 다음과 같은 대화를 상상해볼 수도…….

"안녕하세요, 바커 씨. 로보바리스타스Robobaristas를 다시 찾아주셔서 감사합니다. 늘 드시는 커피를 준비했지만, 혹시 새로 나온 로보바닐라초카프라파모카치노Robovanillachocafrappamocchachino를 드셔보시면 어떨까요. 고객들의 반응이 아주 좋습니다. 한번 맛을 보시죠…… 저런, 바닥에 뱉으셨군요. 괜찮습니다. 우리가 치우겠습니다…… 자, 선생님의 트리플 에스프레소가 나왔습니다. 즐거운 하루 되십시오. 내일도 뵐 수 있기를 바랍니다!"

커피숍에서 일하는 사람은 커피를 갈고 우유를 데우는 데 정신을 팔던 때와 달리 고객이 따뜻하고 인간적이고 재미있는 경험을 하도록 돕는 데 모든 시간을 투자할 수 있다.

기계를 훈련하는 일은 많은 일자리가 생겨날 또 다른 분야다. 기계에 최선의 일하는 방법을 보여주고 필요한 매개변수를 알려줘야 한다. 기계를 정비하고 동작 프로그램을 업데이트하며 오류가 없이 돌아가도록 하는 데는 여전히 사람이 필요할 것이다.

기업가는 제조, 공급망, 마케팅과 판매에 신경 쓸 필요가 없는 자유로운 상태에서 창조적 아이디어에 집중할 수 있게 된다. 나머지 일은 모두 인공지능 시스템이 할 수 있다. 한때는 기업의 전체 인력이 필요했던, 제품을 고안하고 만들고 테스트하고 판매하는 일을 한 사람이 할 수 있을 것이다.

뉴사우스웨일스 대학의 '예술과 디자인 프로그램' 책임자인 로스 할리Ross Harley 교수는 우리가 '익숙한 20세기의 블루칼라와 화이트칼라 일자리가 사라져가는 상황에 생산적인 방식으로 대응'하려면 '창조적 사고방식'이 필요하다고 말한다.

디지털 기술의 놀라운 발전으로 한방에 있는 사람뿐만 아니라 세계 각지에 있는 사람들과 함께 창조하고 협력하고 소통할 수 있게 되면서 창조산업이 번창하고 있다. 뉴사우스웨일스 주에는 창조산업계가 취업 인구의 5퍼센트 이상을 직접 고용하고, 평균보다 19퍼센트

높은 보수를 지급하며, 다른 업계보다 두 배 빠른 속도로 성장하고
있다.

(중략)

우리가 접근할 수 있는 지역의 공장과 그곳에 있는 전통적 생산 라
인의 제한을 받는다는 생각이 점점 사라지고 있다. 고도로 모바일
화·네트워크화·세계화된 오늘날의 경제 환경에서, 디자인학교에
서 제기하는 것과 동일한 '다르게 하면 어떨까?'라는 질문을 하는
상상력이 풍부한 사람들이 매일같이 새로운 일자리·역할·서비스
를 만들어낸다.[12]

오스트레일리아는 창조성이 이끄는 성공을 위한 특별석에 앉아
있다. 오스트레일리아 협의회(오스트레일리아 정부 산하의 예술 지원 단체 - 옮긴
이)의 연구에 따르면 오스트레일리아인 중 85퍼센트가 예술이 삶을
더 의미 있게 만든다고 생각하고, 66퍼센트는 예술이 아이들의 성장
에 큰 영향을 미친다고 여기며, 거의 절반에 해당하는 48퍼센트가
예술을 창조하는 일에 직접 참여한다.

로스 할리 교수는, 이렇게 예술과 창조성에 관한 대중의 관심이 높
아짐에 따라 오스트레일리아 정부가 글로벌 연결이 이루어진 혁신
적 세계에 오스트레일리아의 창조성을 접목할 방안을 모색하고 있
으며, 일하는 방식과 관련된 창조성의 역할을 재인식하고 있다고 말
한다.

우리는 오랫동안 기술적 스킬과 특정한 직업을 연결해왔지만 이제
더는 지속되지 않을 수도 있는 편협한 경제적 합리주의에서 벗어나

야 한다. 대신에 초등교육에서부터 창조성과 '디자인적 사고'를 주입해야 한다.

급변하는 세상에서 전통적 산업이 사라져가는 동안에 새로운 산업을 육성하여 우리의 번영을 가장 잘 지켜줄 수 있는 것은 창조성, 독창성, 비판적 통찰력, 공감, 예지력과 같이 정의하기 어려운 특질일 것이다.

창조성. 독창성. 비판적 통찰력. 공감. 예지력. 유감스럽게도 맨박스에서는 이 중 어느 것도 찾아볼 수 없을 것이다. '와우, 친구, 자네는 정말로 창조적이고 공감하는 사람이군. 남자다운 남자야!'와 같은 말은 절대로 들어볼 수 없다.

미래는 우리에게 남자다움의 의미가 무엇인지를 다시 생각해야 할 때가 되었다고 말한다. 강인함, 극기심, 용기, 아무런 감정을 드러내지 않고 타인과 소통하지 않는 것으로는 미래의 취업시장에 참여할 수 없다. 가르침 받은 대로 남자다운 남자가 되었다는 단순한 이유로 경력의 발전을 위한 실탄인 창조성에서 배제될 것이다.

물론 예외도 많다. 똑똑하고 창조적이고 개방적이고 배려하고 공감하는 남자도 많다. 단지 훨씬 더 많이 필요할 뿐이다.

세계적 고용 통계와 미래학자들의 탁월한 예측은 전통적인 남성의 일자리가 영원히 사라지고 있다는 사실에 의심의 여지를 남기지 않는다. 남자다움의 의미도 영원히 바뀌고 있다. 도널드 트럼프, 폴린 핸슨Pauline Hanson(인기영합주의 극우 정당 '원네이션One Nation'을 창당한 오스트레일리아의 정치인 - 옮긴이) 같은 극우 인사들의 부상은 분노한 남자들의 생각을 들여다볼 수 있는 창문이다.

'시스템이 나를 망쳤으니 이제 시스템을 망쳐주자.'

남자들은 미래에 대처하고 자신이 하는 일에서 보상과 기쁨, 의미를 찾기 위해 일자리를 빼앗아가는 기술에 대한 사고방식을 바꿔야 한다. 자동화 혁명은 재앙이 아니라 기회다.

우리는 행동을 지배하는 사회적 규범에서 해방될 것이다. 더 이상 '남자다움'을 가장할 필요도 없을 것이다. 따라서 미래의 기술이 우리에게 창조적이고 개방적이며 공감하고 소통하는 사람이 되기를 요구하는 것은 좋은 일임을 인식하자.

화내지 말고, 창조적인 사람이 되어라.

제3부

남자
다움을
다시
생각한다

제8장

남자다움을 벗기는 남자의 요리

모닥불 주위로 모여라

약 40만 년 전의 원숭이를 닮은 우리 조상의 야영지를 찾아가더라도 불 주변에 옹기종기 모여 있는 모습을 볼 수는 없을 것이다. 그들은 아직 불을 발견하지 못했기 때문이다. 우리의 친구인 사냥꾼 오그와 생식꾼 필은 1만 년 전에 살았으며 불에 구운 음식을 먹을 수 있는, 이전 조상들과 대비되는 사치를 누렸다.

인류가 불을 자유롭게 활용하게 된 정확한 시기에 관해서는 과학자들의 의견이 엇갈리지만, 30만~40만 년 전으로 추정하는 데는 무리가 없을 것이다. 아마 이런 식으로 진행되었을지도…….

우리의 조상은 친절한 사람들이었으며 자신이 기르는 돼지가 소박한 피난처 – 비와 아울러 성난 털북숭이 매머드와 굶주린 검치호랑이를 피하려고 지은 – 안에서 자유롭게 돌아다니도록 허용했다.

(그런데 털북숭이 매머드까지도 강인한 남성임을 입증해야 하는 압박에서 자유롭지 못했다. 수많은 어린 매머드 수컷의 화석에서 보듯이, 그들은 터프함을 과시하면서 타르 구덩이에 뛰어드는 것 같은 멍청한 짓을 한 바보들이었다.)

천둥 번개가 치는 어느 날 그들의 선사시대 오두막이 벼락을 맞아 불타버렸다. 안타깝게도 집 안에 갇힌 돼지는 잉걸불 속에서 몇 시간 동안 구워지는 신세가 되었다.

우리 조상의 작은 전두엽, 너무 큰 턱, 그리고 미흡한 언어능력을 고려하면 그들이 주고받은 대화의 의미는 아마도 다음과 같았을 것이다.

"맙소사, 배리. 우리 돼지 해럴드가 불 속에 갇힌 것 같아. 해럴드가 죽었다는 것이 믿기지 않아."

"나도 해럴드를 사랑했어. 그런데…… 사이먼, 이 믿을 수 없을 정도로 맛있는 냄새는 뭐지?"

"모르겠어……. 전에는 맡아본 적이 없는 냄새야!"

몇 시간 후…….

"끄윽! 기막힌 맛이었어! 불에 구우면 더 맛있다는 걸 누가 알았겠어? 이제부터 이 맛있는 음식을 해럴드라고 부르자."

"흠…… 좀 별로 같은데. 베이컨은 어때?"

"훌륭해! 우리는 베이컨을 발명했어!"

그리고 한목소리로 말한다.

"앗싸, 베이컨! 불을 써서 좀 더 만들자!"

이 장면은 인류의 역사를 바꾸고, 초식성 원숭이에서 잡식성 '호모 사피엔스'가 된 우리가 지구의 먹이사슬 꼭대기에 있음을 뽐내도록 해준 순간이다.

불이 출현하고 베이컨을 요리하기 전에 우리는 오늘날의 유인원이 여전히 그런 것처럼 식물성 먹이를 날것으로 먹었다. 견과류, 딸기, 나뭇잎은 에너지 함량이 충분치 않으므로 생명을 유지하려면 많이 먹어야 했다. 우리는 되는 대로 배설하면서 하루 종일 먹었으며, 아마도 소처럼 크게 확장되고 질긴 소화기관을 가졌을 가능성이 높다.

거대한 배를 안고 먹이를 찾아 돌아다니고, 풀뿌리와 나뭇잎을 소화하는 데는 많은 에너지가 필요했다. 우리의 신경학적 발전은 대략 섭취하는 음식이 허용하는 수준에 맞춰 이루어졌다. 그러나 모두가 죽은 소를 굽고 버거를 만들기 시작하면서 믿기 힘든 일이 일어났다.

음식, 특히 고기를 요리하면 씹고 소화하기가 훨씬 더 수월해진다. 그리고 날음식보다 더 많은 에너지를 얻을 수 있다. 맛있는 고기의 에너지 폭탄은 우리의 뇌를 최대로 충전시켰다. 우리 몸무게의 2퍼센트에 불과하지만 소비하는 에너지의 20퍼센트를 사용하는 뇌는 엄청난 에너지 돼지다.[1] 고릴라의 뇌가 우리만큼 크려면 정말로 큰 머리를 가져야 할 것이며, 지금도 먹으면서 보내는 하루 아홉 시간에 두 시간을 더해야 할 것이다.

우리는 하루 종일 먹이를 찾아다닐 필요가 없어짐에 따라 최신식 모닥불 주위에서 어울리면서 더 많은 시간을 보내게 되었다. 더 오래 살고 더 많은 수가 살아남게 되었다. 그리고 거대한 턱으로 음식을 씹는 대신에 커진 뇌를 사용하여 음식을 자를 수 있는 도구를 만들었다. 우리는 원숭이처럼 나무 사이를 휘젓고 다니는 능력을 포기하고 나무에서 내려왔으며, 간식거리로 우리를 먹어치울 수 있는 야수의 접근을 막아주는 소중한 불과 함께 지상에서 잠을 자기 시작했다.

우리는 얼굴 모습이 변했고 언어능력을 발전시켰다. 말 그대로 요리가 우리를 인간으로 만들었다 해도 지나침이 없을 것이다.

우리의 조상이 채식주의자로 남았다면 우리 모두 체육관에서 열심히 운동한 사람처럼 날씬하겠지만, 역설적이게도 두부를 만드는 방법을 알아내기에는 너무 멍청할 것이다.

이러한 이론을 선도하는 사람은 하버드 대학의 생물인류학 교수 리처드 랭햄Richard Wrangham이다. 그는 '우리 조상이 처음으로 요리하는 방법을 알게 되었을 때, 추가로 얻게 된 에너지의 첫 번째 결과는 이전보다 많은 아기를 갖게 된 일이었을 것이다. 아기는 더 많이 살아남았고, 성인들은 더 규칙적인 월경주기를 갖게 되었으며, 면역 시스템에도 더 많은 에너지가 투입되었다'[2]고 말한다.

지금도 음식은 우리의 가족, 공동체, 문화의 기반을 이룬다. 음식은 온기, 영양분, 그리고 대화를 만들어낸다. 음식, 사랑, 그리고 섹스는 선사시대부터 이어져온 우리의 뇌와 대중문화의 모든 측면에서 함께 어우러지고 있다.

집에서 요리하는 남자

남성에게 요리를 할 수 있다는 것은 중요한 스킬이다. 몸무게를 줄이고, 돈을 절약하고, 우버이츠UberEats(미국의 온라인 음식 주문 및 배달 플랫폼 - 옮긴이)에서 배달되는 것보다 훨씬 나은 음식을 먹는 것뿐만 아니라 창조성, 공감, 소통능력을 발휘하여 사심 없이 타인을 돌보고 사랑을 보여주는, 연약해 보일 수도 있는 사람이 되는 것이다. 이 모두는 맨박스에 있는 특성들과 정반대되는 것이다.

분노한 인셀이 컴퓨터를 끄고 양파를 썰기 시작한다면 여성과의 관계에서 훨씬 나은 성공을 거두리라는 것에는 의심의 여지가 없다.

여자들은 요리할 수 있는 남자를 좋아한다. 남자가 요리하는 모습을 좋아한다. 그런 모습이 섹시하다고 생각한다. 부엌이 섹시한 장소임은 확실하다. 매리언 피셔Maryanne Fisher 박사는 〈사이콜로지 투데이〉에서 '무엇을 만드는지와 상관없이 요리하는 남자는 섹시해 보인다'고 말한다.

사랑, 섹스, 그리고 음식 사이에는 매우 밀접한 관계가 있다. 굶주린 상태에서 로맨틱한 감정을 느끼기는 어렵다. 한편으로 누군가를 처음 만나 완전히 빠져들면 배고픔을 잊어버리는 경우도 흔하다. 그럴 때 우리 몸에서는 화학적 흥분제인 페닐에틸아민과 노르에피네프린이 생성되어 기민감, 활기, 아찔함, 흥분을 느끼게 되며 식욕을 잃는 사람도 적지 않다. 음식과 섹스에 대한 인간적 욕구는 우리의 본성을 이루는 기본욕구다.

이제 나는 요리에 관한 이야기에 집중하려 한다. 집안일 중에서 가장 즐겁게 여기는 일이 요리이기 때문이다. 그렇지 않더라도 요리는 모든 남자를 더 좋은 남자로 만들어주는 놀라운 스킬이다. 나는 요리를 배우고 나서 요리를 하는 과정과, 그것이 자신과 다른 사람들에게 주는 기쁨에 반하지 않은 남자를 보지 못했다. 사람들은 모두 칭찬받기를 좋아하며, 남자들 대부분은 칭찬에 사족을 못 쓴다. 여자들이 우리가 한 일을 칭찬하면 쉽게 기뻐한다.

　단호한 집중력으로 리조토를 젓고 있는 남자에게는 '나를 봐줘'라는 암시가 있을 수도 있다. 유전자에 새겨진 속성이다. 우리의 영장류 친척인 침팬지는 가족 집단 안에서 모두가 탐내는 알파 수컷의 지위를 차지하려 할 때 새끼 침팬지를 데리고 놀면서, 마치 인간 정치인들처럼 높이 치켜든다. 암컷들에게 '이것 봐, 나는 아기를 죽이지 않았어!'라는 메시지를 보내는 것이다.

　그들은 또한 자신이 얼마나 좋은 수컷인지를 암컷 침팬지들이 확실히 알 수 있도록 배려심이 매우 강하고 가정적인 태도를 보인다. 알파 수컷이 되면 암컷들의 선택을 받아 원하는 만큼 섹스를 할 수 있기 때문이다. 알파 수컷에 대한 큰 보상이다. 모든 암컷을 차지하고 자신의 유전물질을 다음 세대에 전달하게 된다. 섹스와 음식뿐 아니라 섹스와 다른 가사노동 사이에도 연관성이 있다.

　21세기로 접어든 지가 꽤 지났지만, 아직도 남자들은 가정에서 자신의 역할을 다하지 않는다. 그럴 필요가 없기 때문이다. 우리는 가능한 한 가사노동을 피한다. 남자가 자기 아이들을 '봐주는' 일이 이야깃거리가 되는 것은 단지 매우 드문 일이기 때문이다. 우리는 다른 사람-여성-이 할 때까지 빨래와 청소를 무시한다. 웬일인지 집에서 필요한 일들-음식을 먹고 옷을 입고 깨끗한 상태에서 안락하게 지내기 위한-은 여성의 몫으로 여겨진다.

　2016년 인구조사에 나온 데이터에 따르면 전형적인 오스트레일리아 여성은 1주일에 5~14시간을 무보수 가사노동을 하면서 지낸다.[3] 남성의 가사노동은 다섯 시간에도 못 미친다. 가사노동에 필요한 시간과 정신적 스트레스는 경제적 측면에서 여성의 취업에 현실적이고 장기적인 결과를 초래한다. 아이 둘을 키우는 일은 여성이 10년 동안 취업시장을 떠나게 만들 수 있으며, 따라서 평생의 소득 총액이 줄어들게 된다. 오스트레일리아 여성 셋 중 한 명은 연금 혜택이 전혀 없는 상태로 은퇴한다.

독신일 때는 가사노동이 여성과 남성에게 공평하게 분배된다. 그런데 남성과 함께 살기 시작하면 여성의 가사노동 시간이 늘어난다. 남성은…… 글쎄, 우리는 소파에 누워 빈둥거리느라 바쁘니까.

노동의 불평등한 분배뿐만 아니라 다른 일들과 마찬가지로 아이 돌보기는 여자가 할 일이라고 여기는 사고방식도 문제다. 풀타임으로 일하는 여성조차도 보육시설을 찾고, 아이들의 숙제와 점심을 확인해야 하며, 토사물을 닦아주고, 강아지 밥을 주고, 발레 연습에서 못되게 군 계집아이에 대해 분해하는 이야기를 들어줄 책임이 있다.

여성을 세탁기에서 해방시킬 열쇠는 남자들의 손에 있다. 그저 우리의 몫을 다하면 된다. 그러면 배우자의 스트레스가 줄어들 것이다. 더 많은 소득을 올릴 수도 있다. 더욱 중요한 점은 그들이 더 행복한 사람이 될 수 있는 잠재력을 깨닫게 된다는 것이다.

그렇기 때문에 여자들은 요리를 할 수 있고 가사노동과 아이들 돌보는 일을 피하지 않는 남자를 매력적인 배우자감으로 여긴다. 이런 행동은 한 인간으로서 남자의 가치를 보여준다. 여자들은 남자의 가정 친화성 수준이 그의 '적합도'를 말해준다고 생각한다.

집에서 잘하는 남자가 침대에서도 좋은 시간을 보내게 될 것임에는 의심의 여지가 없다. 우선 그녀가 덜 피곤할 것이다. 하지만 극단적으로 생각하여 남자의 가사노동에 대한 보상이 섹스라는 아이디어는 다소 찜찜하다.

당신이 살아오면서 '초어플레이choreplay'(섹스의 전희를 뜻하는 'foreplay'의 앞부분을 잡일을 뜻하는 'chore'로 바꾼 말이다 – 옮긴이)라는 아이디어를 들어보지 못했을 정도로 운이 좋았다면 다행이라고 생각하라. 이 아이디어는 2015년에 페이스북 최고운영책임자이며 'lean.org'(여성들이 꿈을 이룰 수 있도록 돕는 글로벌 커뮤니티 사이트 – 옮긴이)를 창설한 셰릴 샌드버그Sheryl Sandberg가 '남자들은 어떻게 이사회실과 침실에서 성공할 수 있는가'라는 남성을 격려하는 듯한 제목의 글을 〈뉴욕 타임스〉에 기고한 이래로 뿌리를 내렸다.

남자들이 자기 몫의 가사노동을 할 때 배우자가 더 행복하고 우울증이 줄어들며, 갈등과 이혼율이 감소한다는 것을 보여주는 연구 결과가 있다. 그들은 또한 더 오래 산다. 만년에 서로를 돌보고 정서적 도움을 주고받는 남녀가 더 장수하는 경우가 많다는 사실이 밝혀졌다.

그리고 중요한 말이 나온다. '가사노동을 공평하게 분담하는 커플은 섹스도 더 많이 한다.' 샌드버그는 콘스탄스 T. 게이저Constance T. Gager와 스콧 T. 야비쿠Scott T. Yabiku의 '누가 시간이 있는가? 가사노동 시간과 성관계 빈도의 관계'라는 제목의 연구 결과를 인용하면서, 꽃을 사 오는 대신에 빨랫감을 집어 들라고 남자들에게 제안했다. 그녀는 '초어플레이는 현실이다'라고 말했다.

이런 아이디어는 인터넷을 통해 전파되면서 의미가 변했다. 가사노동의 분담이 더 나은 관계를 위한 촉매가 될 수 있다는 아이디어가 느닷없이 섹스라는 보상을 통해 남자들에게 더 많은 가사노동을 시키려는 이야기가 되고 말았다.

나는 초어플레이라는 아이디어를 혐오한다. 제정신을 가진 모든 사람과 마찬가지로, 쓰레기를 들고 나가서가 아니라 나 자신 그대로를 원하길 바란다. 그리고 여성들이 뜨거운 섹스보다 깨끗한 집에 더 관심 있다는 생각이 말도 안 된다는 것은 명백하다. 그러나 이러한 생각에서 한 걸음만 물러서면 일과 놀이를 공유하는 균형 잡힌 관계가 우리에게 더 큰 보상을 주고, 정신건강과 추억에 유익하며, 아이들과…… 더 많은 섹스에도 좋다는 진실이 기다리고 있다.

사랑이 있는 곳에 음식이 있다는 것에는 의심의 여지가 없다. (그러나 '사랑으로 만들어지는 것'은 아니다. 내가 먹는 음식이 좋은 재료와 사랑이 가득 찬 태도로 만들어지는 것은 좋지만, 사랑이 실제 재료로 들어가는 요리법은 본 적이 없다.) 우리의 뇌는 인간이라는 종의 존속을 위한 행동에 즐거움이라는 보상을 제공하며, 먹는 것도 그중 하나임은 멋진 일이다. 삶의 즐거움은 섹스와 음식에서 온다. 당신이 누군가를 위해 요리하는 것은 또 하루의 삶을 이어나가기 위한 영양분이라는 선물을 제공하는 행동이다. 그리고 음식을 가능한 한 맛있게 만듦으로써 먹는 즐거움까지 제공하게 된다.

(분명히 말하지만, 부엌에 들어가기 전에 아이 돌보기, 빨래, 청소, 침대 정돈, 쇼핑 같은 일부터 확실하게 하라. 그런 뒤에라야 당신만의 요리 쇼를 벌일 수 있다.)

요리한다는 것, 즉 요리를 대접받을 사람들이 좋아할 거라고 확신하면서 무엇을 만들지 미리 생각하고, 재료를 준비하고, 음식을 만들어 먹는 것은 모두 깊은 사랑에 기초한 행동이다.

주방은 모든 가정의 심장이다. 음식이 보글보글 끓거나 오븐에서 구워지는 동안 사랑하는 사람과 와인 한 잔을 나누는 것보다 즐거운 일은 없다(생각해보니, 모두 지금 한 잔씩 하는 것도 괜찮겠다). 좋은 냄새가 따뜻한 공기를 채우면서 앞으로 몇 시간 동안 음식을 먹고 대화하는, 단순하면서도 깊은 즐거움의 시간을 보낼 것임을 알게 된다.

요리를 하면 대화하는 시간이 생겨난다. 그리고 대화는 정신건강과 행복의 열쇠인 가족의 성공적인 관계를 위한 핵심 요소다.

가정에서 이루어지는 대화의 양이 아이들의 삶에서 성공과 실패를 가를 수 있다. 대담한 교육연구자 베티 하트Betty Hart 박사와 토드 리슬리Todd Risley 박사는 놀라운 연구를 구상했다. 그들은 부모가 전문직에 종사하는 가족, 노동자 계층의 가족, 복지 지원을 받는 가족 등 총 42가족을 대상으로 말을 하기 전 유아 단계부터 추적하여 3년 반 동안 매달 한 시간씩 가정에서 이루어지는 모든 대화를 기록했다.

모든 단어를 끈기 있게 기록하고 통계를 낸 연구자들은 놀라운 사실을 발견했다. 전문직 가정의 아이들은 세 살이 될 때까지 4,500만 단어를 듣는 것으로 밝혀졌다. 노동자 계층 가정의 아이들은 2,600만 단어, 가난한 복지 지원 대상 가정의 아이들은 1,300만 단어에 불과했다.

가장 가난한 가정의 아이들과 비교할 때 가장 부유한 가정의 아이들이 듣는 단어가 3,000만 단어를 상회한다는 사실은 그들이 더 많은 지식과 언어능력을 습득하고 더 많은 신경연결 통로를 만든다는 의미다. 더 많은 단어를 들을수록 아이들의 뇌도 빨리 성장한다.

전문직 가정의 아이들은 또한 훨씬 더 좋은 말을 듣게 된다. 그들은 한 시간에 여섯 번의 긍정적 '찬성'의 말, 한 번의 부정적 '금지'의 말을 들었다. 노동자 계층 가정은 두 번의 긍정과 한 번의 부정이었고, 복지 지원 대상 가정의 아이들은 긍정 한 번에 부정 두 번씩이었다.

아이들은 부모의 말을 흉내 낸다. 따라서 학교에 다니기 시작할 때부터 풍부하고 빛나는 어휘력을 갖춘 부유한 가정의 아이들은 이미 부모를 부유하게 해준 언어능력과 특질을 배운 상태가 된다. 반면에 언어능력과 격려가 부족한 가난한 가정의 아이들은 엄마 아빠의 실패를 답습할 수밖에 없다.

따라서 주방에서, 그리고 다른 모든 곳에서의 대화가 중요하다. 당신이 나와 마찬가지로 '부유층'의 범주에 속하지 않더라도 그저 아이들과 많은 대화를 함으로써 부유층 아이들의 우위를 줄 수 있다.

하지만 작업꾼처럼 단지 여자들의 관심을 끌기 위해 요리를 배우는 것은 의미가 없다. 요리에 수반되는 사랑, 배려, 생각, 실천과 노력은 꾸며낼 수 없다. 여성이 요리하는 남자에게 매력을 느끼는 것은 그 때문이다.

요리하는 남자는 다음과 같은 말을 듣게 된다.

1. 당신은 세심한 사람이다. 일, 시간, 생각을 통해서 배려심을 보여준다. 배우자를 행복하게 해주고 시간을 함께 보내길 원하는 사람이다.
2. 당신은 창조적이다. 예술적인 사람들은 자신을 잘 표현한다. 당신은 음식을 통해서 자신이 창조적 영혼을 가진 보기 드문 사람임을 보여줄 수 있다.
3. 당신은 성공을 이해하는 사람이다. 요리는 계획하고, 조정하고, 다양한 스킬을 사용하여 제시간에 맛있는 음식을 만들어내는 프로젝트를 성공시키는 일이다.
4. 당신은 성인이다. 초콜릿 우유와 치즈버거에 머문다면 그녀는

당신이 다른 아이디어, 문화, 경험에 대하여 열린 자세를 가진 섬세하고 경험 많은 사람이라고 생각하지 않을 것이다.

5. 당신은 재미있는 사람이다. 그녀는 요리하는 당신을 보고 그런 멋진 음식을 만드는 방법을 언제, 어떻게, 누구를 위해서 배웠는지 궁금해할 것이다.

6. 당신은 능숙한 사람이다. 훌륭한 요리사의 솜씨는 보기에도 놀랍다. 그녀는 당신이 양파를 토막 내는 빠른 칼놀림이나 불꽃과 식식대는 소리 속에서 팬 다루는 솜씨를 지켜보길 좋아할 것이다.

7. 당신은 섹시하다. 손가락과 입으로 음식을 다루고 맛을 볼 때 그녀는 당신이 손을 잘 쓰며 성적 자아와 편안하게 연결되는 사람임을 이해하게 될 것이다.

기타 연주자가 이상한 표정을 짓는 것이 섹스할 때와 비슷하다는 말이 있다. 맛있는 음식을 먹을 때의 표정과 신음 또한 섹스할 때와 매우 비슷하다고 말할 수 있을 것이다.

립스틱이 매력적인 것은 단지 남자들의 뇌가 선명한 빨간색을 여성의 성적 흥분에 따른 홍조와 비슷하게 해석하기 때문이다. 음식을 먹는 것과 섹스에는 모든 감각이 동원된다. 둘 다 우리의 축축하고 따뜻한 몸속의 공간으로 무언가를 집어넣는 일이며 갈망, 음미, 즐거움, 그리고 궁극적인 만족과 관련된 일이다.

그런데, 요리가 그렇게나 멋진 일인데도 더 많은 남자가 앞치마를 걸치고 잽싸게 파인애플 케이크를 만들어내지 않는 이유는 무엇일까?

단지 남자라는 이유로, 주방의 즐거움으로부터 우리를 가로막는 여러 요인이 있다.

우리는 지시받기를 싫어한다. 남자들은 무슨 일이든 할 줄 아는 것처럼 가장하려 한다. 모른다는 것은 약함을 드러내는 표지이기 때문이다. 그래서 우리는 지시받기를 좋아하지 않는다. 레시피는 지시의 모음이다.

우리는 낯선 것도 좋아하지 않는다. 남자들은 서투른 일을 하기 싫어한다. 그런 일을 해야 할 때면 무능하다는 평가를 받을까봐 두려워한다. 실패에 대한 두려움과도 밀접하게 관련되어 있다. 내가 골프를 치지 않는 것도 그 때문이다.

우리는 흔히 시간을 투자하길 주저한다. 또는 노력을.

그래서 고든 램지, 헤스턴 블루먼솔, 제이미 올리버, 릭 스타인 같은 유명 셰프를 비롯해 세계적인 식당의 주방을 운영하는 수많은 셰프가 남성임에도 불구하고 여전히 요리는 다소 지나치게…… 여성적인 일이라고 생각하는 남자들이 있다.

실제로 전문적 요리의 세계는 거의 남성의 세계다. 셰프들 중에는 약물과 알코올 남용에 찌든 사람이 적지 않다. 식당의 주방에는 분노, 공격성, 폭력과 성폭력이 들끓는다. 고된 근무시간과 스트레스가 일상적으로 정신과 삶을 망친다. 그러나 가정에서도 그렇게 되어야 할 이유는 없다.

조리 도구의 선택

요리는 기본적으로 프로젝트를 잘 관리하는 일이다. 최상의 도구와 재료를 준비하고, 최고의 기술과 전문가의 조언을 활용하는 일이 포함되는 프로젝트의 목적은 주어진 시간과 예산으로 고품질의 제품을 만들어내는 것이다. 이는 가장 '남자답다'고 자처하는 남자들이 스스로 전문가라고 생각하는 일이다.

요리를 배우는 데는 기본적으로 두 단계가 있다. 무술이나 고난도의 운전 기술을 배우는 것과 마찬가지로 처음에는 끝없이 샌드백을 두들기거나 주행로를 걸어가면서 원뿔 모양의 교통표지판을 설치하는 것과 같은 지루한 일을 해야 한다. 요리를 배우는 데 시간과 노력이 필요한 것은 피할 수 없는 일이다. 그러나 당신은 이런 일을 보상이 주어지고 재미있는 일로 만들 수 있으며, 삶을 위한 스킬을 강화할 수 있다.

기본적인 레시피와 조언을 얻으려면 마크 비트먼Mark Bittman의 『요리의 모든 것How to Cook Everything』이나 알튼 브라운Alton Brown의 『나는 음식 때문에 산다I'm Just Here for the Food』같은 책을 읽어보라.

요리를 하려면 우선 장비부터 갖춰야 한다. 이것은 재미있는 부분이다.

훌륭한 조리 도구는 최고의 시계, 경주용 자전거, 자동차, 오디오, 컴퓨터와 마찬가지로 정밀기술의 산물이다. 특수한 분야에 속하지만 일단 발을 들여놓으면 포르쉐 판매점에 전시된 스포츠카를 볼 때처럼 군침을 흘리며 탐낼 정도로 섹시한 물건이다.

모든 다른 물건과 마찬가지로 예산이 허용하는 한도에서 최고 품질의 조리 도구를 마련하라. 그러면 구입한 가격을 잊어버린 후에도 오래도록 보상을 받게 될 것이다.

양면을 쓸 수 있는 크고 무거운 도마를 사라. 클수록 좋다. 도마를 관리하는 방법을 검색해보고 잘 관리하라. 절대로 나무 도마를 식기세척기에 넣지 마라. 마늘과 양파를 다룰 때는 항상 같은 면을 사용하라.

요리는 우리의 삶에서 능동적으로 칼을 가지고 놀아도 좋은 유일한 일이다. 썰기용 칼을 사고 칼 다루는 기술을 익혀라. 맛있는 음식을 만드는 데는 속도와 정확성이 생명이기 때문에 칼 다루는 기술이 중요하다. 손가락 사이로 칼날을 번득이면서 파슬리 뭉치를…… 셰프의 초고속 썰기를 따라 다진 파슬리 만들기를 하려면 도마에 맞게 날이 굽은 칼이어야 한다. 고기류를 썰고 저미기 위한 칼도 준비하라. 과도와 껍질 벗기는 칼도 필요할 것이다. 그 밖에도 마음에 드는 칼을 모두 마련하라. 좋은 칼은 대부분 필요한 것이 모두 구비된 나무 칼집이나 주방 벽에 부착하여 셰프 같은 멋을 부릴 수 있는 자석 띠와 함께 판매된다.

나는 20년 전쯤에 요리를 시작했을 때 멋진 형태의 '글로벌Global' 칼 세트를 구입했다. 단일 몸체로 제작되고 강철 손잡이가 있는 칼이었다. '글로벌'의 웹사이트에는 사무라이 검에 관한 그럴듯한 이야기가 있다. 당신이 감자를 써는 무기 속에 천년을 이어온 일본의 칼 제조 기술이 녹아 있다는 것이다.

냄비와 팬도 마찬가지다. 무거울수록 좋다. 무겁다는 것은 바닥의 금속이 두꺼워서 열을 고르게 분배함을 의미한다. 요리에서 열의 특성과 역학을 이해하는 일은 매우 중요하다. 불은 열의 세기를 빠르게 조절할 수 있는 가스불을 사용하는 것이 더 좋다. 이유가 있어서 하는 말이다.

나는 프랑스 제품인 르크루제Le Creuset 냄비와 팬을 선택했다('바보 같다'고 말해도 좋다). 지갑에 다소 부담이 되지만 가정 요리에 사용하는 훌륭한 무기가 될 수 있을 정도로 매우 두툼하다. 이 제품 역시 단일 몸체로 제작되었으며, 초보 요리사를 위한 아이스크림 가게라도 되듯이 파랑, 분홍, 초록, 노랑, 빨강, 크림색 등 다양한 색깔이 있다.

말하기가 매우 부끄럽지만 가난한 작가 신세에서 겨우 벗어난 시절에 크림색 르크루제 풀 세트와 역시 분홍으로 색깔을 맞춘, 명성 높은 미국제 '키친에이드KitchenAid'의 토스터, 주전자, 에스프레소 머신, 케이크 믹서를 갖고 있었음을 고백해야겠다.

영국의 음식 전문 작가 팀 헤이우드Tim Haywood는 '당신의 소유물 중에서 주방용 칼에 비길 만한 것은 아무것도 없다. 무기급 금속으로 만들어진 길이 20센티미터의 날카로운 칼이 주방 탁자 위에 놓여 있다고 생각해보라. 장전된 권총과 마찬가지로 아수라장을 부를 잠재력이 있는 물건이지만 주 용도는 가족을 위한 음식을 만들면서 그들에 대한 사랑을 표현하는 것이다'라고 말한다.

2010년 「마스터셰프 오스트레일리아MasterChef Australia」(오스트레일리아의 TV 요리 게임 프로그램 - 옮긴이)에서 우승한 애덤 리우Adam Liaw는 1,500달러짜리 일본제 야나기바 칼을 가지고 있지만 균형감과 손에 쥔 느낌 때문에 400달러짜리 칼을 제일 좋아했다.

〈시드니 모닝 헤럴드〉의 음식비평가와 「미식가 농부Gourmet Farmer」라는 TV 프로그램의 진행자였고 지금은 타스마니아에 있는 '팻 피그 팜Fat Pig Farm'의 소유주인 매튜 에반스Matthew Evans는 오래된 톱을 재료로 제작되고 사슴뿔 손잡이가 달린 칼을 애지중지한다. 그는 '이 칼의 제조자는 칼이 주조된 후에라야 누가 주인이 될지를 결정한다. 이 모든 것은 예술 작품이다. 칼을 쥐고 있으면 강철을 두드린 대장장이의 에너지를 느낄 수 있다'[4]고 말한다.

맛있는 보상

마음에 드는 레시피 몇 가지를 찾아서 배워보라. 제이미 올리버나 커티스 스톤Curtis Stone(오스트레일리아의 셰프 겸 방송인 - 옮긴이)의 레시피를 시도해보라. 나는 음식 관련 잡지의 편집자이며 매우 똑똑하고, 열정적이고, 빈틈없고, 의욕이 넘치는 비즈니스우먼인 도나 헤이Donna Hay와 같이 일할 기회가 있었다. 그녀는 탁월한 마케팅 전문가이며 독보적인 음식 스타일리스트이자 요리사다. 그녀의 레시피는 시간과 돈을 절약하는 데 큰 도움이 된다. 우리는 브랜드의 핵심 요소로서 '단순화한 특별함'에 관해 얘기하곤 했다.

당신은 요리를 연습하면서 팬에 기름을 얼마나 둘러야 하는지, 팬이 얼마나 뜨거워야 하는지, 자신이 어떤 식으로 썬 양파를 좋아하는지, 팬에서 재빨리 볶은 양파·마늘·야채와 허브를 기초로 만들 수 있는 맛있는 음식이 얼마나 많은지, 어떻게 스테이크가 적절하게 구워진 것과 파스타가 잘 삶아진 것을 느낌으로 알 수 있는지, 밥을 어떻게 쪄야 하는지를 배우게 된다. 이 모두가 기본적으로 필요한 사항이다.

테이블스푼 한 스푼이 어느 정도인지 눈대중으로 알게 되고, 재료에 따라 어떤 양념이 어울리고 얼마나 넣어야 하는지 알 정도로 주방에서 시간을 보냈다면 2단계로 들어선 것이다. 당신은 요리를 하면서 끊임없이 맛을 보고, 완벽한 균형을 위해 필요한 것이 무엇인지를 말해주는 미각에 따라 필요한 조정을 한다. 자신의 기호에 맞춰 레시피를 업그레이드하거나 단순화할 수도 있다. 스키를 제대로 타게 되었거나 어려운 기타 코드를 마스터했음을 깨달을 때처럼 마법과도 같은 순간이다.

훌륭한 요리는 복잡한 기술의 문제가 아니라 최상의 상태로 접시에 오르도록 좋은 재료를 존중과 단순함으로 다루는 일이다. 싱싱한 생선에는 기름, 레몬주스, 소금 외에 아무것도 필요 없다. 양고기에는 로즈메리가 어울린다. 초콜릿은 칠리와, 오리고기는 오렌지와 궁합이 맞는다.

여성에게 주말 오전에 당신이 하려는 저녁 요리 이야기를 듣는 것보다 더 만족스러운 — 매력적이라고까지 말하고 싶다 — 일은 거의 없다. 그녀와 함께 여유롭게 걷거나 차를 타고 시장에 가서 흙이 묻은 채로 농장에서 바로 도착한 가장 신선한 재료를 구입하라. 좋은 환경에서 길러진 재료를 찾도록 노력하라. 점심을 먹고 디저트와 와인도 한 잔 마셔라. 그리고 샤워를 한 뒤 주방에서 만나 요리를 하면서 대화하라. 그 어느 때보다 멋진 데이트가 될 거라고 장담한다.

남자들 대부분이 그렇듯 나는 불에 대하여 어린아이 같은 매혹을 느낀다. 한번은 식당에서 장작불을 비효율적으로 다루고 있는 종업원을 밀치고 나선 적도 있었다. 장작불을 들쑤셔서 제대로 활활 타오르게 하고 싶은 유혹을 참을 수 없었다.

불을 다루는 조리 기구인 케틀 바비큐는 남자의 요리 마술을 위한 화살통에서 훌륭한 부가 장치가 될 수 있다. 내 파트너는 몇 년 전에 크리스마스 선물로 두 번째 케틀 바비큐를 사주면서 '계속 주는 선물'이라고 농담했다.

케틀 바비큐는 열을 간접적으로 사용한다. 음식 바로 밑이 아니라 양 측면에 숯이 쌓여 있다는 뜻이다. 뚜껑을 덮으면 바비큐 안의 공기가 주방의 오븐만큼이나 뜨거워진다. 바비큐 음식의 독특하고 훌륭한 맛은 고기가 익을 때 나오는 육즙이 숯불에 튀면서 생기는 연기와 증기가 음식을 맛있고 촉촉하게 해주는 데서 온다.

요리 도중에 맛 좋은 냄새가 퍼져나가는 것은 바비큐의 또 다른 장점이다. 음식을 나를 준비가 되었을 때쯤이면 손님들의 머릿속에 당신이 요리한 로즈메리 양고기나 레몬갈릭치킨 생각밖에 없을 것이다.

요리 전문가 수준이 되었을 때 지평을 더 넓히기를 진정으로 원한다면 훈연기를 고려해보라. 훈제 요리를 하려면 며칠 동안 준비해야 할 수도 있고, 요리하는 날에 불을 붙이기 위해 새벽 3시에 일어나야 하지만, 이러한 노고는 열두 시간이 걸린 훈제 돼지고기 요리에 대한 찬양으로 보상받을 것이다.

세계 각지에서 온 이민자의 영향을 받은 음식 문화와 바다·육지에서 나는 신선한 식재료는 오스트레일리아의 자랑거리로서 세계인의 부러움을 사고 있다.

하지만 늘 그러했던 것은 아니다. 1883년에 오스트레일리아 지리학회를 창립한 에드먼드 마린 라 메슬레Edmond Marin la Meslée는 '훌륭한 식사를 위해 필요한 모든 것을 오스트레일리아보다 더 많이, 값싸게 제공하는 나라는 어디에도 없다. 그러나 끔찍하다고 할 정도는 아니지만, 오스트레일리아처럼 음식이 소박한 나라도 없다'라며 불만스러움을 명백하게 밝혔다.

뭐랄까, 초기의 탐험가들은 관찰력이 날카롭지 못했다. 오스트레일리아에 도착해서 원주민을 만나본 영국 선원 윌리엄 댐피어William Dampier는 '이 땅에서는 그들을 위한 먹거리가 전혀 나지 않는다. 우리가 보기에는 허브, 뿌리, 콩도 없고 다른 어떤 곡물도 없다'[5]라며 사실과 매우 다르게 말했다.

제2차 세계대전이 끝나자 공장에서는 폭탄 대신 냉장고가 생산되기 시작했다.[6] 1955년에는 도시 가정의 약 73퍼센트가 냉장고를 소유하게 되었다. 1950년대와 1960년대에 배편으로 유럽 여행을 간 오스트레일리아인들은 처음으로 현대적이고 세련된 요리를 맛보았다.

TV에서는 가공식품 브랜드, 스낵, 패스트푸드를 광고했다. 호박, 고추, 가지, 올리브, 안초비, 아티초크, 마늘, 칠리와 함께 도착한 그리스인과 이탈리아인들은 처음에 약국 선반에서나 올리브유를 찾을 수 있었다. 그들은 서서히, 그리고 끈기 있게 고기와 삶은 야채 세 가지보다 더 낫게 먹는 방법이 있다고 소박한 음식에 만족하던 오스트레일리아인들을 설득하기 시작했다. 여러 세대에 걸쳐 아이들이 야채를 싫어한 것은 놀랄 일이 아니다.

1960년대와 1970년대에는 맥도날드, 피자헛, KFC가 도착했다.

한 세대가 지나면서 서서히, 일부만 열거하더라도, 태국·중국·일본·말레이시아·베트남·인도·프랑스·그리스·이탈리아·아프리카·레바논·지중해·중동·포르투갈 음식의 특성이 융합된 '현대식 오스트레일리아 요리'가 등장하기 시작했다. 우리의 젊고, 스마트하고, 다문화적인 요리는 우리의 멋지고, 다양하고, 독특한 사회와 완벽하게 어울린다.

다행스럽게도 오늘날 사람들은 더 나은 건강·맛·환경보호를 위한, 지속 가능한 유기농 식재료의 가치를 이해한다. 교외에는 맥주, 과일주, 위스키를 만드는 턱수염 기른 남자들이 가득하다. 어디서든 파머스 마켓과 커뮤니티 가든에서 직접 만든 치즈와 빵, 절인 고기와 유기농 야채를 찾을 수 있다. 사람들은 가공식품과 공장식 영농에 대한 반감으로 다시 발코니와 뒷마당에서 자신의 식재료를 재배하기 시작했다. 우리는 직접 허브와 신선한 토마토를 따는 즐거움을 이해한다. 벌집에서는 벌이 붕붕거리고 닭장에서는 닭이 꼬꼬댁거린다.

아직 육식을 하는 사람들은 우리의 성찬을 위해 희생된 동물이, 피할 수 없는 불행의 순간이 닥칠 때까지 햇빛과 신선한 공기가 있는 넓은 공간에서 뛰어다니며 가능한 한 좋은 환경에서 길러졌기를 바란다.

이제 요리를 해볼 시간이다.

요리를 하면 더 좋은 남자가 된다

열성보다는 현명함이 더 낫기 때문에 훌륭한 요리사들은 시간과 노력을 최대한 활용한다.

여기에 내가 즐겨 만드는 요리의 레시피를 소개한다. 제이미 올리버의 원래 레시피를 내 방식으로 변형한 것이다. 놀라운 외관과 훌륭한 맛을 선사하는 이 요리를 해내는 데는 기본적인 주방 스킬만 있으면 충분하다.

사람들이 내가 만들었다는 말을 믿지 않으려 할 만큼 훌륭한 요리다.

캐러멜 타마린드 소스를 곁들인 바삭한 껍질의 연어

재료

식물성 기름, 신선한 생강 한 뿌리, 간장이나 타마리(일본식 간장), 타마린드 페이스트, 흑설탕, 오이, 샐러드용 야채, 베트남산 박하, 올리

브유, 연어 한 토막(1인당), 라임(껍질 있는 채로)

요리법

소스

우선 소스를 만들어야 한다. 팬에 기름을 두르고 가열한다. 잔물결이 이는 것처럼 보이면 뜨거워진 것이다. 엄지손가락만 한 생강 한 뿌리를 껍질을 벗기고 갈아서 뜨거운 기름에 볶는다.

생강이 황금색으로 변하고 냄새가 나기 시작할 때 반 컵 정도의 간장을 부으면 팬에서 지글거리며 끓어오를 것이다(바닥에 눌어붙은 것까지 모두 긁어내라). 그리고 타마린드 페이스트와 생선 소스를 한 테이블스푼씩 넣는다. 뜨거운 액체에 흑설탕 반 컵을 넣고 약한 불에 끓인다. 이제 맛을 보라. 너무 단가? 짠가? 신가? 원하는 맛이 날 때까지 설탕이나 타마린드 또는 간장을 넣어서 균형을 맞춘다. 불과 다섯 가지 재료가 만들어내는 맛의 미묘함은 믿기 힘들 정도일 것이다.

소스는 끓으면서 점점 걸쭉해진다. 시판되는 바비큐 소스와 비슷해졌을 때 불을 끈다.

샐러드

소스가 완성되면 샐러드를 준비한다. 오이를 보기 좋도록 얇게 썬다. 좋은 칼과 써는 솜씨가 필요한 것은 이때다. 야채와 박하 잎을 찢어 식탁에 올릴 준비를 한다.

연어

연어 토막을 올리브유, 소금, 후추로 문지른다. 직접 손으로 하라. 눌어붙지 않는 팬을 무시무시할 정도로 뜨겁게 가열한다. 껍질이 있는 쪽을 아래쪽으로 연어를 팬에 올리고 젓가락으로 조금씩 움직여 준다. 1~2분 후에는 생선살의 밝은 분홍색 줄이 올라오는 것이 보일 것이다. 3분의 1쯤 올라왔을 때 연어를 뒤집어 반대쪽을 굽는다. 팬에서 꺼낸 연어는 그대로 5분 동안 놓아둔다. 포크로 찔러보면 입에서 녹을 것 같은 분홍색 생선살 조각을 떼어낼 수 있을 것이다.

접시에 담기

샐러드를 접시에 담는다. 바닥에 오이 조각을 깔고 야채를 올린다. 조심스러움과 섬세함이 필요하다. 접시 한쪽에 연어를 올리고 티스푼으로 진하고 자극적인 소스를 뿌린다. 그러고는 라임을 짜서 소스 위에 뿌린다.

음식은 이래야 한다. 단순하고, 건강하고, 맛있고, 신선하고, 만들기 쉽고. 친구와 가족들을 뿅가게 만들 거라고 확신한다.

요리를 할 수 있으면 타인을 보살피고 사랑하는 인간적 기쁨을 직접 경험할 수 있다. 요리에는 공감과 창조성이 필요하다. 사랑하는 사람들과 함께 주방에서 즐거움을 찾을 때 가정폭력은 멀리멀리 사라질 것이다. 요리는 맨박스에 있는 강인함, 극기심, 통제 지향성과 공격성 같은 것들의 해독제다. 당신이 리조토를 만들어주는 여인을 성적 대상에 불과한 존재로 보기는 어렵다. 파트너가 섹시하다고 생각하고, 로맨틱한 관계와 섹스를 함께하길 원하는 것과는 전혀 다른 문제다. 적극적으로 권장할 만한 생각이다. 음식은 언제나 우리의 성생활에서 중심되는 역할을 한다.

가공식품을 덜 섭취하면 더 건강해질 것이다. 자신의 입맛에 맞춰 요리하므로 항상 최고의 음식을 먹을 수 있다. 집으로 음식을 배달 시키거나 식당에 가서 쓰는 돈도 절약할 수 있다. 친구와 사랑하는 사람들에게 즐거움과 영양분이라는 선물을 주게 된다. 요리를 사랑하지 않을 이유가 있겠는가?

신사 여러분, 요리를 하면 더 나은 삶을 살아가는 더 좋은 남자가 됩니다.

당신이 요리를 시작할 시간은…… 지금이다!

제9장

슈퍼맨이 되려는 꿈

강자라서 못돼먹은 것일까?

'큰 권력에는 큰 책임이 따른다.'

프랑스의 철학자 볼테르의 말이다. 2002년에 개봉한 영화 「스파이더맨」에서 주인공 피터 파커의 삼촌인 벤도 이런 말을 했다. 윈스턴 처칠, 멜버른 경(19세기 영국의 정치인 - 옮긴이), 테디와 프랭클린 D. 루스벨트(각각 미국의 제26대 · 제32대 대통령 - 옮긴이)도 같은 말을 했다고 한다. 이는 프랑스어로 노블레스 오블리주, 즉 타인에 대하여 명예롭고 관대하게 행동해야 한다는, 고귀한 신분으로 태어난 사람들의 불문율로 여겨지는 의무를 말한다.

다행스럽게 오늘날의 오스트레일리아에 사는 이들 중에는 고귀한 신분으로 태어난 사람이 거의 없으므로 보다 적절한 표현은 '나쁜 남자가 되지 마라'일 것이다.

남성은 놀랍고, 아름답고, 강한 신체의 축복을 받았다. 최선을 다할 때 폭발적인 힘과 놀라운 체력을 보여줄 수 있다. 우리의 신체는 점심거리를 쫓아 초원을 달리고, 물이 얼마나 멀리 있는지 보려고 나무에 올라가고, 불운한 여덟째를 덮친 바위를 들어올리도록 만들어졌다. (그 딸아이는 전처럼 동굴 그림을 잘 그리지는 못하겠지만, 덤불에서 딸기를 따는 일 정도는 할 수 있을 것이다. 다행한 일이다.)

남성이 여성보다 더 빨리 먼 거리를 달리고, 더 무거운 것을 들어올리고, 더 높은 곳에서 뛰어내리고, 더 무거운 것을 던질 수 있다는 데는 의심의 여지가 없다. 우리는 유전자 추첨에서 승리했으며, 자연은 우리에게 지구의 먹이사슬 꼭대기(우리 종 안에서도)를 차지할 힘을 선물했다.

그러나 가장 강하다면, 또한 가장 부드러워야 한다. 때리고 멍들게 하고 부수고 죽일 수 있다면, 또한 관대해야 한다.

여기, 또 하나의 경구가 있다. 절대 권력은 절대적으로 부패한다. 모든 가정폭력 행위에서 남성이 원하지 않는 여성에게 손을 댈 때마다, 여성이 움츠릴 때마다 남자들은 자신의 힘을 (그저 할 수 있으니까) 남용하는 것이다.

미투 운동의 놀라운 폭로에 따라 줄줄이 드러난 한심한 루저들이 쓰레기수거인이나 바리스타였다면, 그렇게 많은 젊은 여성에게 자신의 자위하는 모습을 보라고 뻔뻔스럽게 요구하지는 않았을 것이다. 보통 사람이 기차간에 있는 사람들이나 점심식사 자리의 동료들 앞에서 그런 짓을 한다면 피해자들은 즉시 경찰을 부를 것이다. 여성의 의사에 반하여 거시기를 꺼내는 짓은 감옥에 가기 딱 좋은 행동이다.

그러나 피해자가 불평을 말하지 못하거나, 심지어 기꺼이 복종할 정도로 자신의 권력이 압도적이라고 느낄 때 남자들은 내면에 있는 돼지를 풀어놓는다.

우리 모두에게 그런 충동이 있을까? 이 질문에 답하려면 더 두껍고 똑똑한 책이 필요할 것 같다.

만약 대부분의 시간을 내의 속에서 보내는 부분을 제외하고 남성과 여성의 체력이 대등하다면 지금과 다른 세상이 될 것임은 자명하다. 여성에게 남성과 같은 행동을 할 능력이 있다면 남자들이 배우자의 얼굴을 망치로 때리는 일(2017년 뉴사우스웨일스 주에서 일어난 혐오스러운 사건처럼)이 더 어려워질 것이다.

남자나 여자가 세계 최강자 경기에서 우승할 가능성이 대등하다고 상상해보라. 가정폭력의 양상이 달라질 것이다. 조금 더 자세히 생각해보자. 결함을 가진 인간으로서 우리에게는 때리고, 강간하고, 더듬고, 학대하고, 기회만 있으면 거의 모든 사람과 전쟁을 시작하려는 성향이 있는 것 같다. 그러한 사회는 사람을 성별이 아니라 강자와 약자로 구분할 것이다.

물론 평균적인 남자를 두들겨 팰 수 있는 크고 강한 여자도 있다. 체구가 작고 연약한 남자도 있다. MRA들은 여교사가 남학생을 학대한 모든 사건과 '10대 소년과 교사의 성관계'라는 헤드라인에 집착한다. '교사 성관계teacher sex romp'를 검색해보면 여교사와 10대 소년의 섹스에 관하여 수많은 충격적인 이야기를 찾을 수 있다. 남자가 열네 살 소녀와 섹스를 했다면 '강간'이라는 용어가 사용되었을 것이라는 그들의 말은 옳다.

그러나 평균적으로 보면 남성이 신체적으로 여성을 압도한다. 남성에 대한 여성의 강간이나 성폭력 같은 예외를 두고 논쟁을 벌이기는 어렵지 않으나 전반적인 통계는 바뀌지 않는다.

대단히 미심쩍은 영화 「안투라지」(이 TV 시리즈를 좋아하는 나는 약한 남자다)의 한 장면에서 터틀은 실제로 남자들의 엉덩이를 걷어찰 수 있는 종합격투기 파이터 론다 로우지에게 결투를 신청한다. 링에서 30초 동안 버틸 수 있으면 그녀와 데이트를 하는 조건이다. 60초를 버티면? '나를 딩ding할 수 있다.' 나는 이 장면에서 '딩'이 '픽fuck'이라는 말을 가리는 종소리였다고 확신한다. 물론 로우지는 터틀을 때려눕혔다.

크고 강한 여자와 남자는 자신보다 약한 남자와 여자를 먹이로 삼게 될 것이다. 강자는 권력과 돈, 그리고 이사회·정부·재계의 상층부에서 과도한 발언권을 갖게 된다. 지금의 백인들처럼. 약자는 돈을 적게 벌고, 사회적 지위도 낮아지며, 자주 성적 대상물 – '나는 약골이 좋아. 귀여운 것들.' – 이 되어 성폭행을 당하게 될 것이다. 약자가 강한 파트너에게 맞아 죽는 일도 흔할 것이다. 오늘날의 여자들처럼.

따라서 어느 쪽이든 엉망진창이기는 마찬가지다. 힘이 있으면 남용할 수밖에 없기 때문이다. 우리는 정말로 못돼먹은 종족이다.

염색체의 차이에 따른 미묘한 차이점 외에는 남성과 여성의 신체가 거의 같다는 것은 사실이다. 우리는 종의 지속을 보장하려는 단순한 이유에서 그러한 차이를 사랑하도록 되어 있다. 우리가 갑자기 상대방의 빛나는 머리카락, 넓은 어깨, 부드러운 피부, 강인한 턱, 따뜻한 유방, 넓은 가슴, 축축하고 따뜻한 틈새와 곡선, 튼튼한 근육과 골격에 대한 흥미를 잃어버린다면 인류는 한 세기 안에 사라지고 말

것이다.

환경적 요인(양육)에 따르지 않고 임신된 순간부터 DNA에 기인하는 것으로 볼 수 있는 차이점은 많지만 대부분 중요하지 않다. 그중 몇 가지를 살펴본다.

- 평균적인 남성은 평균적인 여성보다 키가 크고 몸무게가 많이 나간다.
- 남성은 여성보다 가슴과 팔다리에 털이 많다.
- 여성은 소리에 더 민감하다.
- 여성의 사춘기는 남성보다 2년 정도 일찍 시작된다.
- 남성은 심장과 폐가 더 크고 테스토스테론 때문에 적혈구가 더 많다.
- 산소를 흡입하고 에너지와 운동으로 변환하는 능력의 차이 때문에, 50퍼센트의 힘으로 달리는 남성과 같이 달리려는 여성은 70퍼센트의 힘을 내야 한다.
- 여성의 생식능력은 35세 이후에 줄어들지만, 남성은 거의 평생 동안 자식을 얻을 수 있다. 짝짓기에 대한 남성의 원초적 욕구는 마지막 숨을 내쉴 때라야 사라진다.
- 남성과 여성은 호르몬의 양이 다르다. 남성은 테스토스테론 같은 남성호르몬이 많고 여성은 에스트로겐이 많다.
- 남자들 대부분이 잘 아는 대로, 남성은 뇌세포가 4퍼센트 더 많고 뇌의 무게도 100그램이나 무겁다. 여자들이 잘 아는 대로, 이런 차이와 지능은 상관없다. 남성과 여성의 뇌 모두 몸무게와 같은 비율이다.

• 남성은 보통 원거리 시력과 깊이지각이 여성보다 낮고, 밝은 환경에서의 시력도 더 낮다. 여성은 야간시력이 더 낮고, 빛스펙트럼의 적색 말단부를 더 잘 보며, 시각기억도 남성보다 낫다.

남성호르몬의 감소

남성의 신체에 관한 기묘한 뉴스 중에는 태어나기 전 자궁 속 태아에게도 가끔 발기가 일어난다는 이야기가 있다.[1] 과학자들은 주기적인 움직임이 자라나는 페니스 조직에 산소를 공급하는 데 도움이 된다고 말한다. 그런 이유이든지, 아니면 세포 덩어리에 불과한 아기의 작은 뇌가 벌써 욕망으로 떨고 있는 것일 수도 있다. 아기의 발기는 미래의 성생활에 대한, 형체가 없고 쉬지도 않는 갈망 때문일지도 모른다.

페니스의 자랑스러운 소유자로서 나는 후자를 믿는다. 성적 취향이 전적으로 뇌의 문제이고 페니스는 단지 자극에 반응할 뿐임을 알지만, 그 놀라운 효과는 마치 '그 녀석'에게 실제로 독자적인 마음이 있는 것처럼 느껴진다.

10대와 20대 초반에 그 녀석은 최악의 순간에 최소의 자극에도 벌떡 일어서곤 한다. 12학년의 교내 토론대회에서 중요한 발언을 하는 중에 잠시 즐거운 생각 — 아침에 스쿨버스에서 슬쩍 훔쳐본 레이스 달린 브래지어 같은 — 을 떠올리기만 해도 모직 반바지 속의 그 녀석이 다이아몬드처럼 단단하게 발기하는 경험을 하곤 한다. 나는 잘 몰랐지만…….

마침내 손을 잡고 키스하고 비단결 같은 따뜻함을 느낄 수 있는 현실 세계의 여성과 마주치게 되면 그 녀석은 즉시 신경발작을 일으키고 토한 후에 다시 잠이 든다.

이는 그 녀석이 몇 년 동안 샴푸와 환타 광고, 거리, 상점, 영화, 사진에서 본 여자들의 모습과 상상 속의 거대한 하렘에 있는 화끈하고 협조적인 여자들을 생각하면서 바지 밖으로 튀어나오려는 시도를 계속한 후의 일이다.

그 녀석은 짜증이 날 정도로 예측할 수 없고 신뢰할 수 없다. 그렇지만 우리는 그 지겨운 녀석과 평생을 함께해야 한다.

나는 파트너인 제이드에게 페니스를 책임지려는 노력이 어떤 것인지를 설명하려고 머릿속에서 무언중에 진행되는 대화를 들려주었다.

예를 들어 그녀는 차 안에서 자주 운전 중인 내 허벅지에 손을 올려놓는다. 멋지고, 사랑스럽고, 달콤한 손길이다. 손을 이용한 섹스를 제안하는 것은 아니다. 하지만 바지 속의 그 녀석은 엿들으려 기를 쓰면서 일어선다.

그 녀석 : 그녀가 왜 거기에 손을 대지? 우리에게 뭔가 해주려나?

나 : 물론 아니지, 멍청아. 지금 운전 중이야.

그 녀석 : 하지만 멋질 텐데…… 그냥 한번 말해봐. 좋은 여자니까 들어줄지도 모르지.

나 : 집어치워, 멍청이 꼬마 놈아! 이제 바로 앉아야겠어.

그 녀석 : 꺼내줘! 꺼내달라고!

나 : 안 돼! 네놈 꺼져버리도록 폴린 핸슨Pauline Hanson(오스트레일리아의 보수 우익 여성 정치인 - 옮긴이) 생각이나 해야겠다.

그 녀석 : 알았어…… 음, 혹시 오늘밤에 그녀가 우리에게 뭔가 화끈

한 걸 해주지 않을까?

나 : 글쎄, 어쩌면…….

이번 주에 제이드는 주방에서 내 엉덩이를 토닥이면서 그날 밤을 기대하는 달콤하고 화끈한 이야기를 했다. (여성들이여, 명심하라. 남자들은 그런 것을 정말 좋아한다.) 나는 그러한 관심과 감정 표현이 매우 고마웠다. 그러자 아니나다를까 그 녀석이 바로 나타났다.

그 녀석 : 뭐야? 그녀가 뭐라고 했어? 내가 놓친 말이 뭐지?

나 : 아무것도 아니야, 친구. 일단 가 있어, 어쩌면 나중에 네가 필요할지도 몰라.

그 녀석 : 안 돼. 가서 그녀를 데려와. 지금 당장 하자!

나 : 어림없어, 꼬마 멍청이. 이제 꺼져서 잠이나 자.

그 녀석(소리친다) : 젖가슴! 엉덩이! 섹시한 여~~~ 자~~~!

나 : 맙소사…… 죽어, 꼬마 멍청아!

대략 이런 식이다.

남자들은 테스토스테론이 넘치지 않는가? 우리의 혈관에는 남성 호르몬이 슈퍼히어로의 주스나 뽀빠이의 시금치처럼 흘러넘친다.

음, 사실은, 그렇지 않다. 40세가 되지 않은 건강한 남자의 혈액 100그램에는 평균적으로 350~1,000나노그램의 테스토스테론이 있다. 참으로 보잘것없게 생각되는 양이다. 당신의 몸에 있는 테스토스테론 전부를 작은 유리잔에 따른다 해도 겨우 바닥을 부옇게 만드는 정도일 것이다.

고작 그 정도밖에 안 되는데, 점점 줄어들고 있다는 사실을 알면 심란해질 것이다. 오늘날의 남자들은 한 세대 전 같은 연령의 남자들보다 테스토스테론이 적다. 그 이유는 아무도 모른다. 다양한 사회적·환경적·행동적 요인을 추측할 뿐이다.

2007년 〈임상내분비대사학회지〉에 발표된 연구에 따르면 테스토스테론의 양이 매년 약 1퍼센트씩 줄어들고 있다고 한다.[2] 따라서 2004년에 60세가 된 남성은 1987년에 같은 나이가 된 남성보다 테스토스테론이 17퍼센트 적다.

다른 국제적 연구도 이러한 사실을 확인시켜준다. 그리고 테스토스테론이 감소하면서 남성의 근육과 골격도 약화되는 것으로 보인다. 우리의 악력은 1985년 이래로 약 15퍼센트 감소했다.

여기에는 비만도, 환경 독소, 생활 방식까지를 포함하는 다양한 요인이 있다. 이제 맨손으로 도랑을 파지 않는 우리는 과거처럼 강한 종이 될 필요가 없어졌다. 테스토스테론의 감소는 '주저앉아서 아무것도 하지 않는다면, 당신의 몸을 삶은 시금치처럼 시들게 해주겠다'와 같은 자연의 메시지일까?

에어컨, 운동 부족, 심지어 꽉 끼는 내의까지 테스토스테론 감소의 요인이 될 수 있다. 우리의 몸은 유튜브와 우버이츠를 통한 급격한 사회화를 어떻게든 따라가기 위해 진화하고 있다.

남자를 좌절시키는 그녀의 말

남성의 발은 여성보다 길고 폭이 넓지만, 남자의 신발 크기와 페니스 길이 간에는 상관관계가 없다. 신발 크기와 페니스의 관계는 발이 큰 남자들이 만들어냈음이 분명한, 끈질기게 이어온 도시 괴담일

뿐이다.

오스트레일리아 남성의 발기한 페니스 길이는, 그런 웹사이트가 있다는 사실을 기쁘게 밝힐 수 있는 'www.aussiepenis.com'에 따르면 평균적으로 15.71센티미터다.[3] 〈영국국제비뇨기학저널〉이 1만 5,521명을 대상으로 연구한 결과인 13.12센티미터의 평균치보다 상당히 길다. 좀 더 이해하기 쉽게 말하자면, 학교에서 주로 사용되는 자의 길이는 30센티미터다. 평균적인 오스트레일리아 남성의 페니스는 그 절반쯤에 해당한다.

포르노 배우의 16센티미터가 넘는 괴물 같은 페니스는 95퍼센트보다 위쪽에 위치한다. 100명 중 다섯 명만 그런 페니스를 갖고 있다는 뜻이다. 또한 100명 중 다섯 명만 발기한 길이가 10센티미터보다 짧은 페니스를 갖고 있다.

'왜소음경'은 발기한 상태에서 길이가 6센티미터에 불과하며, 나 또한 그런 페니스의 소유자가 되고 싶지는 않다. 힘든 삶이 될 것이다. 주류문화와 소셜 미디어가 여성들에게 특정한 방식으로 보고 행동하도록 압박하는 상황에서 당신이 키가 크고 잘생기고 성공한 남자이지만, 양송이 위의 건포도 같은 페니스를 가졌다고 상상해보라.

맨박스는 남자의 페니스가 크고, 단단하고, 항상 준비 상태일 것을 요구한다. 당신이 그러한 요구에 자극을 받는다면(그렇지 않기는 매우 어렵다) 작은 페니스 때문에 스스로 열등한 남자라고 느낄 것이 분명하다.

나는 동료이자 친한 친구로부터 왜소음경을 가진 남자를 만난 이야기를 들은 적이 있다. 젊고 아름다우며 자신의 표현대로 '자신의 성생활을 주도하는' 여성답게 그녀는 때때로 우연히 만난 마음에 드는 용모를 가진 남자와의 섹스를 즐겼다. 미디어 행사가 끝난 뒤에 그녀는 멜버른 호텔의 바에서 그런 남자를 보았다. '짧은 코트를 입은 너무 잘생긴 남자가 혼자 앉아 있었다.'

그녀는 몇 시간 후에 위층에 있는 객실에서 그 미스터 핸섬의 물건을 보고 상당히 실망했다. 그녀는 새끼손가락 끝을 움직이며 그의 물건을 묘사했다. 그 만남을 전혀 즐기지 못했으며 굴욕감을 느꼈다고 했다. 그녀가 여성 동료나 친구들에게 이 이야기를 할 때마다 그들은 입을 막고 킬킬대면서 "오! 맙소사, 완전 실망이었겠다"라고 말했다. 한 번도 빼놓지 않고.

왜소음경을 소유하고 그런 말을 듣는 남자의 처지를 상상해보라. 여성이 침실에서 원하는 것이 무엇인지, 또한 그것이 당신은 아니라는 사실이 분명해질 것이다.

JF라는 필명의 남자는 '나는 왜소음경을 부끄러워하는 일에 지쳤다'라는 제목의 가슴 아픈 글을 썼다. 우리는 그를 위해 눈물을 흘려도 좋을 것이다. 그는 '보통 남자의 축 늘어진 페니스가 나의 발기한 페니스보다 길다'고 말했다.

나는 여자들이 물건 크기를 가지고 남자들을 놀리는 말을 믿을 수 없을 정도로 많이 들었다. 한번은 서너 명의 직장 동료 모두가 '물건이 작은 남자에게는 여자들을 위한 경고 표지를 입혀야 한다'는 말에 동의하는 것을 엿듣기도 했다.[4]

서른다섯 살인 JF는 여성과의 성 경험이 단 한 번에 불과했다. 12년 전의 '아주 매력적인' 여대생과의 경험이었다.

내가 옷을 벗자 그녀는 내 왜소음경을 쳐다보더니, 입을 막고 킬킬대면서 깜짝 놀랐음을 암시하는 어조로 '오케이'라고 했다. (중략) 삽입했을 때도 그녀는 계속해서 물었다. '지금 안에 있어?' 그때마다 나는 죽고만 싶었다. (중략) (잠시 후에) 그녀는 느닷없이 물을 마셔야겠다면서 짜증이 난 태도로 일어났다. 그것으로 끝이었다.

그는 자신의 고국인 영국에서 본 TV 데이트 쇼에서, 여성 진행자가 여성 참가자들에게 페니스 크기가 중요한지를 묻는 장면을 보았다고 했다. 한 참가자는 "중요하지요. 전에 나를 완전 공주처럼 대하는 남자를 만났는데, 나중에 보니까 이제까지 본 페니스 중에 제일 작았어요."라고 대답했다.

왜소음경을 가진 남자로서, 그렇게 멋진 여자가 하는 말은 내 영혼을 파고들었다. 내가 완전히 무가치한 남자라고 느껴졌다. (중략) 그녀는 그저 정직하게 말했을 뿐이지만 메시지는 분명했다. 우리 같은 남자는 당신을 만족시키지 못한다.

이 불쌍한 남자는 실제로 '내 영혼을 파고들었다'라는 표현을 썼다. 맙소사. 그는 고통에 찬 탄원으로 글을 마친다.

왜소음경을 가진 남자들은 자신이 잘못 타고났음을 안다. 상기시켜 줄 필요는 없다. 내가 여성에게 끌린다면, 그녀의 팬티 속에 무엇이 있는지는 중요하지 않다. 그녀의 마음속에 무엇이 있는지에 더 관심 있다. 나는 몸에 대한 깊은 수치심 때문에 모든 사람의 견해가 맞을 것이 '틀림없다'고, 내 크기에 무언가 문제가 '있다'고 느낀다. 사람들이 그 너머를 볼 수 있기를, 나 또한 그럴 수 있기를 원한다.

물건이 작으면 남자답지 못한 남자로 평가된다. 이는 삶을 망치는 끔찍한 경험을 초래할 수 있다.

구강 섹스를 하면 더 많은 혈액을 끌어들여 페니스를 상당히 더 길고 굵게 만든다는 것은 흥미로운 사실이다.

페니스와 관련된 이야기를 하나 더 하자면, 페니스 머리 부분의 융기된 형태에는 단지 (듀렉스 콘돔 상자의 광고처럼) '그녀의 즐거움'만을 위함이 아닌, 충분한 이유가 있다. 이 역시 우리 조상들에까지 거슬러 올라간다. 우리는 여성을 임신시키는 것이, 지난번에 그녀와 섹스한 녀석이 아니라 자신의 정자가 되기를 원하도록 프로그램되었다. (조상들이 일부일처제를 선호하지 않았음은 확실하다.)

페니스의 덮개 부분은 음경과 질이 참여하는 단순한 섹스 동작을 통하여 당신이 사정하기 전에 남아 있을지도 모르는 다른 남자의 정액을 바쁘게 제거한다.

몇 시간 뒤에는 다른 녀석이 와서 당신의 정액을 퍼낸다. 제기랄!

몸이 말해주는 것들

성별에 따른 또 하나의 차이점 - 여성에게는 극도로 짜증스러운 - 은 남성이 더 서서히 늙는다는 사실이다. 남성의 콜라겐 밀도는 여성보다 느리게 감소한다. 나이를 먹으면서 피부에 주름이 생기고 처지는 현상이 덜하다는 뜻이다. 우리는 처음부터 콜라겐이 더 많은 상태로 시작한다. 여성은 폐경기가 되면 콜라겐 감소가 가속화한다.

나는 오스트레일리아의 미디어 업계에서 거의 30년을 보내는 동안 여성 동료들의 신체적 변화를 흥미롭게 지켜보았다. 젊고 매력적이었던 프리랜서 미디어 전문가 - 그녀의 존재만으로 방 안이 환해지던 - 가 세월이 흐르면서 쇠락해가는 모습은 정말로 충격적이었다. 냉혹한 진실이다.

이런 현상은 여자들을 돌아버리게 할 것임이 틀림없다. 게임의 상당 부분을 자신의 '화끈함'에 의존하던 사람에서(미투 운동 이전의 세계에서는 이런 일이 있었다) 세월의 가면을 쓴 눈에 띄지 않는 사람이 되는 것은 진정 쓰디쓴 알약과 같은 일일 것이다. 그리고 보톡스, 패션, 미용 및 성형수술 업계가 그런 사실을 모르겠는가?

때로는 남자의 가슴에서도 젖이 나온다. 뇌하수체에 문제가 있거나, 특정한 약을 복용하거나, 극도의 기아 상태인 경우에만 일어나는 일인데 그 양이 많지는 않다. 그러니 유축기를 준비할 것까지는 없다. 하지만 남성의 젖꼭지는 여성과 마찬가지로 민감하다.

여성의 유방은 남성의 관심을 끌기 위한 진화적 속임수다. 유방은 주로 젖을 만드는 일과 아무런 관련이 없는 지방으로 이루어진다. 그러나 멋지고 건강한 여성의 신체에는 아이를 낳고 젖을 먹이기에 충분한 지방이 있다. 큰 유방은 건강하고 생식력이 좋다는 자연의 표지다. 남자들이 큰 유방을 좋아하는 것은 그 때문이다.

남성의 목젖은 여성보다 크다. 성대가 더 크고 보호 연골이 더 많이 튀어나왔기 때문이다. 흥미롭게도 남성의 목소리 높낮이는 테스토스테론 보유량과 상관관계가 있으며, 이는 또한 유전적 자질과 성적 적합성의 지표가 된다. 그래서 여성은 목소리가 굵은 남성을 좋아한다. 그런 남자들이 건강하고 튼튼한 자손을 낳을 가능성이 더 높기 때문이다.

테스토스테론이 많다는 것은 강한 이마, 광대뼈, 턱선을 의미하며, 여성이 각진 얼굴의 남성에게 끌리는 이유는 그 때문이다. 여자들은 각진 얼굴의 남자들이 둥글고 보다 여성적인 얼굴의 남자들보다 우위를 차지할 가능성이 높다고 판단한다. 반대로 여성은 에스트로겐이 많을수록 얼굴이 넓고, 입술이 도톰하고, 눈썹이 높다.

남자가 튼튼하고 건강한 DNA를 가지고 있으며 훌륭한 보호자가 될 것임을 말해주는 거의 모든 지표가 섹시함과 연결된다. 넓은 어깨, 큰 손, 근육질 팔뚝 – 그는 나를 안전하게 안아서 옮길 수 있다. 얼굴의 흉터? 멋지다. 그는 싸워서 이길 수 있다. 엉덩이가 날씬하고 다리가 긴 남자는 누구보다 빠르게 달릴 수 있다.

이는 로켓 과학이 아니다. 그저 평범한 과학이다.

운동의 효과와 가치

여성이 가장 매력적으로 생각하는 남성의 체형에 관하여 세계적으로 셀 수도 없이 많은 연구 결과가 있다. 실제로 최종 결과보다는 결과가 드러내는 문화적 차이가 더 흥미롭다. 예컨대 파키스탄과 이집트 여성은 살집이 조금 있고 편안한 '아저씨 같은' 남자를 좋아하는 것 같다. 러시아 여성은 푸틴 같은 스타일을 좋아하고, 스페인 여성은 놀라울 정도로 통통한 남자를 좋아한다. 서구에서는 브래드 피트 스타일이 대세다. 「오션스 일레븐」이나 「세븐」에 나온 브래드 피트가 아니라 「파이트 클럽」의 브래드 피트다!

나로서는 기쁜 일이다! 나는 여러 해 동안 책과 영화로 「파이트 클럽」을 사랑해온 것만큼이나 「파이트 클럽」에서 보여준 브래드 피트의 몸도 좋아한다. 머릿속에 그려지지 않는다면 구글로 검색해보라.

판타지 몸매를 선택할 수 있다면 바로 그런 몸매를 선택할 것이다. 나의 뇌는 스테이크, 피노누아 와인, 그 밖에 말할 수 없는 것들……루퍼스 웨인라이트Rufus Wainwright의 크림 같은 노래 「담배와 초콜릿 우유Cigarettes and Chocolate Milk」에 나오는 것들로 가득한, 지금의 쉰세 살의 포대 자루 대신에 그런 몸이라야 마땅하다고 생각한다.

자기가 머무는 장엄하면서도 우스꽝스러운 사원을 돌보는 일은 우리에게 달려 있다. 막중한 책임이다.

잘 알다시피 운동에는 여러 가지 장점이 있고 단점은 하나도 없으므로, 우리 모두 운동을 해야 한다. 장점은 명확하다. 여성이 몸매가 좋고 강하게 보이는 남성에게 더 매력을 느낀다는 것은 입증된 사실이다. 몸 상태가 좋으면 자긍심도 높아지고 정신건강도 좋아진다. 운동은 세로토닌과 노르에피네프린 같은, 부족하면 우울증을 유발하는 신경전달물질을 증가시킨다. 아편처럼 고통을 차단하고 기분을 좋게 해주는 신경전달물질인 엔도르핀의 분비도 촉진한다. 최근 연구에서는 운동이 신경발생, 즉 새로운 신경세포의 형성을 유발한다는 사실이 밝혀졌다. 따라서 운동은 알츠하이머나 파킨슨병 같은 신경 장애를 예방할 수 있다.[5] 〈랜싯 뉴롤로지〉(신경학 분야의 세계적 월간지 - 옮긴이)는 여가를 이용한 규칙적인 운동이 노년에 치매가 발생할 위험성을 크게 줄인다고 보고했다.

운동은 서구인의 가장 중요한 사망 원인 중 하나인 고혈압과 가장 흔한 질병인 당뇨병을 치료하는 데도 도움이 된다.

그리고 - 마지막으로 - 운동은 발기 능력을 증진시킨다.

최근에 나는 운동과 신체에 관한 꽤 흥미로운 경험을 했다.

서른두 살 때 자궁절제술을 받은 이래로 호르몬 수준을 유지하는 데 어려움을 겪는 제이드는 회복 과정에서 개인 트레이너를 고용하여 운동을 계속해오고 있다. 그게 나하고 무슨 상관이냐고? 커뮤니케이션 사업을 하는 그녀는 운동할 시간에 해외 고객과 국제전화를 해야 하는 경우가 잦다. 그런 경우에는 내가 대신 간다.

한 달에 몇 번씩 트레이너와 운동하고 나머지 운동은 스스로 한 지가 1년쯤 되었다. 따라서 겨울의 금요일 새벽 6시에 여기, 내가 장난삼아 스튜디오라고 부르는 차고에 앉아 글을 쓰고 있는 나는 아마도 지금이 생애 최고의 몸 상태일 거라고 생각한다. 무술을 수련하던 7년과 성인 럭비팀에서 선수로 뛰던 시기를 포함하여.

(잠시 여담을 하려 한다. 지금 달리기용 반바지를 입고 면도도 하지 않은 채, 책상에는 맥주를 올려놓고 스피커에서 흘러나오는 「잔인한 바다The Cruel Sea」(1953년에 제작된 알프레드 히치콕 감독의 영화 – 옮긴이)를 듣고 있는 나는 누군가가 이 책을 손에 들고 읽는 모습을 그려볼 수가 없다. 섬뜩한 생각이다. 말은 그렇지만 누군가는 읽어보는 것이 좋겠다. 그러지 않으면 지금 하고 있는 일이 몇 달에 걸친 충격적인 시간 낭비가 되고 말 테니까. 그리고 개인적으로 이 문단이 편집 과정에서 살아남을지에도 관심이 있다. 솔직히 말해서 조금이라도 남을지. 어쨌든 책을 계속 써야 한다. 에드, 이 부분은 남겨주게!)

저널리스트·전 국가대표 럭비선수·칼럼니스트·작가·방송인이자 오스트레일리아 공화국운동Australian Republican Movement 의장이며 참으로 좋은 친구인 피터 피츠사이먼스Peter FitzSimons는 50대 들어서 신체 단련의 즐거움을 재발견했다. 점점 날씬해지는 피츠사이먼스가 설탕과 술을 끊는 즐거움을 설교한 지도 꽤 오래되었다.

그는 '운동을 그만두기는 쉬웠다. 어려운 것은 다시 시작하는 일이다'라는 제목으로 〈시드니 모닝 헤럴드〉에 기고한 칼럼에서 '경쟁이 심한 스포츠는 먼 옛적의 추억으로만 남을 것'으로 생각했다고 말했다.

나는 피츠사이몬스를 몇 차례 만났는데, 1980년대 말에 시드니 북쪽의 피츠 리지에 있는 그의 가족 농장에서 처음 만났다. 당시에 그는 이미 〈시드니 모닝 헤럴드〉에서 일하고 있었다. 나는 〈시드니 모닝 헤럴드〉의 풋내기 기자였던 시그리드 커크Sigrid Kirk와 데이트 겸 바비큐 파티 정도를 예상하고 따라갔다.

디지털 출판, 데이터와 전략 분야의 리더가 되었을 뿐만 아니라 환상적이고 행복하고 열린 마음을 가진 그녀와는 지금도 좋은 친구로 지낸다. 그녀를 아는 사람은 누구나 우리가 데이트를 한 적이 있다는 사실을 매우 재미있게 생각한다…….

어쨌든 피터와 그의 부모는 우리를 따뜻하게 맞이했다. 마치 「월튼네 사람들The Waltons」(1970년대에 CBS TV에서 방영된 가족 드라마 - 옮긴이) 같았다. 단지 몸집이 거대한 월튼 가족이었다. 피터의 세계적 럭비선수급 체격은 엄마 아빠에게서 물려받은 것이 분명했다.

우리가 두 번째로 만난 것은 그가 2002년에 쓴, 잡지계의 여왕 네네 킹Nene King에 대한 책과 관련된 인터뷰를 위해서였다. 나를 '좋은 친구'라고 언급한 그에게 감사한다.

자신의 칼럼에서 피츠사이몬스는 어떻게 몇 년 전부터 체육관으로 돌아가 운동에 빠져들게 되었는지를 즐거운 필치로 설명했다.

한때 강했던 체력의 상당 부분과 함께 강렬한 신체 활동에 대한 열망－실제로 나를 놀라게 한－이 여전히 남아 있었다. 그 모든 감자칩, 담배, 와인 병에도 불구하고 내 안에 있는 무언가－내 나이의 수많은 남자와 여자들의 내면에도 많이 남아 있으리라 추측되는－는 여전히 말짱했다. 놀랍게도 경쟁이 심한 운동에까지 참여할 수 있었다.

나도 그와 똑같다. 지금 나는 폭스바겐 비틀 차의 지붕을 벗겨낼 자신이 있다고 느낀다.

내 말은, 그 어떤 의미로도, 스스로 대단하다고 생각한다는 뜻이 아니다. 피츠사이몬스와 마찬가지로 단지 50대를 훌쩍 넘겼으며 심하게 남용되었던 신체가 몇 달 동안의 운동 후에 보여줄 수 있는 회복력에서 놀라움과 기쁨을 느꼈을 뿐이다.

쉽지 않은 일임은 인정한다. 지난주에는 운동이 끝난 뒤에 구석에 앉아 소리 없이 타월에 구토를 했다. 걸을 수도 없었다. 트레이너 로키에게 내가 늙었으며 심장마비를 일으킬지도 모른다고 우는소리를 했다.

그는 내 눈을 똑바로 보면서 "우리가 막으려고 노력하는 게 바로 그겁니다"라고 말했다.

로키는 우리에게 대사운동을 시킨다. 열정적 팬들 중 한 사람은 운동과 관련된 포럼에서 대사운동을 다음과 같이 설명했다.

대사운동은 수단 방법을 가리지 않고 단시간 안에 최대의 노력으로 근육을 키우고, 체중을 줄이고, 지방을 태우면서 헉헉대는 완전히 미친 운동이다. 대사를 끌어올리고, 칼로리를 맥주 캔처럼 찌그러뜨리며, 젖산역치lactate threshold(혈액 중의 젖산 농도가 급격히 증가하는 상태 - 옮

긴이)를 높이고, 근육을 키우는 능력을 북돋우고, 변화에 대한 신체적 수용력을 최대화한다.[6]

대사운동은 최대량의 에너지가 요구되는 단순한 운동이다. 다양한 관절 및 근육과 관련된 운동이기 때문이다. 대사운동은 또한 매우 높은 강도로 실시된다. 보통 3회씩 되풀이하는 세 가지 운동을 하는 데 45분이 넘게 걸린다.

운동의 종류는 매번 달라지며 항상 고통스럽다. 30킬로그램의 공을 어깨 너머로 던지기를 20회 반복하고, 도움을 받는 턱걸이를 마친 후에 20킬로그램 중량을 머리에 올리고 30미터를 걸어가는 일은 어려워 보인다. 그런데 이는 단지 한 라운드에 불과하다. 풀 세션은 27라운드까지 갈 수도 있다.

세트 사이의 휴식을 최소화하면서 가능한 한 무거운 중량을 들어올리는 것이 요점이다. 정말로 고통스럽다. 연속으로 이어지는 '구조적·복합적' 운동의 특성은 달리기를 오래할 때와 같은 심각한 산소결핍 상태에 빠뜨린다. 개인적으로 나는 이런 경험을 한 적이 없다. 한 발짝도 달리지 않았는데 마라톤 결승선으로 들어올 때처럼 헉헉대게 된다.

그러나 항상 '고통이 없으면 성취도 없다'고 믿어온 나에게 대사운동의 빠르고 인상적인 결과는 힘든 운동의 가치에 관한 믿음에 확신을 주었다.

나는 삶의 여러 시기에서 중요했던 다양한 운동의 목록 – 럭비, 영춘권, 에어로빅, 권투, 요가, 필라테스, 웨이트트레이닝, 달리기, 자전거 타기, 크로스핏(여러 종류의 운동을 섞어서 단기간에 고강도로 행하는 운동 방법 –

옮긴이) - 에 대사운동을 추가할 수 있다.

누구든지 자신에게 맞는 운동을 찾아야 하는 것은 당연하지만, 남자든 여자든 운동을 통해서 정신적·신체적 혜택을 얻을 수 있다는 데는 논쟁의 여지가 없다.

은퇴한 농부이며 일흔여덟 살인 우리 아버지는 아직도 뉴질랜드에서 스키장으로 가는 관광버스를 운전하고 있으며, 여든 살부터는 해마다 면허를 갱신해야 한다는 것을 못마땅해한다. 아버지는 매일 40킬로미터씩 자전거를 타고, 직장까지 3킬로미터를 걸어서 출근하며, 자신의 몸 상태가 '황소처럼 튼튼하다'고 말한다. 황소라도 그 정도면 충분하고도 남을 것이다.

이에 따르는 부수 효과는 아버지가 역시 몸 상태가 좋은 어머니와 함께 캠핑과 카약, 작은 이동식주택이 있는 삶을 즐기면서 섹스도 자식들이 생각하는 것보다 많이 한다는 것이다. 어머니와 아버지의 신체적 건강은 그들이 함께하는 행복한 시간을 여러 해 연장했으며 아마도 수십 년 더 연장하게 될 것이다. 따라서 우리 모두에게는 자신을 위해서뿐만 아니라 우리를 사랑하는 사람들을 위해 자기 몸을 돌봐야 할 책임이 있다.

남녀의 간극

물론 남녀의 중요하고 가장 주목할 만한 차이점은 실제로 내의 깊은 곳에서 잠자고 있다.

여성의 신체에서 자신과 다른 부분의 속성에 대한 남자들의 이해가 너무 부족하기 때문에 남성과 여성이 느끼는 오르가슴의 양에는 실제적 간극이 있다.

알겠는가? 우리가 침대에서 형편없기 때문이다. 2017년에는 이러한 깨달음에 따른 분노가 너무 커서 숨 돌릴 틈도 없이 〈페어팩스 미디어〉 칼럼에 다음과 같은 항의성 글을 쓸 수밖에 없었다.

남자들이 침실에서의 능력이라는 문제에서 실패를 겪고 있음을 시사하는 새로운 연구 결과 [7]

남자들이여, 우리는 부끄러워 고개를 숙여야 한다. 깨어 있는 동안 섹스에 관한 생각, 대화, 다른 사람이 우리와 섹스를 하도록 만들려는 노력으로 많은 시간을 보내고 있음을 생각하면 실제로 섹스에 그토록 서투르다는 것은 매우 당혹스러운 일이다.

우리 모두 '틴더Tinder'(세계적인 소셜 디스커버리 앱 - 옮긴이)에서 배회하면서 우연적·무조건적 섹스의 기회를 노려야 했던 젊은 시절에, 나중에는 더 나아질 것이라고 생각한 일은 용서받을 수 있다.

그러나 아니다, 우리의 성적 스킬은 1923년에 기숙학교에 들어가려고 기차에 오른 열네 살 소년의 수준과 비슷한 것 같다. '맙소사, 심프킨스Simpkins. 네가 아랫도리를 쳐다보기만 해도 여자가 졸도하고 아기를 갖게 된다는 건 누구나 알아. 우리 유모가 말해줬어!'

사랑의 나라에는 이처럼 오르가슴의 간극이 있고, 그것은 모두 우리의 잘못이다.

미국의 성인을 대상으로 한 대규모 연구는 남녀 간의 섹스에서 남성이 오르가슴을 세 번 즐기는 동안 여성이 느끼는 오르가슴은 한 번에 불과하다는 사실을 밝혀냈다. 유감스럽게도 단지 하룻밤만의 이야기가 아니다. 수많은 다른 연구 결과도 일치한다.

문제는 클리토리스인 것 같다. 우리는 클리토리스가 무엇을 위해서 어디에 있고 어떻게 작동하는지 모른다.

분명히 말하지만, 클리토리스는 단지 그녀의 여성적인 부분의 꼭대기에 있는 작은 돌기가 아니다. 몸 깊숙이 연결되며 여성의 즐거움이라는 유일한 목적을 가진 놀라운 기관이다. 클리토리스에는 감각을 전달하기 위한 약 8,000개의 신경말단이 있다. 당신의 페니스에는 4,000개밖에 없다. 클리토리스의 3차원 이미지는 필립 스탁Philippe Starck(프랑스의 제품디자이너 - 옮긴이)이 디자인한 작품을 연상케 한다.

여성끼리의 섹스에서도 남성과의 섹스와 다를 바 없는 오르가슴을 경험할 수 있으며, 삽입 섹스에서 오르가슴을 느끼지 못하는 여성도 자위행위를 통하여 절정감을 맛보는 데 아무런 문제가 없다. (그리고 거기에 걸리는 시간은 당신과 같은 4분 정도다.) 따라서 여성과 그들의 까다로운 신체에는 본질적으로 잘못된 점이 없다. (중략) 충격적일 정도로 지식과 기술이 부족한 우리가 문제다. 똑똑한 남자는 삶의 모든 분야에서 지식과 기술을 활용한다. 침실에서는 왜 그러지 않는가?

우연적 섹스에만 길든 불쌍한 늙은 남자는 침실에서 최악이다. 여성이 파트너를 더 잘 알게 되면 오르가슴의 간극이 좁혀진다. 파트너와 꾸준한 관계를 유지하는 여성은 오르가슴의 간극이 절반으로 줄어든다고 한다.

간극이 생겨나는 데는 여러 요인이 있다. 프로이트에게도 어느 정도의 책임이 있다. 그는 삽입 섹스를 통한 오르가슴이 최선이며 가장 '성숙한' 형태라고 했으며, 이런 생각이 결국 과학적 진실이 되었다. 거기에 우리가 여전히 남성의 성적 즐거움을 여성의 즐거움보다 우위에 놓는다는 사실을 더해보라. 남자는 '섹슈얼sexual'하고 여자는

'섹시sexy'하다. 여성은 아직도 편안한 마음으로 동등한 성적 즐거움을 요구하지 못하는 것 같다. 한 여성은 "나는 남자들에게 원하지 않는 일을 하도록 강요하는 듯한, 거의 죄책감에 가까운 느낌을 경험했으며, 그런 생각이 언짢았다"고 말했다.

또 다른 여성은 "남자는 끝내기를 기대하는 것 같다. 여자가 아무것도 기대하지 않는 동안에"라고 말했다.

이런 문제를 초래하는 주된 요인은 우리가 삽입 섹스를 '진짜' 섹스이자 최종 목적으로 생각한다는 것이다. 클리토리스를 자극하는 일은 '전희'라는 어두컴컴한 영역으로 격하된다.

웃기는 일은 모든 남자가 섹스의 신으로 보이기를 원한다는 것이다. 그리고 누르기만 하면 섹스의 신으로 만들어줄 단추가 있는데도 '글쎄…… 좀 아니지'라고 말한다.

나에게 아들이 있다면 클리토리스에 관하여 철저하게 가르칠 것이다. '친구, 클리토리스는 복잡하거나 어렵거나 이상한 것이 아니야. 사용설명서가 있다면 여기를 문지르시오, 라는 간단한 말이겠지. 그게 전부야'라고.

나는 아들에게 자신의 행동을 그녀가 좋아하는지('헤이! 좋아?'라고) 물어서 확인하라고 충고할 것이다. 그녀의 어떤 제안이든 주저 없이 따를 것도.

어쩌면 동성결혼 찬반에 관한 국민투표 비용을 모든 청소년에게 실물 크기의 고무 클리토리스를 짤막한 설명서와 함께 손가락 장난감으로 나눠주는 데 쓰는 편이 나을지도 모른다.

'엄마! 학교에 가져가고 싶은데 클리토리스를 찾을 수가 없어요.'

우리는 여러 측면에서 미국의 사촌들을 따라가지만, 이 문제는 오스트레일리아 남성들이 일어서서 능동적으로 대처해야 한다. 사랑스러운 여성 파트너를 놓치기를 정말로 원하는가? 그녀가 만난 남자들 중에 가장 섹시한 남자가 될 기회를 놓치기를 진정 원하는가?

유감스럽게도 매우 제한적인 나의 경험에 따르면 남자의 삶에서 경험할 수 있는 가장 섹시한 일은 극도로 흥분한 여성이 계속해달라고 애원하는 것이다. 그 이상이 있어야 한다.

우리는 이렇게 터무니없는 불평등을 더는 방치하지 말아야 한다. 가능한 한 많은 오르가슴을 경험할 여성의 권리를 주장하면서 수천 명이 가두시위에 나서야 한다. 나는 여기에 이의를 제기할 사람이 아무도 없을 것이며, 뉴스도 더 재미있어질 것이라고 확신한다.

이제 더 잘할 때가 되었다. 파트너에 관하여 더 배울 때가 되었다. 게으름을 멈출 시간이 왔다. 간극을 좁힐 때가 되었다.

결국 우리는 자연이 부여한 신체적 차이점을 가진 채로 함께 살아가야 한다. 남성에게는 '체력 오블리주'만큼 중요한 노블레스 오블리주가 없다. 우리의 신체적 우위를 타인에게 남용하지 말아야 한다는 것은 명백한 윤리적 의무다.

남자는 아름답다. 나는 남성의 강함을 사랑한다. 품에 안긴 사랑하는 여인이 당신의 가슴에 머리를 기대고 따뜻함과 보호를 느끼는 것보다 경이로운 일은 없다. 우리의 튼튼한 신체로부터 여성들이 안전하고 보호받음을 느끼도록 해야지 두려움을 느끼는 일은 결코 없어야 한다.

현명한 남자는 양쪽 세계의 장점을 모두 취할 수 있다. 크고 강인한 남자의 몸을 뽐내면서 활보함과 동시에, 삶에서 만나는 모든 여성 – 어머니, 딸, 배우자, 동료들 – 과 친밀한 관계를 유지하는 기쁨을 누릴 수 있다. 그가 해를 끼치지 않을 것임을 그들이 알기 때문이다.

의사를 무서워하는 남자의 어리석음

당당한 몸에 대한 우리의 또 다른 의무는 그 몸이 살아 있도록 하는 것이다. 어리석은 남자가 되어 일찍 죽는다면 사랑하는 여인과 자식 셋을 낳는 일에 아무런 의미가 없다. 그들에게 필요한 것을 제공하고 보호하고 편안하게 해주는 사람이 되지 못한다.

오스트레일리아 산업안전보건기관의 2015년 보고서에 따르면 직장 사망률의 96퍼센트, 직장에서 부상을 입거나 질환에 걸리는 사례의 61퍼센트를 남성이 차지한다.[8]

남성의 건강과 성 정치학에 관한 웹사이트 'XY온라인 XYOnline'은 스테르기우 키타 Stergiou-Kita와 맨스필드 Mansfield 등의 2015년도 연구를 인용하면서 직업 현장에서 남성을 죽이는 것은 남자다움을 보이려는 행동이라고 지적했다.[9]

남자들은 위험과 부상을 받아들이고 불평 없이 고통을 견디도록 사회화된다. 극기하고 생계를 책임진다. 약함을 보이길 원하지 않는다. 그리고 오늘날의 노동시장에서는 항상 직업적 건강과 안전보다 이익이 우위를 차지한다.

여성과 같은 일을 할 때조차도 남성의 직장 사망률은 증가할 위험에 직면한다. 남자들은 부상을 보고하거나 휴식을 꺼리며 너무 일찍 업무 현장으로 복귀한다.

기본적으로 남자들은 일터에서 훨씬 더 조심해야 하며 과시하기를 그만두어야 한다. 남자는 슈퍼맨이 아니다. 우리가 사랑하는 사람들은 가능한 한 오랫동안 우리가 그들과 함께하기를 원한다. 우리에게는 살아남을 수 있도록 자신을 통제할 책임이 있다. 성인이 된 사람에게 지나친 요구는 아니지 않은가?

정신건강에 대한 우리의 사고방식 또한 충격적이다. 살아가면서 언젠가는 여덟 명의 남성 중 한 명이 우울증을, 다섯 명 중 한 명이 불안증을 겪게 된다. 우리는 이미 오스트레일리아에서 매일같이 여섯 명의 남자가 자살한다는 사실을 알고 있다. 전국적으로 자동차 사고로 인한 사망자의 두 배가 넘는 숫자다. 그런데도 우리는 도움을 청하지 않는다.

담배를 끊고, 적극적으로 신체 활동을 하고, 섬유질이 많고 지방이 적은 식품을 섭취하고, 콜레스테롤 수치와 혈압을 낮추고, 체중을 줄이면 - 그리고 스트레스를 관리하면 - 심장마비를 피할 수 있다. 솔직히 말하자면 나는 그 이상으로 놀라운 일을 해냈다.

약 60퍼센트의 남성은 의사를 찾지 않는다. 19퍼센트는 배우자의 요구를 못 이길 때만 병원에 간다. 남성은 과도한 음주와 흡연, 의사를 찾지 않는 것 때문에 사망할 가능성이 여성보다 높다. 남자들이 제시하는 두 가지 중요한 이유는 내가 의사에게 가지 않는 이유와 동일하다. 나는 너무 바쁘기도 하고, 무언가 문제가 있다는 말을 들을까 두렵다.

내가 건강하다고 느끼는데 왜 운명을 시험하겠는가? 나의 왜곡된 남성적 논리는 아픈 사람들이 항상 의사를 찾는다는 것이다. 그러므로 나는 가지 않는 편이 좋다. 만약 의사에게 간다면 끔찍한 이야기를 듣게 될 수도 있다.

남자들은 특히 직장검사를 두려워한다. 부끄럽게도 나는 쉰세 살이 되도록 전립선검사를 받아본 적이 없다. 독자가 이 책을 읽을 때쯤이면 받았을지도 모른다. 파트너와 딸에게 약속했다. 아니면 혈액검사가 직장검사를 대체할 때까지 기다릴 수도 있다. 정기적으로 병원을 찾아 무의식 상태에서 온갖 사사로운 부분에 대한 검사를 받는 파트너를 둔 남자로서, 나에게는 이런 요구에서 빠져나갈 주장을 펼방법이 없다.

남자들은 이렇게 어리석은 사고방식 때문에 죽어가고 있다.

전립선은 우리의 정자를 운반하는 정액을 만드는 기관이다. 나이가 들면 전립선에 문제가 생길 수 있다. 매년 3,330명의 남성이 전립선암으로 사망하고 2만 1,000명 이상이 새로 전립선암 진단을 받는다.[10] 나이를 먹을수록 문제는 더욱 악화된다.

문제가 느리게 진행되는 남자들도 있다. 암보다는 노령으로 먼저 죽게 되는 그들은 '조심스러운 기다림'의 입장을 취한다. 다른 남자들은 살아 있는 동안 암의 공격에 직면한다. 의지나 통제의 수준이라는 의미에서 진정으로 암에 '맞설' 수 있는 사람은 아무도 없다. 암은 당신에게 무슨 일이든 제멋대로 할 수 있다.

남자들은 도움을 요청하길 꺼린다. 직장에서 약하게 보이는 것을 두려워한다. 의사를 무서워한다. 우리의 엉망진창인 정신건강은 날마다 자신과 타인을 죽인다. 우리는 놀라운 몸을 가졌는데도 통제는 고사하고 돌보는 것조차 힘겨워한다.

남자들이여, 우리의 몸은 선물이다. 잘 사용하고 돌봐야 한다. 사랑과 기쁨으로 가득 찬 삶을 오래도록 누리려면 끝까지 건강한 신체를 유지해야 한다.

제10장

어떤 아버지가 될 것인가

그건 아빠가 해결해줄게

토요일 오전 11시 30분쯤에 전화가 울린다. 이제 열여덟 살이 된 딸 룰루의 전화다. 지역의 공원에 있는 작은 카페에서 커피와 토스트 샌드위치를 만들며 일하고 있을 시간이다. 전화기를 귀에 대자 가슴이 철렁 내려앉고 세상이 멈추는 것 같다. 딸아이는 흥분한 상태로 흐느끼며 말도 잘 못하는데 간절하게 내가 필요한 것이 분명하다. 공격을 받고 납치되었을까? 자동차 트렁크 속에서 전화하는 것일까?

"거기 어디야? 무슨 소리가 들리니?"

내가 소리치자 흐느낌과 거친 숨소리가 잠시 멈춘다. 딸아이가 어리둥절한 목소리로 대답한다.

"뭐? 소리가 들리냐니, 그게 무슨 말이야?"

"너 다쳤니? 볼 수 있어?"

"아빠, 나 지금 일하고 있어. 그런데 조금 전에 한 남자가 나한테 고함을 질렀어. 샌드위치가 잘못됐다고. 하지만 아니야, 아빠! 샌드위치에는 아무 문제도 없었어. 그 사람이 괜히 성질을 부린 거야!"

자신을 향한 심각한 공격에 압도되어 거친 호흡과 울음을 억제할 수 없었던 룰루는 화장실에서 전화하고 있었다. 다행스럽게도 인신매매단에 납치된 건 아니었다.

이제 딸아이는 화를 낸 것을 속상해했다. "너무 프로답지 못하고 당황스러워"라고 울먹이며 말했다.

나는 부리나케 차를 몰아 카페로 갔다. 문자를 보내자 밖으로 나온 딸은 서서히 마음을 진정시켰다.

나는 우선 룰루가 숨을 가라앉히도록 했다. 그리고 우리는 상황을 돌이켜보았다. 이번에 그녀는 처음으로 요구가 많고, 화를 잘 내고, 그런 행동을 할 권리가 있다고 생각하고, 무례하고, 이기적이고, 성질이 고약하고, 비이성적인 남자와 마주친 것이었다. 사람을 상대하는 일을 하다 보면 조만간 이런 일을 겪게 마련이다.

우리는 다음번을 대비한 정신적 전략 – '그들이 나를 죽일 수는 없다'는 생각에 기초한 – 을 수립했다. 화를 낸 남자가 사실은 슬펐기 때문에 그랬을 것이라고 의견 일치를 보았다. 이제 우리는 그 남자가 안됐다고 생각했으며 문제는 해결되었다.

누군가가 다른 사람에게 이런 이야기를 들었다면 '문제가 생길 때마다 쫓아가서 구해주는 식으로는 성인이 되도록 가르칠 수 없다. 아이들 스스로 인생을 배우도록 하라!'고 생각했을 것이다.

하지만 나는 이런 생각에 동의하지 않는다. 물론 문제가 생길 때마다 룰루의 직장으로 달려갈 수는 없다. 대학에 가서 대리시험을 쳐줄 수도 없다(아마도 잘된 일일 것이다). 남자친구가 딸아이를 절대로 아프게 하지 못하도록 할 수도 없다. (어쩌면 할 수 있을지도 모른다. 자네가 어디에 사는지 내가 알고 있다는 것만 기억하게, 젊은 친구.) 클럽과 바에서 새벽 2시까지 딸을 지켜볼 수도 없다. 으스스한 행동일 뿐만 아니라 딸이 나를 발견하면 집으로 보내려 할 것이다.

"아빠, 여기서 뭐 해?"

"어, 너구나. 간단히 한잔하러 나왔지. 이런 데서 만나니 반갑구나."

"아빠, 지금 새벽 1시 반이고 여기는 킹스크로스의 월드바야!"

"그럼, 내 단골집이지!"

그러나 나는 딸에게 도움을 주었다는 것이 너무나 감사했다. 이번 일은 그녀가 한 번도 겪어보지 못한 경험이었으며, 이제 룰루는 언젠가 다시 일어날 수밖에 없는 일에 어떻게 대처할지를 안다.

그 순간에 그녀는 자신에게 필요한 것이 무엇인지 알았다. 아빠. 나중에 룰루는 내가 자신을 '응석받이'로 취급하지 않을 것임을 알았으며, 약간 '터프한 사랑'이 자신을 회복시켰다고 말했다.

룰루와 나는, 역시 그 남자의 흉포한 공격에 몹시 놀란, 딸의 상사와 잠시 이야기를 나누었다. 그가 동의했다.

"상당히 심한 경우였습니다."

뒤이어 그가 말을 덧붙였다.

"이번 일로 알아둬야 해, 룰루. 언제나 못된 고객이 있게 마련이라는 것."

아빠의 임무를 완수하고 긍정적인 결과를 얻은 나는 얼마나 행복했을까? 흐뭇했다. 내가 문제를 해결했다.

그리고 바로 그것이 문제다. 문제를 해결하는 일이 때로는 훌륭한 아버지가 되는 데 방해가 되기 때문이다.

아이들은 아버지를 바라본다

훌륭한 아버지란 무엇인가? 단지 한 남자로서의 존재를 통하여 당신을 조건 없이 사랑하는 아이의 인격을 형성하는 일은 막중한 책임임이 분명하다. 행복하고, 차분하고 열린 마음의, 소통과 사랑을 보여줄 수 있는 남자는 훌륭한 아버지가 될 것이며 그 과정에서 이루 말할 수 없는 기쁨을 얻게 된다. 분노하고, 닫힌 마음의, 공격적이고 정신적·신체적으로 난폭한 남자는 자식의 정신에 결코 치유할 수 없는 깊은 상처를 남길 수 있다.

남자다움의 의미에 관한 질문과 논의가 활발히 진행되는 상황에서 아들을 키우는 우리의 역할은 그 어느 때보다 중요하다.

작가 팀 윈턴Tim Winton은 남성 문제에 관한 논의에서 활발한 목소리를 내는 사람이다. 그는 남자들이 자기 아들을 위해서든 우리가 사랑하고 영향을 미칠 수 있는 젊은이들을 위해서든 '더 좋은 모델을 제시해야 한다'면서, '하지만 그 첫걸음은 그들에게 주의를 기울이는 것이다. 관심을 기울일 가치가 있다고 생각하는 것이다. 객체가 아니라 주체로서. 그렇지 않다면 어떻게 우리가 그들을 책임지기를 바랄 수 있겠는가? 남자들은 앞으로 나서서 최종적인 모든 책임을 완수해야 한다'[1]고 말한다.

오스트레일리아의 저명한 심리학자 스티브 비덜프는 1998년 저서 『아들 키우기Raising Boys』에서 소년들에게 정서적으로 필요한 것들이 특히 학교에서 무시되고 있음을 사람들이 깨닫게 하려는 캠페인을 시작했다. 최근에 그는 〈더 오스트레일리안〉에서 '이제 우리는 아이들의 정서가 개발되는 방식에 관하여 훨씬 더 많이 알고 있다. 우리는 성 차이를 더 잘 이해한다. 더 많은 아버지가 실천에 나서고 있다. 지난 20년 동안 이루어진 모든 성과를 생각하면 적어도 수 세기 동안에 소년들을 위해 지금보다 좋은 때는 없었다'[2]고 말했다.

비덜프에 따르면 아들을 키우면서 알아야 할 구체적인 사항이 있다. 네 살이 되면 미니 사춘기 같은 시기가 온다. 이 연령대의 사내아이들이 잠시도 가만있지 못하는 것은 그 때문이다. 예비 사춘기의 성증발생은 여자아이보다 사내아이에게 더 큰 정서적 영향을 미치는 것 같다. 따라서 비덜프는 그들의 눈물을 이해하라고 권한다.

그는 '소년들의 감정은 아직도 전반적으로 억제되고 있다. 눈물은 정신건강을 보호하고 상실을 겪은 뇌를 치유한다. 소년들이 울지 않는다면 억눌린 정서가 흔히 폭력과 분노 같은 다른 방식으로 나타나게 된다'고 말한다.

폭력과 분노. 슬픔을 억제하는 것. 울지 않는 것. 우리는 얼마나 일찍부터 아들들을 사회화하고 있는가? 훌륭한 남성의 롤 모델 ─ 아버지, 삼촌, 친구들 ─ 은 다양한 정서를 표출하면서 건전한 인간관계와 행복한 세상을 만들어낼 젊은 세대를 기르는 데 중요한 역할을 한다. 너무 지나친 요구로 보이지도 않는다.

점점 더 많은 연구가 여성의 자부심이 아버지와 함께한 경험에 뿌리를 두고 있음을 시사한다. 아버지로서 딸을 어떻게 키우는가는 딸의 직업적 성공과 경제적 웰빙, 남성과 건전하고 만족스러운 관계를 맺을 수 있는 능력, 그리고 일반적으로 더 나은 신체적·정신적 건강에 영향을 미친다.[3]

남자들이 어떤 존재인지 이해하려는 여자아이는 자기 아버지를 바라본다. 당신이 할 일은 딸에게 존경할 만하고 정서적으로 건강한 남자의 말과 느낌이 어떤 것인지 보여주는 것이다.

미국의 임상사회복지사이자 치료사이며 부성 전문가인 마크 트라한Mark Trahan은 아버지가 없는 아이들에 대한 놀라운 통계를 제시한다. 아버지의 행동이 자식의 미래 행복에 긍정적 또는 부정적으로 엄청난 영향을 미치는 것은 분명하다. 다음은 트라한이 제시하는 숫자들이며, 그의 배경과 동료들에게서 받는 존중을 생각할 때 내게는 이런 숫자를 반박할 이유가 없다.

아버지가 없는 아이들은……[4]

- 자살할 가능성이 다섯 배 더 높다.
- 학교를 중퇴할 가능이 일곱 배 더 높다.
- 강간을 저지를 가능성이 열다섯 배 더 높다.
- 10대 엄마가 될 가능성이 일곱 배 더 높다.
- 가출할 가능성이 스물네 배 더 높다.
- 소년원에 갇힐 가능성이 열다섯 배 더 높다.

적극적이고 자식들에게 관심을 기울이는 아버지가 있는 아이들은 좋은 교육을 받고, 더 많은 소득을 올리며, 상황에 잘 적응하고 안정된 인간관계를 형성할 가능성이 높다.

트라한은 전국적 조사를 통해서 적극적이고 자식들에게 관심을 기울이는 아버지의 특성이 무엇인지 연구했다. 최상부로 떠오른 요인 중 하나는 부모로서의 능력에 관한 자신감이었다.

트라한에 따르면 남성으로서의 당신은 문제를 해결하도록 사회화되었다. 문제를 해결하라. 완벽하게. 남자다운 삶의 결과는 주로 성과에 기초한다. 우리는 최고의 직장과 자동차, 그리고 돈을 가장 많이 버는 스마트한 남자가 되기 위한, 가장 섹시하고 멋진 파트너가 되기 위한 노력에 대하여 보상받는다. 그런데 그 과정에서 그녀를 위하여 모든 문제를 해결하느라 너무 바빠서, 아이들에 대한 사랑과는 멀어지도록 사회화될 수 있다.

아버지가 되는 일은 훌륭한 성과의 문제가 아니라 가장 어려운 시기일지라도 진심으로 아이들을 사랑하는 것이라고 트라한은 말한다. 쉬운 일은 아니다.

그는 우리의 부성을 미세 조정하기 위하여 우선 자기 아버지와의 관계를 돌이켜보라고 권한다. 아이들의 어머니가 우리의 부성에 큰 영향력을 미친다는 점도 유념해야 한다. 여성들에게 우리가 그들에게서 힌트를 얻는다는 것을 기억하도록 청해야 한다. 어머니들을 위한 트라한의 충고는 남자들의 잘못된 행동이 아니라 올바른 행동을 주목하라는 것이다. 남자들에게는 자신의 역할을 숙고하라고 권한다. 그 역할에 더 많은 사랑과 애정이 담길 수 있는 방도를 생각하라는 것이다.

트라한은 아버지가 없는 아이들의 질문은 '나를 원하나요?', '나를 인정하나요?', '왜 나를 아프게 하나요?', '나를 사랑하나요?', '나를 축복하나요?'라고 생각한다. 그는 이러한 질문의 답을 듣지 못함으로써 중독이나 우울증으로 이어진다고 주장한다.

내 가슴에도 절실하게 와닿는 이야기다. 내가 룰루의 엄마와 별거했을 때 딸은 고작 열두 살이었다.

요즈음 룰루는 한 주일의 대부분을 엄마와 함께 살면서 우리 집에 있는 자기 방에서는 하루이틀 정도를 지낸다. 걸어서 5분밖에 걸리지 않는 곳에 살기 때문에 우연히 마주치거나, 동네 카페에서 함께 커피를 마시거나, 내 일과 딸의 학교가 끝난 뒤에 함께 쿡스 강변을 산책하곤 한다. 매일같이 전화 통화를 하고, 물론 이메일과 문자도 주고받는다.

나는 룰루에게 안정되고 따뜻하고 사랑받는 가정환경을 제공하는 룰루의 엄마에게 매우 감사한다. 그녀는 딸을 열렬히 사랑하며 딸의 인생이 풍부하고 멋진 인생이 되도록 믿기 힘들 정도로 열심히 노력했다. 그리고 성공했다.

하지만 우리의 별거는 룰루가 10대 시절의 대부분을 아빠 없이 보내야 함을 의미했다. 별거와 이혼은 개떡같은 일이며 가능한 한 피해야 한다. 나는 떠나기로 했던, 아이보다 나 자신을 위주로 했던 결정이 룰루가 10대 시절에 겪은 불안증에 얼마나 원인을 제공했을지를 생각하지 않을 수 없다.

나는 어린 딸에게 나이가 들면 언젠가 아빠에게 어려운 질문을 하게 될 거라고 말했다. 그리고 무슨 말을 하든 경청하고 가능한 한 정직하게 대답하겠다고 했다.

룰루가 열여덟 살이 되었을 때 그 순간이 왔다. 그녀는 분열된 가족의 딸로서 겪은 분노와 슬픔을 토로했다. 하지만 성인으로서의 나에 대한 연민, 사랑, 그리고 이해도 보여주었다.

나는 자기도취, 나약함, 전반적 어리석음, 경력을 쌓으면서 벌인 드라마 같은 모든 실수에도 불구하고 나에게 변함없는 사랑을 보여준 룰루가 너무나 고맙다.

10대 중반에 룰루가 불안증에 시달릴 때는 실제로 학교에 가는 것이 거의 불가능한 정도였다. 나는 딸이 현관문을 나서서 버스를 타도록, 매 걸음이 고통임을 알면서, 부드럽게 설득하던 가슴 아픈 순간을 기억한다. 룰루는 눈물이 가득한 눈으로 말없이 돌아보면서 자신에게 이런 일을 시키지 말라고 애원하곤 했다. 나는 그렇게 했다.

나는 여러 해 동안 문제를 해결하려고 노력했다. 대화하고 대화하고 또 대화했다. 서서히 분명해진 것은, 대화는 많은 차이를 만들어내지 못했고, 단지 딸에게 내가 필요할 때 함께 있었다는 것이 변화를 만들어냈다는 사실이었다.

당시에 나는 그다지 좋은 아버지가 되지 못했다.

하지만 어쨌든 우리는 룰루가 딸이자 친구가 된 지점에 도달했다. 며칠 정도 서로 보지 못하기도 했지만, 하루도 빠짐없이 대화를 하고, 오래된 친구처럼 함께하는 시간을 즐긴다.

한번은 저녁식사를 함께하려고 본디Bondi(시드니의 유명한 식당 - 옮긴이)로 가는 길에서, 덩치가 크고 정신적으로 불안정한 것이 분명한 남자가 룰루를 향해 휘청거리며 다가온 적이 있었다. 나는 룰루와 그 남자 사이에 서 있다가 그가 가까이 다가왔을 때 한마디만 했다.

"안 돼, 친구."

그는 잠시 다른 행동을 생각하는 것 같더니 옆에 있는 쓰레기통을 걸어찼다.

"아빠의 위협적인 태도가 좋았어요. 절대로 내가 무슨 일을 당하도록 아빠가 내버려두지 않을 것임을 알았어요."

룰루는 불안감이 가시지 않은 목소리로 말했다. 그러고는 내 손을 잡았다.

나는 우리의 미래를 기대한다. 지난번에는 '할아버지 정서'라고 표현할 수밖에 없는 감정까지 느꼈다. 룰루가 아기를 가질 일을 생각하고 기묘한 감상에 젖었던 것이다. 좋은 쪽으로. 10년쯤 후이기를 바라지만 그 순간을 고대한다.

아니라도 괜찮고. 딸이 자신의 인생에 관하여 어떤 결정을 내리건 그녀가 행복하다면 지지할 것이다.

문제를 해결하려는 노력을 멈추고 그저 함께 있는 쪽을 선택하는 순간 당신은 문제를 해결하게 된다.

건강하고 행복한 삶의 비결

미국에는 '아버지의 말과 행동이 자녀에게 미치는 영향의 중요성을 인식하도록 하고 좋은 아버지가 되도록 돕는 것'[5]을 주목적으로 하는 '파더 이펙트The Father Effect'라는 단체가 있다. 이 단체의 웹사이트에서는 아버지가 없었기 때문에 경험한 어려움을 털어놓는 남자들의 호소력 있는 영상을 볼 수 있다.

의학박사이고 『강한 아빠 강한 딸Strong Fathers, Strong Daughters』이라는 책을 쓴 부성 전문가 메그 미커Meg Meeker는 단도직입적으로 '아빠의 사랑을 아는 딸은 삶의 의미를 찾는다. 아빠의 사랑을 모르는 딸에게는 삶의 의미가 없다. 그렇게 단순한 문제다'[6]라고 말한다.

그녀는 모든 딸의 마음속에 아버지의 사랑으로 채워야 하는 '대드 홀dad hole'이 있다고 말한다. 그것이 채워지지 않은 소녀는 머지않아 남자의 손길과 사랑을 찾아서 소년들에게 의지하게 된다. 그녀는 '아빠의 사랑은 소녀의 정서적·심리적·지성적·정신적 건강에 너무나 핵심적인 요소이기 때문에 그런 사랑이 없으면…… 정신건강에 균열이 생긴다. 아버지가 없는 딸은 바로 그런 처지로 내몰리게 된다'고 말한다.

인간 행동에 관한 가장 놀라운 연구라고 할 수 있는 '하버드 대학의 성인발달연구Harvard Study of Adult Development'도 전적으로 동의한다. 이 연구가 그토록 놀라운 이유는 거의 80년에 걸쳐 진행되었으며, 연구 대상자들이 두 번째 세대로 접어들었다는 것이다. 하버드 대학의 연구는 '건강한 노후의 심리적 예측 지표를 식별하기 위하여'[7] 연구 대상자를 두 집단으로 나누었다.

두 연구 집단은 1939~1944년에 하버드 대학을 졸업한 268명으로 구성된 그랜트Grant 집단과, 보스턴의 거칠고 혜택받지 못한 교외 지역에서 성장한 456명의 남자로 이루어진 글루크Glueck 집단이었다. 하버드 대학 연구의 웹사이트는 이렇게 말한다.

우리는 젊은 시기의 어떤 심리학적 변수와 생물학적 과정이 노년 (80대와 90대)의 건강과 웰빙을 예측하게 해주는지, 아동기와 성년기에 경험하는 어떤 측면이 노년의 친밀한 인간관계의 질을 예측하게 해주는지, 그리고 건강과 웰빙이 노년기의 결혼과 어떤 관계가 있는지에 대하여 특별한 관심을 가졌다.

이 연구가 놀라운 이유는 두 가지다. 장기간의 추적연구는 의미 있는 결과를 얻기 전에 중단되고 마는 것이 보통이다. 연구 대상자가 빠져나가고, 연구비 지원이 사라지고, 연구자들이 연구에 흥미를 잃거나 사망한다는 이유로. 네 번째 연구책임자인 로버트 월딩어Robert Waldinger 박사에 따르면 하버드 대학의 연구는 많은 행운과 여러 세대에 걸친 연구자들의 헌신에 힘입어 성공을 거두었다.

그는 프로젝트가 찾아낸 것이 삶의 선택들에 관한 기억이 아니라 실제 스냅사진이라고 말한다. 되돌아본 기억이 정확하지 못하다는 것은 분명한 사실이다. 그는 '무엇이 정말로 사람들을 건강하고 행복하게 해주는지를 알아내기 위해서 시간에 따라 펼쳐지는 전 생애를 지켜볼 수 있다면 어떻게 될 것인가?'[8]라고 묻는다. '우리는 그렇게 할 수 있다. 매우 희귀한 일이지만.'

모든 10대 참여자는 인터뷰에 응하고 건강진단을 받았으며, 그들의 부모 또한 인터뷰에 응했다. 하버드 대학의 연구팀은 그때부터 2년마다 설문지를 보내고, 다시 인터뷰하고, 의료기록을 꼼꼼하게 확인하고, 혈액 샘플을 채취하고, 뇌 영상을 촬영했으며 그들의 자녀들도 인터뷰했다. 연구 대상자들이 부인에게 들려주는 깊고 개인적인 삶의 순간에 관한 이야기들이 기록되었다. 연구자들에 따르면 나중에 연구에 참여하기를 요청받은 부인들은 "그럴 때가 됐다"고 말했다.

그렇다면 비밀은 무엇인가. 무엇이 우리를 더 건강하고 행복하게 해주는가?

답은 '좋은 관계'다.

그것이 전부다.

연구 결과 가족, 친구, 공동체와 사회적으로 잘 연결된 사람들이 더 행복하고 건강하고 오래 산다고 밝혀졌다. 외로움이 사람을 죽인다는 사실을 명백하게 보여주었다. 혼자 있으면 행복이 줄어들고, 건강과 뇌기능이 일찍 쇠퇴하며, 수명이 짧아진다. 오스트레일리아인 다섯 명 중 한 명은 살아가면서 외로움을 호소한다.

하지만 친구와 가족이 있고 결혼하는 것만으로는 충분치 않다. 우리를 건강하고 행복하게 해주는 것은 가까운 인간관계의 질이다. 싸움을 일삼고 애정이 없는 결혼은 이혼보다 더 건강에 해로울 수 있다. 우리에게 필요한 것은 깊은 신뢰감으로 특징지어지는 따뜻한 관계의 보호막이다.

50세가 되었을 때 자신의 인간관계에 크게 만족하는 사람들은 단연코 80세가 되어서도 가장 행복하고 건강한 사람들이다. 건전한 관계는 우리의 몸과 뇌 모두를 보호한다.

필요한 시기에 타인을 믿을 수 있다고 진정으로 느끼는 관계를 유지하는 사람들의 기억력은 오래도록 명민한 상태를 유지한다. 그러나 배우자를 진정으로 믿을 수 없다고 느끼는 사람의 기억력은 쇠퇴한다.

건전한 관계를 형성하기는 쉽지 않지만 커다란 보상이 따른다. 연구 대상자들 중에 가장 행복한 은퇴자들은 옛 직장 동료를 새로운 놀이 친구로 만든 사람들이었다.

연구에 참여한 남자들은 젊은 시절에 좋은 삶을 위해서 필요한 것이 명성, 부, 성공이라고 믿었다. 그런데 75년을 넘긴 연구 결과는 가족, 친구, 공동체와의 관계를 중시한 사람들이 가장 좋은 결과에 이르렀음을 보여주었다. 손을 내밀고, 노력을 마다하지 않고, 다른 사람들을 소중히 여긴 사람들이다.

월딩어 박사는 연구가 알려주는 메시지의 핵심을 포착하는 말로 마크 트웨인(『톰 소여의 모험』 등의 소설을 쓴 미국 작가 - 옮긴이)을 인용한다.

'인생은 너무 짧다. 다투고, 사과하고, 짜증내고, 욕해댈 시간이 없다. 있는 것은, 말하자면 순간과도 같은, 사랑을 위한 시간뿐이다.'

이는 행복한 삶을 사는 방법을 말해주는 과학이다.

하버드 대학의 연구를 통해 100건이 넘는 논문이 발표되고 더 많은 논문을 위한 데이터가 축적되었다. 심리학의 금광이나 마찬가지다. 이런 과학은 아름답지 않은가? 핵심적 결과 중에는 행복한 어린 시절이 심원하고 오래 지속되는 긍정적 효과를 미친다는 것도 있다. 부모와의 바람직한 관계는 성인이 되어 가장 가까운 사람들과 따뜻하고 튼튼한 관계를 맺게 될 것을 기대할 수 있는 훌륭한 예측변수가 된다.

행복한 어린 시절의 효과는 훨씬 더 안정된 관계와 건강을 통해 수십 년 뒤의 노년기까지 이어진다.

따라서 아버지가 되는 일은 막중한 책임이자 삶의 가장 큰 기쁨이다.

그때, 아버지는 혼자였다

부성에 관한 개인적 관념이 자신의 경험에서 출발하는 것은 당연한 일이다. 그러므로 우리 아버지를 살펴보는 여행을 떠나보자.

앨런 바커Alan Barker는 1944년에 태어나 뉴질랜드 최남단 지역에 있는, 내가 자라난 농장에서 성장했다. 아버지는 무슨 일이 있더라도, 심지어 파마를 하고 귀고리를 달던 시절(아버지가 아니고 내가)에도 나를 조건 없이 사랑한다는 것을 확실하게 알도록 해주었다. 나는 예나 지금이나 아버지의 사랑을 확신한다.

아버지와 같은 나이와 배경의 남자가 오래도록 그렇게 마음을 열었다는 것은 놀라운 일이다. 나는 이 점에 대하여 아버지에게 감사한다. 아버지의 기독교 신앙은 맨박스의 강력한 해독제다.

어린 시절 나는 아빠가 다른 아빠들처럼 담배를 피우고 DB와 스페이츠(뉴질랜드에서 생산되는 맥주 브랜드 - 옮긴이)를 큰 병으로 마시길 바랐다. 다른 아빠들처럼 무시무시한 독창성과 열정으로 욕도 내뱉었으면 했다. 이제 나는 아버지가 그러지 않은 것이 너무 기쁘다. 신앙과 타고난 천성(어머니의 영향도 있었다)은 아버지에게 어린 소년이라도 필요한 경우에는 느낄 수 있는 부드러운 마음을 선사했다. 아버지에게 젊은 남자로서의 단단함이 있었다면, 단지 1944년에 뉴질랜드의 시골에서 태어났기 때문이었다. 그런 환경에서 자신의 본성을 지켜낸 것은 감탄스러운 일이며 깊이 존경할 만하다.

아버지의 임종 때는 사랑의 고백, 불화의 해소, 비밀의 고백 같은 것이 없을 것이다. 아버지와 나는 이미 그런 일을 모두 했다. 아버지가 거의 여든 살이 되니 이런 생각을 하게 된다. 하지만 아버지의 모습을 보면 나보다 더 오래 살지도 모른다. 그래서 나는 사랑과 유전자 모두에 대하여 아버지에게 감사해야 할 것 같다.

남극해의 거친 회색 바다 위로 남극 대륙에서 불어오는 살을 에는 바람과 우리 사이에는 사우스아일랜드 남단의 작은 언덕이 있을 뿐이었다. 인버카길의 오레티 해변에서 떠다니는 빙산을 보고 즐거워한 적도 있었다. 1년에 며칠이지만 따뜻할 때면 수영을 한 곳이었다.

아버지의 아버지이며 내가 뵌 적이 없는 할아버지가 뇌졸중으로 돌아가셨을 때 아버지는 열여덟 살이었다. 아버지는 농장을 물려받았다. 그는 예나 지금이나 탁월한 엔지니어다. 건설이나 컴퓨터 시스템 디자인 같은 분야의 엔지니어가 될 사람이었지만 기회를 얻지 못했다. 10대 소년이자 남자로서 그는 남극에서 불어오는 바람만큼이나 황량하고 고독한 미래를 내다보면서 양을 키우는 수백 에이커

(1에이커는 약 4,050제곱미터다 - 옮긴이)의 농장에 홀로 서 있었다.

아버지가 뛰어난 엔지니어라는 것은 과장된 말이 아니다. 아버지는 작업장에 있는 용접기를 사용하여 나에게 첫 번째 자동차를 만들어주었다. 다섯 살 때 크리스마스 선물로 받은, 엔진이 달린 카트였다. 나는 자동차에 사로잡힌 아이였다(지금도 그렇다). 가족의 친지 중에 카트를 가진 집이 있었다. 나는 그 집을 방문할 때마다 허락이 떨어질 때까지 졸라댔다. 그러고는 휘발유가 떨어질 때까지 지칠 줄 모르고 뒷마당을 돌곤 했다. 어른들이 나의 통통하고 작은 손가락을 운전대에서 떼어낼 때는 소리치고 비통한 눈물을 흘렸다. 그런데 아버지가 카트를 만들어준 것이다. 어른이 되어 복권에 당첨되었다 하더라도 그보다 기쁠 수는 없었을 것이다.

아버지는 또한 오토바이, 트랙터, 농장의 장비를 보관하기 위해 네 칸으로 구획된 거대한 창고도 만들었다. 그중 하나는 작업장이었다.

당신은 아마도 트랙터 앞부분에 있는, 양동이나 다른 기계를 부착하는 부분인 프론트 엔드 로더front-end loader를 알고 있을 것이다. 아버지는 건초 더미 열세 개를 한번에 들어올릴 수 있는 유압 램을 갖춘 프론트 엔드 로더를 만들었다. 온 동네의 이웃들은 아버지가 마법 용접기로 고쳐주기를 바라면서 고장 난 기계를 가져왔다. 아버지는 직접 만들 수 없을 때만 필요한 부품을 구하러 시내에 나갔는데, 그런 경우는 드물었다.

독학으로 탁월한 엔지니어가 되기는 했지만 아버지는 여전히 농부였다. 농장을 운영하는 것은 외로운 사업이다. 아침에 일찍 나가 점심때까지 혼자 일하고, 집으로 돌아와 점심을 먹은 뒤 다시 나가서 어두워질 때까지 일한다.

10대 시절에 나는 농장 뒤쪽의 방목장에 서 있곤 했다. 집은 나무에 가려서 잘 보이지 않았다. 다른 건물도 보이지 않았다. 마치 지구상에 홀로 서 있는 듯했다. 철저한 고립감과 외로움을 느꼈다. 그곳을 벗어나야 했다. 당시 나는 열세 살밖에 되지 않았지만, 이것이 나를 위한 삶이 아님을 알았다.

나는 아버지도 같은 경험을 했다는 것을 이해할 만큼 성숙하지 못했다. 아버지는 사람들과 어울리기를 좋아하는 남자였다. 15년 전에 농장에서 은퇴한 그는 요즈음, 눈 덮인 산 주위로 호화로운 관광버스를 운전하면서 인생 최고의 시기를 보내고 있다. 세계 각지에서 온 사람들이 아버지와 대화를 하고, 때로는 기쁘고 놀랍게도 점심을 사 먹기에 충분한 팁을 준다. 그는 운전 중에, 때로 팝 스타처럼 헤드셋을 쓰고 농장에서 키우는 키위(뉴질랜드 특산의 조류 - 옮긴이) 같은 흥미로운 볼거리를 설명한다. 아버지는 자신의 일을 진정으로 사랑한다. 예전에 양 한 마리라도 얼어 죽어 가계의 손실이 되지 않도록 살을 에는 바람 속에서 매일같이 양을 돌보던 일은 얼마나 좋았을까? 그다지 좋지 않았을 것이다.

물론 나에게도 농장에서 살면서 즐거운 순간들이 있었다. 길고 따뜻한 여름의 석양 무렵에 건초를 만들고, 열네 살 때 비포장도로용 오토바이를 소유하고, 농장을 오토바이 경주장으로 삼았다. 짝짓기 시즌이 끝나고 자라난 새끼 양들이 어미 곁을 떠나 상상할 수 없을 정도로 푸르고 싱싱한 초원으로 달려가는 모습을 지켜보던 나날. 그 시절의 농장은 가슴이 저미도록 아름다운 곳이었다.

아버지는 쇠락해가는 구식 농장을 대규모의 창고, 울타리, 배수시설을 갖춘 깔끔하고 생산적인 현대식 농장으로 훌륭하게 바꿔놓

왔다.

농장은 규모가 작은 사업이다. 따라서 임금을 지불할 필요가 없는 노동력(자식들)이 귀중한 자산이다. 나는 열두 살 때부터 트랙터를 몰고 '토핑topping'을 했다. 토핑이란 고품질의 양모 생산에 해로운 엉겅퀴와 잡초를 제거하기 위해 방목장의 풀을 깎는 일을 말한다. 토핑을 하려면 트랙터의 한쪽으로 3미터쯤 돌출하여 네 개의 거대한 칼날이 돌아가는 제초기를 이용하여 원을 그려 돌면서 점점 더 안쪽으로 들어가 중심부에 이를 때까지 풀을 깎아야 한다. 원 하나가 완료되면 다시 새로운 원을 시작한다.

그 당시 사람들은 건강과 안전에 별다른 주의를 기울이지 않았다. 그러나 아버지는 트랙터에서 내릴 때 제초기 반대편으로 내리라고 조언했다. 이치에 맞는 말이었다. 한번은 어떻게 되는지 보려고 - 농장에서는 스스로 재밋거리를 찾았다 - 일부러 죽은 양 위로 제초기를 몬 적이 있었다. '탁' 하는 소리와 함께 분홍색 피와 털이 제초기 뒤쪽으로 날리며 흩어졌다. 제초기는 한 조각도 놓치지 않았다. 제초기 칼날 위로 넘어진다면 매장할 만한 시신이 아무것도 남지 않을 것이다.

오늘날에는 이 위험한 장비를 작동시키려면 8주간의 면허 교육을 받고 특별한 모자를 착용해야 하며, 황색 경고등을 켜고 안전울타리와 위험표지판을 설치해야 한다. 그리고 오늘날의 당국자라면 열두 살 된 소년이 노출된 칼날이 돌아가는 중장비를 운전하는 모습에 얼굴을 찌푸릴 것이다. 다행스럽게도 나는 죽지 않았다. 우리 지역에서 죽은 아이도 몇 명 있었다. 제품이 불량한 젤리그나이트(폭약의 일종 - 옮긴이)가 폭발하는 바람에 모여 있던 가족 전부가 팔다리를 잃은 사고도 있었던 것으로 기억한다. 위험한 시절이었다.

나는 열다섯 살 때 정식 면허를 받았지만 – 그 시절에는 연습 면허나 임시 면허가 없었다 – 그전부터 몇 년 동안 트럭과 트랙터를 몰았다. 면허 주행시험에 동승한 경찰관은 내가 얼마 동안이나 운전을 했느냐고 물었다. "10년이요"라고 내가 대답했다. 그는 한숨을 쉬더니 남은 시험 중에는 한쪽 팔을 창밖으로 내놓지 않는 편이 좋겠다고 했다. 그러면서 "농장 아이들이란……" 하고 혀를 찼다.

나는 착한 10대가 아니었다. 스스로 꽤 재치 있고 도시 아이들처럼 세련되었다고 생각했다. 그런데 왜, 무엇 때문에, 예컨대 뉴욕의 출판업자 가정 같은 곳에서 태어났어야 할 내가 이렇게 양의 배설물로 가득한 비참한 곳에서 태어났을까? 엄마 아빠가 와이헤케 섬에서 부티크 와인을 만드는 사람들이었다면 얼마나 좋을까?

참으로 황당한 녀석이었다.

당시에 아버지는 내가 농장 일에 실질적으로 도움이 되는 사람이 되어간다고 생각했다. 주중에는 대부분 학교에서 돌아온 후에 한두 시간씩 농장 일을 돕도록 했으며, 토요일에는 온종일 일하도록 했다. 나는 그런 아버지가 싫었다. 다행스럽게도 일요일은 온전히 쉴 수 있는 날이었다.

아버지와 나는 끊임없이 충돌했다. 예컨대 아버지는 배수 도랑에 타일 까는 작업을 하면서 나에게 도움을 청했다. 나는 기회만 있으면 빠져나가려 했으며, 우리가 화난 상태로 집에 돌아오고 내가 TV를 볼 수 있을 때까지 뿌루퉁하고 산만한 태도로 성의 없이 일했다.

이제 나는 아버지가 일손도 필요했지만 정말로 원한 것은 함께할 사람이었다고 확신한다. 그는 장남과 함께 시간을 보내기를, 단조로움을 깨기 위해 함께 있으면서 가끔 대화하기를 원했다. 혼자 일하는 아버지는 고독했다. 오랜 세월이 지났는데도 나는 이 글을 쓰면서 죄책감에 몸 둘 바를 모르겠다.

원한다면 더 때려보세요

나는 열일곱 살 때 농장을 떠났다. 대학으로, 그리고 신문사로, 그 후에는 오스트레일리아로. 내가 집을 떠날 때 아버지는 마흔한 살에 불과했다. 내가 태어났을 때는 스물네 살이었다.

아버지에게도 약간의 단점이 있었겠지만 다른 아버지들에 비하면 훨씬 적었다. 대부분의 농장 주방에는 빠르고 효율적으로 훈육할 수 있도록 벨트가 걸려 있었다. 내가 무언가 어리석거나 성가신 행동을 하면(자주 그랬다), 아버지는 내 팔뚝을 몇 차례씩 때리곤 했다. 오전 내내 양을 두 무리로 분류하는 중에 출입구를 열어놓아 양들이 다시 뒤섞이게 했을 때처럼. 스스로 팔뚝을 때릴 때도 있었다.

그러나 많은 다른 아버지들처럼 내 머리를 때리는 일은 결코 없었다. 지금은 끔찍하게 들리는 이야기지만, 1970년대 말에는 닥치는 대로 체벌을 가하는 것이 부모들의 일상적인 훈육 방식이었으며 야만적으로 여겨지는 행동이 아니었다.

학교에서도 매질은 일상이었다. 고등학교 2학년 때는 열두 번에 걸쳐 30회가 넘는 매를 회초리로 맞았다. 1년 내내 주의 깊게 횟수를 셌기 때문에 이런 기묘한 통계를 기억한다. 내가 다닌 예스러운 사우스랜드 남자고등학교에서는 이런 체벌을 '컷cuts을 얻는다'고 표현했다. 그렇게 말하는 데는 충분한 이유가 있었다.

전형적인 회초리 체벌은 이런 식이었다. 수학 수업 시간이다.

"이 함수의 이름을 말해봐, 바커."

"어, 배리인가요, 선생님?"

"너 무슨 명청이라도 되냐?"

"그건 꽤 잘 알려진 사실이라고 생각합니다, 선생님."

"바커, 학교를 마친 후에 너의 비극적이고 끔찍한 인생을 위해서 수학이 필요할 거다."

"선생님, 저는 그렇게 생각하지 않습니다. 대수는 저의 미래에 아무런 쓸모도 없을 거라고 확신합니다. 대수가 필요하게 되면 수학자를 고용하겠습니다, 선생님."

"바커, 밖으로 나가."

"감사합니다, 선생님."

보통의 회초리는 1.5미터 정도의 길이다. 좋은 회초리 끝에는 테이프가 감겨 있는데, 과도한 사용에 따라 해져 있는 것이 보통이다.

이때쯤이면 단단히 화가 나서 훈육이 아니라 복수를 위해 회초리를 사용하려는 의도가 분명한 선생님이 준비 동작으로 회초리를 휘둘러본다. 나는 몇 미터 떨어진 복도에서, 선생님이 나의 떨리는 엉덩이를 겨냥하는 동안에, 발목을 잡고 구부린 자세를 취한다.

고통을 느끼기 직전에 회초리를 휘두르는 소리가 들린다. 보통 두세 번이면 충분하다. 여섯 번이면 꽤 고약하다. 선생님이 특히 화가 났을 때는 매가 반바지를 뚫고 들어와 상당한 양의 출혈을 유발할 수 있다. 그럴 때 엄마는 – 피가 아니라 반바지 때문에 – 몹시 짜증을 내곤 했다.

문제는 이런 체벌이 효과가 없었다는 것이다. 회초리 매는 명예 훈장이 되었다. 고통이 어느 정도인지 알고 나면, 그보다 더 나쁠 수는 없음을 알고 참아낼 수 있다. 그래서 승자가 된다. 경험이 많고 쿨한 학생이라면, 매질이 끝난 뒤에 무심한 태도로 약간 숨을 헐떡이면서 일어나 선생님의 눈을 똑바로 바라본다. 희미한 미소 외에는 아무런 표정도 보이지 않는 것이 중요하다.

"벌써 끝났습니까, 선생님?"

"몇 대 더 맞고 싶냐, 바커?"

"선생님이 몇 대 더 때리고 싶으시다면 좋습니다."

"허리를 굽혀, 바커."

"좋습니다. 오늘은 아주 열정적이고 에너지가 넘치시는군요."

나는 스스로 매질을 한 적도 있었다. 찰싹 찰싹! 우리는 반바지를 입은 소년에 불과했지만, 깊은 좌절에 빠진 성인 남자 교사들을 상대로 강인함과 회복력이라는 유치한 남자의 힘을 시험해보고 싶었다. 남자다움이라는 새 옷을 사이즈에 따라 입어보고 있었다.

고등학교 마지막 해에 캠프에서 있었던 특히 수치스러운 사건이 기억난다. 한 친구가 성질이 고약하기로 악명 높은 교사의 비위를 지나치게 긁은 나머지 둘 다 완전히 폭발하고 말았다. 교사는 체구가 큰 편이 아니었지만, 그의 성미에 비하면 찰스 맨슨Charles Manson(미국의 사교 집단인 맨슨 패밀리의 두목이자 중범죄자 - 옮긴이)이 차분하고 이성적인 사람으로 생각될 정도였다. 못생긴 둥근 얼굴에 공격적으로 보이는 짧은 콧수염을 기르고 있었다.

교사가 말했다.

"네가 거리에서 만난 놈이었으면 떡이 되게 두들겨 패주었을 거다."

"한번 해보시죠, 선생님."

교사에게 대드는, 성인과 다름없는 체구의 학생이 말했다.

"넌 형편없는 겁쟁이야. 울면서 엄마한테 달려갈 걸."

"선생님이나 엄마를 부르는 게 좋을 겁니다."

그래서 교사와 학생은 회초리 매질 대신에 밖으로 나가 스무 명 정도의 학생이 둘러서서 지켜보는 가운데 야만적인 맨주먹 싸움을 벌이기로 합의했다. 우리는 야유하고 고함치면서 학생을 응원했다. 학생의 이름은 실제로 스멜리Smellie였는데, 체구가 크고 거친 그에게 이름이 웃긴다고 말한 사람은 아무도 없었다.

실제로 영화 「파이트 클럽」에 나오는 장면 같았다. 둘 다 피를 많이 흘렸다. 지금 생각해보니 교사는 권투를 한 경험이 있었던 것 같다. 그러나 우리의 영웅은 젊음, 체격, 분노, 긍지에서 우위에 있었다. 응원하는 우리도 마찬가지였다. 결국 기진맥진과 가벼운 뇌진탕으로 기괴한 시간이 끝났다.

이것은 어쨌든 너무 지나친 일이었다. 한 어머니 - 좌파적 주장을 하고 진보 캠페인을 벌이는 사회주의자였음이 분명하다 - 는 무모하게도 학교 당국에 불만을 제기했다. 교감선생의 모호한 심문까지 있었지만, 대답은 '아무도 아무것도 보지 못했습니다, 선생님'이었다.

따라서 멍청한 행동에 대한 벌로 몇 달에 한 번씩 아버지에게 팔뚝을 맞은 정도라면 행복한 시절을 보낸 셈이다.

믿음이 이끌어준 삶

아버지의 삶을 알려주는 또 하나의 요소는 기독교 신앙이다. 그의 부모는 아미시파Amish(현대 문명을 거부하고 외부 세계와 격리되어 살아가는 기독교 종파 - 옮긴이)가 미친 파티를 즐기는 사람처럼 생각될 정도로 극단적인 사회적 통제를 추구한 종교 집단 '열린 형제들Open Brethren'에 속했다. 나는 오늘날까지도 그들에게 분노를 느끼며, 그러한 경험이 회의주의, 공공연한 무신론 — 분명히 말하지만 불가지론이 아니라 절대적인 무신론이다 — 과 휴머니즘, 객관적 과학에 대한 열정을 부채질했다. 나의 종교는 비판적 사고이고, 나의 성자는 버트런드 러셀이다. 나는 크리스토퍼 히친스가 한 말들을 기억한다.

열두 살 무렵에 나는 기괴한 철학적 대화를 시작했다. 부모님은 무슨 영문인지 몰랐다. 이런 악마의 씨가 어디에서 온 것일까?

'신이 나의 뇌를 만들었다면, 어떻게 신이 준 뇌가 신의 존재를 의심할 수 있는가?'

'지구의 나이가 4,000년밖에 안 된다면, 신이 우리를 속이려고 땅속에 화석을 묻어둔 이유는 무엇인가?'

'신이 시간 밖에서 존재할 수 있다면, 우주의 기원 또한 시간 밖에 있어야 하지 않는가?'

'노아의 방주는 얼마나 컸을까? 1만 제곱킬로미터쯤이었을까? 알다시피 동물종은 엄청나게 많고, 그들의 먹이까지 실으려면……'

'지난겨울에 40일 동안 밤낮으로 비가 왔는데도 홍수는 없었다.'

'성모 마리아와 섹스를 한 사람은 누구인가? 신, 예수, 아니면 성령?'

'예수는 중동 사람인데 왜 백인으로 그려지는가?'

'어떤 말이 욕인지를 누가 결정하는가? 성경에는 개 같은 놈, 왕재수 없는 년 같은 욕을 하지 말라는 말이 없다. 이런 말은 신의 이름을 망령되이 일컫는 것이 아니다. (중략) 신의 성씨가 왕재수가 아니라면.'

마지막 주장은 전혀 호응을 얻지 못했다.

나이가 들면서 혼전 섹스 문제가 중요해졌다. 나의 섹스는 형편없었다. 틀림없이 지금도 그렇다. (자신을 아는 모든 독자에게 매우 유감스럽게 생각한다. 7초 이상 지속할 수 있음을 알게 될 때까지 계속 노력하길 바란다.) 하지만 기회가 있을 때마다 열심히 연습했다. 이처럼 굉장한 일이 죄가 될 수는 없다고 확신했다.

'성경에서 말하는 결혼의 정의는 지구상의 모든 사회 중에 어떤 결혼인가? 미국식 결혼식을 말하는가? 천주교식? 힌두교식? 무슬림식? 바하이Baha'i(19세기 페르시아에서 창시된 유일신 종교 - 옮긴이)식?'

그리고 결정적인 질문이 나온다.

'세계의 수많은 종교는 모두 자기 신이 진정한 신이라는 확고부동한 믿음을 갖고 있다. 당신의 믿음이 옳다는 것을 어떻게 확신할 수 있는가?'

참으로 엉뚱한 녀석이었다.

집을 떠날 때 아버지와 나는 그리 살갑지 않았다. 나의 시선은 지평선을 향하고 있었다. 하지만 내가 조건 없는 깊은 사랑을 받고 있으며, 언제라도 엄마 아빠의 품으로 돌아올 수 있다는 것을 알았다. 지금도 그렇다. 나를 비롯한 형제자매는 훌륭하게 성장했으며 우리의 삶은 책, 음악, 웃음, 보트와 이동식주택을 이용한 휴가, 모두가 몹시 사랑한 작은 강아지들이 있는 풍요로운 삶이었다.

아버지는 우리가 10대 초반 시절에 집에서 키우자고 설득하는 데 성공한 털 뭉치 같은 포메라니안 강아지를 보고 비웃었다. 그 강아지를 데리고 농장 일을 나가는 것은 생각할 수도 없는 일이었다. 농장의 삶보다는 카다시안 핸드백에 더 어울릴 만한 개였다.

자그마하고, 재미있고, 에너지가 넘치고, 대단히 사교적이고, 마음이 따뜻하고, 좋은 일을 많이 하고, 요리 솜씨가 훌륭한 엄마는 강아지의 이름을 뒤셀도르프 리베 오토 폰 바커Dusseldorf Liebe Otto Von Barker, 또는 줄여서 더씨Dussie라고 붙였다. 엄마는 키가 152센티미터도 안 되지만 체구와 달리 넉넉한 마음을 가진 멋진 여성이었다.

(엄마의 별난 애완견 작명 방식을 경험한 나는 제이드가 우리의 유쾌하고 이국적인 털 짧은 고양이의 이름을 클레멘타인 공주 야옹이 커스터드Princess Clementine Kitty Cat Custard, 또는 줄여서 클레미Clemmie라고 지었을 때 전혀 놀라거나 이상하게 생각하지 않았다.)

불과 몇 주 지나지 않아서 더씨는 '아빠'와 다른 큰 개들과 함께 열심히 농장 일을 나갔다. 삼륜 오토바이 앞부분에 달린 바구니에 자랑스럽게 앉아, 털이 무성한 갈기 사이로 파고드는 바람에 분홍색 혀를 날름거리면서 나아가는 더씨는 자기가 최고의 개라고 확신했다.

아버지는 그런 사람이었고 지금도 그렇다. 마음이 엄청 부드러운 남자. 더씨는 아버지의 충실한 조수(그리고 엄마의 털 뭉치 아들)가 되었다. 하루 일이 끝나면 가슴털에 달라붙은 진흙을 털어주어야 했다. 더씨는 트럭에 묶어놓으면 온종일 요란하게 짖어댔다. 풀어놓으면, 전혀 존재하지 않는 양치기 기술을 뽐내는 것을 기뻐하면서 어리둥절한 양떼 주위로 원을 그리며 흥분하여 뛰어다녔다. 개들의 맨박스, 도그박스Dog Box에서 터프함을 입증하려 했던 것일까?

나는 지난 몇 년 동안에 우리 가족 모두가 더 가까워졌다고 생각한다. 실직의 경험과, 꽤 오래된 일이지만(경솔했음은 알고 있다), 결혼은 나를 크게 변화시켰다(좋은 쪽으로). 올해 여동생의 생일에는 모두가 함께 할 수 있었다. 몇 년 만에 처음으로 온 가족이 한방에 모였으며, 기회가 있을 때마다 삼촌 노릇을 하는 일이 행복했다.

우리 가족은 놀라운 방식으로 나를 둘러싸고 있다. 다양한 방식의 사랑, 이해, 그리고 변함없고 자애로운 관대함으로. 겸손과 깊은 감사를 느낀다.

외할머니의 자살에 관한 사실을 확인하려고 엄마와 길고 진지한 전화 통화를 했을 때, 그녀는 정직하고 용감하게 지난 일들을 얘기했다. 엄마는 삶이 자신에게 던진 공포를 견뎌내고, 그토록 밝고 즐겁고 우아하게 살아올 수 있었던 것이 신에 대한 믿음 덕분이라고 했다. 나는 그 말이 진실임을 의심하지 않는다. 기독교인은 '등불을 켜서 말 아래 숨기지 않는' 법이다. 삶을 통해서 자신의 믿음을 드러내야 한다는 뜻이다. 엄마의 등불을 보려면 짙은 선글라스가 필요하다.

성서의 문제는 그런 것이다. 여기서 도대체 '말bushel'(곡물의 무게를 다는 용기. 약 36리터 - 옮긴이)이란 무엇이며, 애당초 그 밑에 등불을 숨겨둘 이유는 또 무엇인가?

이제 엄마와 아버지는 자신들이 어린 자식을 둔 젊은 부모로서 '컬트'에 속했다고 생각한다. 나도 그렇게 생각한다.

지난 몇 년 동안 우리는 예전의 농장과 나의 어린 시절, 아버지의 인생 여정과 서로를 향한 깊은 사랑에 관한 대화를 했다. 그들의 믿음은 열리고, 이해하고, 받아들이고, 사랑하는 영성이 되었다. 이제 우리는 상스러운 말도 한다. (이런, 제기랄!) 아버지는 심지어 이상한 맥주까지 마신다. 세월이 얼마나 변했는지.

나는 똑똑하고, 단순하고, 차분하고, 재미있고, 현실적이고, 관대하고, 끝내주게 젊고, 건강하고 날씬한 아버지를 깊이 사랑하고 존경한다. 만년에 아버지가 나에게 가르쳐준 교훈은, 세월에 따라 계속 성장하면서 좋은 방향으로 변화를 지속하는 일은 나의 선택이라는 것이다.

최근에 과거의 여러 재정적 문제 중 하나가 새롭게 부담이 된 일이 있었다. 그때 아버지는 나를 곤경에서 구해내기 위해 우아하고 공정한 해결책을 제시했다. (아버지, 이 책에서 읽는 모든 것이 마음에 들기를 바랍니다. 우리는 1988년에 내가 오스트레일리아로 떠났을 때보다 서로를 훨씬 더 잘 이해한다고 생각합니다.) 어쨌든 요점은, 스스로 벗어나기에는 너무 어리석은 나에게 아버지가 다가와 곤경에서 구해냈을 때 내 나이가 쉰둘이었다는 것이다.

아버지가 문제를 해결했다.

함께하거나, 지켜보거나

다른 모든 부모처럼 나는 딸아이를 아주 자랑스럽게 생각한다. 나는 부모 됨의 진실, 즉 우리가 자기 생명보다 자식의 생명을 앞세울 정도로 자식을 깊이 사랑하도록 타고났다는 사실을 경험했다. 자식을 갖기 전에는 도저히 이해할 수 없다. 자식이 생긴 후에라야 다른 모든 부모와 같은 경험을 하게 된다.

인간의 뇌는 강박적으로 자식의 죽음과 관련된 끔찍한 시나리오를 상상한다는 이론이 있다. 어쩌다 실제로 그런 일이 일어났을 때 슬픔으로 미쳐버리는 것을 예방하기 위함이라는 것이다. 지금 상상으로나마 겪어봄으로써 적어도 만약의 경우를 대비한 약간의 준비는 할 수 있다.

나는 이런 이론이 옳다고 생각한다. 밤에 침대에 누운 채로, 특히 딸아이가 걸음마를 배우던 시절에, 난폭운전을 하는 자동차에 치여 죽거나 뱃전에서 떨어져 홍수가 난 배수로로 미끄러져 들어가는 모습을 상상하고 깊은 암흑 속으로 사라져가는 모습을 지켜보았다. 나의 흥분한 머릿속에서 룰루는 수풀 속에서 영원히 길을 잃고, 개방된 광구 속으로 떨어지고, 스쿨버스를 타거나 길을 건너다가 충돌사고를 당했다. 수많은 소아성애자, 강간범, 살인자와 앞에서 말했던 납치범의 희생자가 되기도 했다.

딸아이는 응급 제왕절개수술로 끝난 사흘간의 극적인 산고 끝에 태어났다. 그동안 나는 거의 깨어 있었다. 잠이 부족한 상태에서, 내가 살아오면서 불붙인 모든 대마초, 코웃음 친 말들, 터뜨린 코르크 마개들이 정자에 이상을 일으켜 무언가 문제가 있는 상태로 아기가 태어날 것이라고 확신했다. 너무 즐기면서 살아온 데 대한 우주의 복수로.

공교롭게도 딸아이는 발부터 먼저 나왔다. 나는 그 모습을 보고 두려움에 휩싸여 뒤로 휘청거리면서 '노!'라고 긴 신음을 토했다. 그녀의 발이 손이고 엉덩이가 얼굴이라고 생각했다. 가여운 내 아기. 의료진이 아기를 뒤집어 자그마하고 통통한 머리를 보여주었을 때 얼마나 안도했는지 상상이 될 것이다.

룰루는 생후 6주부터 밤새 자면서 깨지 않고, 잘 먹고, 한 살 때부터 유아원에 간 꿈 같은 아기였다. 그녀는 아주 어릴 적부터 나와 함께 「심슨 가족The Simpsons」과 「패밀리 가이Family Guy」를 시청했다. 우리는 차 안에서 록과 블루스를 노래하곤 했다. 지금도 그렇다. 나는 딸에게 닉 케이브Nick Cave의 「노 푸시 블루스No Pussy Blues」가 고양이를 잃어버린 남자에 관한 노래라고 말해주었다('pussy'는 여성의 음부를 뜻하는 비어이지만 고양이라는 뜻도 있다 - 옮긴이).

룰루는 엄청 똑똑하고, 말도 잘하며, 명민한 두뇌를 가졌다. 모호하고 잘 잊어버리는 나의 특질도 물려받았다. 딸아이는 토스터를 찾지 못한다.

딸아이는 어린 시절에 나이에 걸맞지 않은 기량과 의미를 보여주는 아름답고 이상한 그림을 그렸다. 여덟 살 무렵에 노트북 컴퓨터에 손을 댄 후로는 연달아 이야기를 쏟아내면서 그칠 줄 모르고 글을 쓰기 시작했다. 그저 재미 삼아서. 룰루는 고등학교 상급반이 될 때까지 수십만 단어에 해당하는 이야기와 시를 썼다. 10학년 영어교사는 내 손을 잡고 예언자처럼 "부모님에게 이런 말씀을 드린 적은 없지만, 룰루의 첫 소설이 정말로 기다려집니다. 그 정도로 뛰어납니다"라고 속삭였다.

룰루는 또한 분석적·과학적 정신을 가졌으며, 디자인과 건축을 사랑하고, 철학·윤리·인종차별·성차별·책과 영화에 관한 길고 심오한 토론을 즐긴다. 속이 촉촉한 컵케이크도 구울 줄 안다.

딸아이는 초록색 임시 운전면허를 받았으며, 내가 가르쳐준 대로, 부드러운 운전 기술로 곡선구간을 돈다. 브레이크를 밟으며 진입하여 곡선구간의 절반을 통과한 뒤에 가속하면서 빠져나오기. 어쨌든 집중할 때는 그렇다.

룰루는 또한 - 별도로 인정된 사실이다 - 신체적으로도 매우 아름답다. 따라서 그녀에게는 멋진 삶이 기다리고 있을 것이다.

그러나 주변의 많은 10대 소녀처럼 딸아이도 불안감에 시달리고 있다. 그녀의 큰 뇌는 생각이 너무 많고, 음식에 관해서도 내 바람보다 까다롭다. 나는 룰루가 조용한 모습을 보면 놀라지만, 때로 그녀는 자신감이 부족한 모습을 보여준다.

나이가 들어 대학 3학년쯤 되었을 때 첫 번째 남자친구와 진지하고 안정된 관계를 맺게 되면 내가 그녀를 위해서 바라는 여성이 될 것으로 기대한다.

나를 비롯하여 삼촌, 숙모들과 마찬가지로 룰루는 격렬한 운동에 집착한다. 내 동생은 자전거, 카약, 달리기로 남알프스(뉴질랜드 사우스 아일랜드의 등뼈에 해당하는 산맥 - 옮긴이)를 넘는 구간을 포함하여 한쪽에서 반대쪽 해변까지 뉴질랜드 사우스아일랜드를 횡단하는 경주에 참가한 적이 있다. 이틀이 걸리는 경주다. 여동생은 요가 강사이며 수련회에 참가하기 위해 인도와 태국을 방문한다. 얼마 전에도 인도의 푸네에서 심한 배탈이 난 채로 돌아왔다.

룰루가 선택한 운동은 치어리딩이다. 사이드라인에서 하는 애교 있는 응원 같은 것이 아니라 영화 「브링 잇 온Bring It On」처럼 멋진 구호와 함께 피라미드를 만들고 공중 뒤집기를 하는 운동이다. 맹렬한 치어리더 전사들로 이루어진 그녀의 '팀'은 여느 축구팀 못지않게 단단히 결속된 팀이며, 자신들의 운동에 헌신한다. 룰루는 악착같이 연습하고, 연습이 끝난 뒤에는 멍자국을 자랑스럽게 보여준다. 그녀는 '비행사'가 되는 목표를 2년차에 달성했다.

룰루는 치어리더들이 짧은 스커트를 입고 짙은 화장을 하는 것을 지적하는 페미니즘적 견해도 잘 알고 있지만, 당분간 그 문제를 제쳐놓을 수 있을 정도로 너무 재미있는 운동이라고 말한다.

나로서는 고도의 팀워크, 힘, 균형, 유연성, 용기와 기술을 요구하는 운동이라면 어떤 운동이든 상관없다. 딸이 자신에게 맞는 운동을 찾은 것을 기쁘게 생각한다. 그리고 건강과 힘을 유지하기 위해서는 잘 먹어야 한다. 연약한 나비보다는 강한 운동선수가 되는 것이 더 중요하다.

룰루가 빠르고 메마르고 약간 무례한 유머 감각을 가진 별난 처녀라는 것은 부인할 수 없는 사실이다. 나는 성인이 되어가는 딸의 지성이 '고릴라 장갑' 같다고 놀린다. 매우 강력하지만 아직 그다지 섬세하지 못한. 우리는 그 장갑을 외과용 메스로 바꾸는 작업을 하고 있다.

이상이 나와 관련된 부성의 세계, 내 아버지와 딸의 이야기다. 이렇게 한 인간의 삶을 준비시키는 역할을 하는 깊고 중요한 관계의 열쇠는 다른 모든 관계와 마찬가지다.

진정한 정서적 자아의 모습을 보여줄 수 있는 용기를 가져라. 슬픔을 드러내라. 배려하고 부드러운 사람이 되어라. 때로는 어리석은 행동을 하라. 기쁠 때는 거침없이 웃어라. 아들이나 딸이 항상 사랑받고 있음을 알도록 깊이 사랑하라. 언제나 그들과 함께하여 비판하지 말고 경청하라. 그리고 부드럽게 조언하라. 공감하라. 그렇게 하면 때로는 문제를 해결하게 될 것이다.

결론적으로 나는, 결함이 많고 혼돈 상태인 아버지가 자신을 조건 없이 간절하게 사랑한다는 사실을 딸이 안다는 사실을 안다. 아버지가 나를 사랑하는 것과 마찬가지로.

지금 나는 키보드에 행복의 눈물방울을 떨어뜨리면서 글을 쓰고 있다. 감정이 북받친 상태이지만 좋은 일이라고 생각한다.

고맙다, 룰루. 고마워요, 아버지.

두 사람 모두 사랑합니다.

제11장
‘더 오래’
보다
‘더 낫게’

죽음을 상상한다

늙은 남자가 병원 침대에 누워 있다. 기계들이 삐삐 소리를 낸다. 목구멍으로 집어넣은 호스와 정맥을 통해 털이 많은 회색 몸으로 액체가 주입된다.

엄청나게 튀어나온 배는 마침내 주인을 쓰러뜨린 과도한 식욕을 증언한다. 입원한 지 3주가 된 그는 가래 때문에 서서히 숨이 막히고 있다. 소리가 끔찍하다. 임종 때의 가래 끓는 소리라기보다 전기톱 같은 소리다. 그는 고통스럽다. 내부 깊숙이 자리한 검고 기름진 의지력만이 그의 생명을 지탱하고 있다.

간호사들은 가능한 한 문간에서 환자의 상태를 확인한다. 그의 성질이 고약하기 때문이다. 말을 할 수 있을 때면 죽음과 자신이 이런 처지가 된 것의 부당함, 벌써 삶의 끝을 맺게 된 데 대한 격렬한 분노를 표출한다.

"빌어⋯⋯." 기침을 한다. 다시 꾸르륵 소리와 함께 고통스럽게 떨리는 호흡이 이어질 때까지의 오랜 침묵. "⋯⋯먹을."

아니면 한 남자가 스포츠카를 빠르게 몰아 시골길을 달리고 있다. 엔진이 굉음을 내면서 배기가스를 토해내고, 기어를 바꿀 때마다 트윈 터보가 식식댄다. 높은 고도의 드론에서 광각으로 촬영하면 민첩하게 곡선구간을 돌면서 구불구불한 길을 직선 도로처럼 빠르게 달려가는 모습을 볼 수 있을 것이다.

남자는 스치고 지나가는 갈색 들판을 보지 않는다. 놀라운 기계와 함께하는 느낌을 만끽하면서 즐기는 데 집중하고 있다. 느낌은 손과 운전석 바닥을 통해서 전해진다.

더할 나위 없이 완벽한 순간이다.

그는 시속 180킬로미터가 넘는 속도로 산마루 오르막길을 신나게 달린다. 그리고⋯⋯ 고물 트럭을 몰고 천천히 길을 가로지르는 농부가 나타난다. 피할 곳이 없다. 자신의 옵션을 생각하는 동안 시간이 확장된다. 난생처음으로 아무런 옵션이 없다. 필사적으로 트럭과 나무 사이의 틈으로 차를 몰아보지만 너무 좁다는 것을 안다. 꽁무니로 나무를 꺾은 자동차는 뒤집히면서 들판으로 날아간다. 속도에 따른 에너지가 너무 커서 멈출 때까지 오랜 시간이 걸린다. 마침내 골짜기 바닥에서 멈춘다. 여러 번의 충돌이 너무 강력해서 엔진이 차체에서 떨어져나오고 벌겋게 달아오른 배기관에서는 휘발유가 뿜어진다.

아직 의식이 있는 남자는 차 안에 거꾸로 매달려 있다. 이미 눈에 피가 흥건하다. 불이 시작되면서, 화염이 성난 파도처럼 자신을 삼켜버리기 전에, 이제 무슨 일이 일어날지를 이해할 수 있는 정도의 시간만 남는다. "오, 빌어먹을." 그가 속삭인다.

죽음에 대해 내가 상상하는 대표적인 두 가지 시나리오다. 당신은 어떤가?

죽음이란 무엇인가

나는 제이드에게 우리의 20년 나이 차이에 따른 멋진 보너스가 있다고 농담한다. 내가 속세의 번뇌를 떠난 후에 그녀가 20년 연하의 화끈한 남자를 만나서 다시 시작할 수 있으리라는 것이다.

그녀는 이런 농담을 나처럼 재미있어하지 않는다.

하지만 유감스럽게도 내 말이 맞을 것이다. 영국의 보험계리사 벤자민 곰퍼츠Benjamin Gompertz는 1825년에 '곰퍼츠의 사망률 법칙'으로 알려지게 되는 현상을 발견했다. 법칙의 내용은, 솔직히 말해서 조금 불안한 정도가 아니다.

곰퍼츠의 법칙은 당신이 한 해를 넘기지 못하고 사망할 확률이 8년마다 두 배가 된다고 말한다. 25세인 사람은 이듬해에 죽을 확률이 약 0.03, 또는 3,000분의 1에 불과하다. 33세가 되면 1,500분의 1이 된다. 41세에는 750분의 1. 100세가 되면 101세까지 생존할 확률이 50퍼센트다. 지금 53세인 나는…….

곰퍼츠의 법칙은 국가, 시대, 심지어 종과 관계없이 적용된다. 종의 수명에 따라 달라지는 기간이 지나면 사망률이 두 배로 늘어난다. 믿기 힘든 사실이며, 아무도 그런 결과가 일어나는 이유를 설명하지 못하기 때문에 더욱 놀랍다.

따라서 사망률은 나이에 따라 기하급수적으로 증가하며, 우리가 할 수 있는 일은 아무것도 없다. 죽음의 원인이 되는 주변의 우발적 사건과도 아무런 관계가 없다. 그저 우리의 신체에 만료 시기가 있을 뿐이다. 하느님, 감사합니다.

우리는 보통 죽음을, 벼락을 맞거나 기차에 치이는 것처럼 무작위적이고 갑작스러우며 예상치 못한 사건으로 여긴다. 이런 생각이 맞는다면 사망률이 현실과 전혀 달라야 할 것이다. 특정한 기간에 죽을 확률이, 통계가 보여주듯이 세월이 가면서 증가하는 것이 아니라 일정할 것이다.

나는 통계학자가 아니지만, 벼락 이론이 맞는다면 평균수명은 여전히 80세이더라도 100명 중 31명은 30세 이전에 사망하고 두 명은 300년보다 오래 살게 될 것이다.

생각해보면 곰퍼츠의 법칙은 실제로 신이 존재함을 주장하는 가장 강력한 논거가 될 수 있다. 삶이라는 너무나 짧은 여정이 끝난 뒤에 우리를 고향으로 부르는 것은 그저 천상에 있는 덩치 큰 양반인가?

미네소타 대학 이론물리연구소─그들의 크리스마스 파티는 굉장하다─는 곰퍼츠의 법칙을 설명하는 논문을 발표했다. 논문은 전혀 이해할 수 없는 수학으로 가득하지만(내가 대수를 더 잘 알았더라면 하는 아쉬움이 있다), 그 이론을 분석해보자.

당신의 몸속에서 경찰과 강도의 전투가 진행 중이라고 상상해보자. 경찰은 몸속을 순찰하다가 강도를 발견하면 총을 쏜다. 다행스럽게도 강도보다 경찰이 훨씬 많다. 그들은 몸 구석구석을 하루에 14회씩 통과한다. 이는 '푸아송 분포Poisson distribution'라고 알려져 있다. 궁금하면 검색해보라. 푸아송 분포를 이해한다면 당신은 나보다 똑똑한 사람이지만, 그렇다고 흥분할 만한 일은 아니다.

경찰의 추적을 피한 강도에게 시간이 충분해서 경찰이 진입할 수 없을 정도로 잘 방어되는 아지트를 만들게 되면 당신은 죽는다. 하지만 걱정하지 마라. 경찰이 하루 14회씩 몸 구석구석을 순찰하니까.

나이가 들면 은퇴하는 경찰이 생긴다. 아니면 사망하거나. 또는 순찰차가 사고를 당할 수도 있다. (이것이 두통의 원인이다.) 통계에 따르면 경찰의 순찰 횟수가 하루 12회로 줄어들면 사망률이 일곱 배로 증가한다. 경찰력의 약화는 시간에 따라 선형적으로 진행되지만, 사망률은 기하급수적으로 증가한다.

너무 많은 경찰을 잃어서 순찰 횟수가 하루 7회에 그치게 되었을 때, 95세가 된 당신이 연말까지 살아남을 수 있는 확률은 3분의 2에 불과하다. 법칙에 예외가 있을 수는 있으나 사실이다. 무심한 과학의 진실이다.

단두대 처형이 성행하던 프랑스 혁명 당시에 잘린 머리에 대하여 흥미로운 실험이 행해졌다. 1793년 7월 17일에 샤를로트 코르데 Charlotte Corday라는 여성이 언론인이며 정치인이었던 장 폴 마라 Jean-Paul Marat를 암살한 죄로 처형되었다.

샤를로트의 머리가 바구니에 떨어지자 사형집행인의 조수(나는 그런 직업이 있었는지도 몰랐다)는 머리를 꺼내어 뺨을 때렸다. 충격적인 광경임이 분명했을 순간에, 다수의 목격자에 따르면 샤를로트의 눈이 조수를 향했으며 얼굴은 밥 캐터 Bob Katter(1970~1990년대에 활동한 오스트레일리아의 정치인 - 옮긴이)처럼 격분한 표정으로 변했다.

프랑스인 의사 가브리엘 보히유 Gabriel Beaurieux는 랑기유라는 남자의 목이 잘리는 광경을 목격했다. 그는 '눈꺼풀과 입술이…… 5~6초

동안 불규칙한 리듬의 수축을 보였으며 눈동자의 초점도 살아 있었다'고 기록했다. 보히유 박사가 큰 소리로 이름을 부르자 눈꺼풀이 아무런 경련성 수축도 없이 천천히 열렸다. 이런 일은 두 차례 되풀이되었으며 아무 반응도 없어진 것은 세 번째가 되어서였다.

답이 무엇이건, 과학자들은 아직도 실제로 죽음이 일어나는 순간이 언제이며 무엇이 죽음을 정의하는지를 알아내려 애쓰고 있다.

'임상적 사망'은 생명을 유지하는 데 필요한 두 가지 요소, 즉 혈액순환과 호흡의 정지를 말하는 의학 용어다. 심장이 규칙적인 리듬으로 뛰기를 멈추는 심박정지가 왔을 때 임상적 사망이 일어난다.

이때는 아직 소생 가능성이 있다. 임상적 사망 상태에서 사람은 몇 초 만에 의식을 잃는다. 측정할 수 있는 뇌 활동은 20~40초 안에 멈춘다.

반면에 뇌사는 생명을 유지하는 데 필요한 불수의적 활동을 포함하여 뇌의 모든 기능을 완전히 잃은 상태를 말한다. 절대적이고 확실한 죽음을 위해서는 심장과 폐를 작동시키는 뇌간의 기능 정지가 포함되어야 한다. 이때쯤의 대뇌는 양배추와 다를 바 없는 상태이며, 당신이 뇌사상태에 빠지면 장기를 들어낼 수 있다. 그러면 진짜로 죽는 것이다.

죽음의 으뜸가는 원인이 삶이라는 데는 의심의 여지가 없다.

나무에서 내려와 구운 고기를 먹고 뇌가 자라기 시작했을 때, 우리는 끔찍한 진실을 깨달았다. 우리가 죽을 것이라는.

'호모 사피엔스'는 지구상에서 유일하게 이런 사실을 알게 된 종이다. 그리고 그 지식은 끊임없이 우리를 괴롭히고 있다.

단 한 번뿐인 삶

죽음에 대한 지식은 우리가 신을 필요로 하는 이유다. 영혼이라는 개념을 생각해낸 이유다. 도대체 어떻게 죽으면 그냥 사라지고 말 수가 있는가? 살아 있고, 숨 쉬고, 생각하는 나라는 놀라운 존재가 말이다. 도저히…… 그저 존재를 멈출 수는 없는 일이다.

신들이 존재하지 않는 것으로 밝혀지더라도 자신과 주변에 있는 사람들을 위해 최선의 삶을 추구해야 하는 또 하나의 강력한 이유가 있다. 우리에게 주어진 기회가 단 한 번뿐이라는 것이다.

우리의 오랜 친구 척 팔라닉은 『파이트 클럽』에서 이런 생각을 멋지게 표현했다. '당신은 특별하지 않다. 당신은 아름답고 독특한 눈송이가 아니다'라고. 우리는 자기가 매우 특별하다고 생각하기 때문에 사후에 마법적인 자신의 일부가 육체에서 분리되어 영원한 평화와 기쁨을 누릴 거라고 믿거나 희망한다. 구름 위에서 하프 소리를 듣고, 천상에 있는 아버지의 영원한 보호를 받으면서. 우리가 할 일은 청하는 것뿐이다. 참으로 솔깃한 이야기다. 차가운 땅속에서 벌레가 당신의 눈을 파먹는 것보다 훨씬 낫다.

사후의 세계는 어떤 모습일까? 음, 당신은 태어나기 전의 가장 길었던 시간을 기억하는가? 기억하지 못한다고? 글쎄, 죽음도 그와 마찬가지일 것이다.

공포관리이론Terror Management Theory, TMT은 인간 행동의 핵심 동기에 관한 과감한 설명을 시도한 문화인류학자 어니스트 베커Ernest Becker가 개발했다. 〈사이언티픽 아메리칸〉은 TMT를 다음과 같은 문장으로 설명한다.

자기 인식은 억제되지 않은 외경심과 기쁨을 낳을 수도 있지만, 또한 자신이 죽음을 피할 수 없는 존재이며, 결코 예측하거나 통제할 수 없는 원인으로 죽음이 초래될 수 있고, 인간이 단지 물질적 존재 – 고슴도치나 복숭아보다 중요할 것도 없는 숨 쉬고 배설하는 고깃덩어리 – 에 불과하다는 깨달음에 따른 압도적인 두려움을 불러올 수도 있다.[1]

충격적이다. 우리는 죽음을 직시하지 않으려고 무슨 일이든 할 수 있는 종이다.

뉴욕에 있는 진보적 학교 스키드모어 대학의 심리학 교수 셸던 솔로몬Sheldon Solomon은 〈사이언티픽 아메리칸〉에서 이렇게 말했다.

TMT는 인류가, 영리하지만 거의 무의식적으로 문화적 세계관 – 인간이 만들어내고 집단에 속한 사람들이 공유하며 죽음의 인식에 따르는 극심한 공포를 '관리'하는 역할을 하는, 실재에 대한 믿음 – 을 개발함으로써 이러한 존재의 딜레마를 해결했음을 인정한다. 모든 문화는 문화적으로 규정된 기준에 맞게 살아가는 사람들에게 우주의 기원에 관한 설명, 지상에서 용인되는 행동과 불멸의 약속에 관한 청사진을 제시함으로써 삶의 의미를 제공한다. 그것은 상징적으로는 큰 기념물의 창조, 예술이나 과학의 위대한 작품, 거대한 부의 축적, 자식을 갖는 것을 통하여, 문자적으로는 조직화된 종교의 중심 요소인 사후 세계의 설명을 통하여 제시된다.

흥미로운 사실은 TMT로 인해 우리가 영적 세계에 존재한다고 확신하게 된 귀신, 유령, 영혼 같은 불쾌한 존재에 대해서도 걱정하게 되었다는 것이다. 힘에는 언제나 어두운 면이 있다.

당신이 신자라면 어떤 종류의 귀신을 볼지는 자신이 믿는 종교에 달려 있다. 불교, 이슬람교, 기독교, 유대교, 힌두교를 비롯하여 지구상에 존재하는 수많은 종교를 신봉하는 사람들은 모두 다른 것을 본다. 이는 모두가 우리의 머릿속에 있다는 것을 말해주는 훌륭한 근거가 된다.

증거가 전혀 없으므로 영적 세계를 부정하는 나 같은 사람들은 아무것도 보지 못한다.

영적 세계의 으스스한 거주자들에게 제안한다. 오늘밤 우리 집 문밖에서 쇠사슬을 덜거덕대든지, 린다 블레어(영화 「엑소시스트」에 출연한 미국 배우 - 옮긴이)처럼 악마에 사로잡히도록 얼마든지 마음 내키는 대로 시도해보라. (나는 6개월 전에 쓴 이 부분을 최종 편집 과정에서 다시 검토하고 있다. 그동안에도 아무런 영적 존재를 경험하지 못했음을 밝힌다.)

요정, 마녀, 시끄러운 유령, 점성술, 영매, 영혼 인도자, 아우라, 평평한 지구 이론, 우리가 숭배하는 약 3,000가지에 이르는 신 등 편리하게도 과학으로 검증될 수 없는 모든 어리석은 헛소리가 같은 범주에 속한다.

세계의 회의주의 협회들은 어디에 있는 누구든지 초자연적·영적 현상을 입증할 수 있는 사람에게 수백만 달러의 상금을 제시하고 있다. 단지 임상적으로 검증할 수 있는 현상이어야 한다. 지나친 요구로 보이지는 않는다. 안 그런가?

당신도 유령을 보여주는 짧막한 영상을 스마트폰에 올리고 독립적인 디지털 이미지 전문가의 검증을 받기만 하면 백만장자가 될 수 있다. 그런 일은 일어난 적이 없으며, 기록장치가 아무리 정교해지더라도, 앞으로도 일어나지 않으리라고 생각한다. 하지만 좋은 소식도 있다. 당신이 유령에게 시달림을 받는다면 실험실로 뛰어들어라. 유령은 실험실을 싫어하는 것 같다.

뭐랄까, 내 생각이 전부 틀리고, 피할 수 없는 화염이 닥쳤을 때 깜짝 놀라게 될지도 모른다.

그래서 잠시 천상의 아버지가 존재한다고 가정하고 죽음 후의 일을 상상해보려 한다.

기성 종교의 거물, 예컨대 오스트레일리아의 가톨릭교회 추기경 조지 펠George Pell을 예로 들어보자.

신 : 좋은 아침일세, 조지.

조지 : 안녕하십니까, 하느님. 제가 죽은 것 같군요. 여기에 오게 되어 정말 흥분됩니다. 제 구름은 어느 것인가요?

신 : 그 얘기는 나중에 하세. 우선 자네 시험은 어떻게 치렀나?

조지 : 무슨 시험이요?

신 : 교회의 시험 말일세. 기성 종교는 실제로 아무것도 아니야. 그저 멍청이들을 솎아내려고 내가 만들어낸 것이지.

조지 : 무슨 말씀이신지?

신 : 그래, 이 사람아. 자네의 신도 한 사람이 누군가를 살해하거나 아동을 학대하고도 「성모송 Hail Marys」을 몇 번 되뇌면 아무런 문제가 없다고 정말로 생각하지는 않겠지? 말도 안 되는 얘기잖아?

(크게 웃으며 허벅지를 때린다.)

조지 : 글쎄요, 저는…….

신 : 맙소사, 이 사람아. 자네에게 두뇌를 주었잖아. 그리고 지금 입은 옷은 도대체 뭔가? 모자는 또 뭐고?

조지 : 그건…… 어…….

신 : 오, 내 아들 예수가 오는군. 예수야, 이쪽은 조지다.

조지(숨이 막히면서) : 오, 예수님.

예수 : 헤이, 조지. 내가 흑인이라 조금 놀란 것 같구먼. 나는 또한 게이라네. 우리는 내가 흑인이나 게이가 아니라고 말한 적이 없지. 안 그래요, 아버지? 어쨌든 조지, 오스트레일리아에서 동성결혼 문제가 불거졌을 때 자네는 어떤 입장이었나? 성서에는 아버지와 내가 모든 사람을 똑같이 사랑한다고 나와 있어, 그렇지?

조지 : 네, 그렇지요……. 다만…….

신(수첩에 뭔가를 쓰면서) : 이봐 조지, 자네가 바티칸의 재정을 맡았구먼. (휘파람을 분다.) 와! 자네들은 역사를 통해서 세계의 부의 상당 부분을 긁어모았군. 그 엄청난 돈을 내가 지시한 대로 가난하고, 약하고, 병들고, 슬프고, 도움이 필요한 사람들에게 나눠주었겠지?

조지 : 네, 글쎄…… 그저…….

신 : 이봐, 예수. 언젠가 채찍으로 장사꾼들을 성전에서 몰아낸 적이 있었지?

예수 : 그럼요, 진짜 열받아서 완전히 뒤집어엎었죠. 지상에 있는 아버지의 집은 너희의 돈궤가 아니다. 안 그래, 조지?

신 : 이런, 이건 약간 당혹스러운 얘기지만, 성직자 중의 그 모든 소아성애자들…… 그것도 시험이었어.

조지 : 어…… 하지만…….

신 : 오, 나 때문에 울지는 말게. 이제 몇 가지 질문만 남았네. 그 모든 스테인드글라스와 쓰레기 같은 예술품들은 다 뭐였나. 나는 그런 걸 요구한 기억이 없는데. 여기서는 단순함을 소중히 여기지. 적은 것이 많은 것이야, 조지.

조지 : 우리 생각에는 그저 그런 것들이…….

예수 : 수치스러운 과시? 자네는 정말로 LGBTQI(레즈비언, 게이, 양성애, 트랜스젠더, 동성애, 간성의 약자 - 옮긴이) 공동체를 더 배려했어야 하네. 우리 쪽 사람들의 실내장식 솜씨는 경탄할 만하지.

신 : 이런, 19세기와 20세기의 고아원도 별로 신통치 않았구먼. 자네들 성직자가 돌보던 아이들을 꽤 많이 망쳐놓았네. 실제로 자세히 들여다보니 이 친구들이 여러 세기 동안 내 이름으로 수백만 명을 죽였군그래. 그 모든 십자군 운동과 종교재판은 내가 지상의 대리인들에게 실제로 원한 것이 아니었는데.

조지 : 저는…… 오, 맙소사.

신 : 흠…… 나도 동감이네, 조지. 저기 숨겨진 지옥문에 가서 앉게나.

조지 : 하지만 저는…….

신 : 그런데 지옥에 관한 이야기는 사실이라네. 적어도 외롭지는 않을 거야. 이미 꽤 많은 자네 동료들이 가 있으니까. 잘 가게, 조지.

예수 : 앗싸! (레버를 잡아당긴다.)

다른 시나리오와 마찬가지로 가능성이 있어 보이면서 훨씬 더 재미있는 시나리오다.

어쨌든 사후에 마법적인 영혼이 죽음 너머의 위대한 영역으로 떠오를 것이라고 믿든 안 믿든 간에, 우리는 삶이 순식간에 지나가는 짧은 순간에 불과하다는 사실을 인정해야 한다. 시작부터 종말까지 인류가 존재하는 시간 전체는 우주의 광대한 공간과 시간 속에서 벼룩의 방귀나 다름없을 것이다. 우리의 정신이 우주의 크기와 시간의 척도, 그리고 그 안에서 우리가 차지하는 위치를 진정으로 이해할 수 있다면, 우리의 뇌는 영화 「킹스맨」 1편(속편보다 훌륭한)에서처럼 폭발하고 말 것이다.

따라서 우리가 존재하는 극히 짧은 시간 동안 최선을 다해야 한다는 것은 당연한 일이다.

사랑받는 남자가 되고 싶지 않은가

앞 장에서 살펴본 획기적인 '하버드 대학의 성인발달연구' – 거의 80년에 걸쳐 진행 중이다 – 는 행복한 죽음에 관하여 많은 것을 말해준다.

첫 번째 연구책임자 클라크 히스Clark Heath가 이끌던 1939년부터 1954년까지의 연구는 당시의 과학적 트렌드를 반영했다. 연구자들은 개인의 신체 조건, 지적 능력, 성격적 특성이 성인기의 발달을 결정한다고 믿었다. 어떤 요인이 행복하고 건강한 삶에 가장 크게 기여하는지를 밝히기 위해 성격적 특성부터 지능지수, 음주 습관, '음낭이 늘어진 길이'의 가족력까지 놀랍도록 광범위한 심리학적·인류학적·신체적 특질이 다루어졌다.

정신과 의사인 조지 베일런트George Vaillant는 1972년부터 2004년까지 연구팀을 이끌었다. 그가 재임하는 동안에 진실이 텍사스 티Texas tea처럼 끓어오르기 시작했다. 베일런트는 '연구가 시작되었을 때는 아무도 공감이나 애착에 신경 쓰지 않았다. 그러나 건강한 노후의 핵심은 인간관계, 인간관계, 그리고 인간관계다'라고 말한다.

자신의 저서 『행복의 조건 Aging Well』에서 베일런트는 건강한 노후를 예측할 수 있는 여섯 가지 요인 – 신체 활동, 과음의 자제, 금연, 삶의 희로애락을 견뎌낼 수 있는 성숙한 메커니즘, 건강한 체중, 안정된 결혼의 유지 – 을 제시했다.[2]

분명히 말하지만, 부끄럽게도 내가 조금씩 손을 대고 있는 알코올과 담배는 당신을 죽인다. 베일런트는 '알코올중독은 파괴력이 엄청난 장애다'라고 말한다.

알코올중독은 그랜트 집단 – 여담이지만 존 F. 케네디도 포함되는 – 의 주된 이혼 사유였으며, 신경증 및 우울증과도 깊은 상관관계가 있었다. 술과 끊기 힘든 담배는 사망률에 가장 크게 기여하는 단일 요인이다.

베일런트는 '빈곤층 남성이 더 많은 교육을 받을수록 담배를 끊고, 분별 있는 식사를 하며, 과음을 자제할 가능성이 높아진다'고 말했다.

중년기의 인간관계 만족도가 유전적 요인보다 수명에 더 큰 영향을 미친다는 것은 입증된 사실이다. 나 자신도, 나처럼 나이 든 남자로서는 신기한 일이지만, 지난 10년 동안 근본적인 변화를 경험했다. 연구 결과는 우리의 인격이 30세까지 '석고로 굳어지는' 것이 아니라고 말한다.

베일런트는 '20대에는 분명히 엉망진창이었던 사람들이 아주 멋진 80대가 된다. 반면에 알코올중독과 우울증은 스타로 삶을 시작한 사람들을 마지막에 엉망진창으로 만든다'고 말했다.

단지 더 오래 사는 것이 중요하지는 않다. 더 낫게 살아야 한다. 연구 결과는 외로움이 하루에 말보로 한 갑을 피우고 와인을 두 병씩 마시는 것만큼 확실하게 당신을 죽일 것이라는 사실을 분명히 보여준다.

행복하게 죽고 싶다면 중년기에 깊고 풍부한 관계를 유지해야 한다고 과학은 말한다.

이제까지 내 삶에서 최고의 순간들을 돌이켜보면 모두가 인간관계와 관련되어 있다. (음, 이스턴 크릭에 있는 시드니 자동차 경주장을 일반 운전자들에게 개방한 날도 꽤 재미있었다. 하지만 그런 일은 내가 말하는 논지와 맞지 않는다.) 내가 사랑하게 된 것이 큰 행운이었던 제이드는 대등한 파트너, 연인, 그리고 가장 좋은 친구다. 나는 '연인lover'이라는 말을 좋아하지 않는다. 캐런 카펜터Karen Carpenter(미국의 남매 그룹인 카펜터스의 여성 가수 – 옮긴이)의 노래에나 어울리는 말이지만 달리 적당한 단어가 없다.

여러 해가 지났는데도 우리는 여전히 서로를 찾아냈다는 사실을 믿지 못한다. 그녀는 내가 만난 이들 중에 가장 관대하고, 배려심 있고, 동정적이고, 재미있고, 지성적이고, 섹시하고, 약간 무례하고, 의욕이 넘치고, 아름다운 여인이다.

우리의 나이 차이에도 불구하고 힘의 불균형은 전혀 없다. 제이드는 그런 일을 참지 못할 것이다. 그녀는 내가 이 책을 쓰는 동안 자신의 커뮤니케이션 사업에서 벌어들인 수입으로 우리의 생활을 책임졌다. 나도 가능한 한 그녀의 일을 돕는다. 고객은 제이드의 사람됨 때문에 그녀를 흠모하며 모두 친구들이다. 그녀의 직업적 성공은 전적으로 관계에 기반을 두어 이루어졌다.

우리는 매일같이 일과를 끝내고 서로를 마주하는 시간이 여전히 즐겁다.

올림픽 경기에 대화라는 종목이 있다면 우리가 혼합복식 금메달을 차지할 것이다. 우리는 보통 주방에서 저녁을 준비하면서 함께하는 밤을 시작한다. 와인도 한 병 딴다. 말하기가 부끄럽지만, 대개 녹화해놓은 TV 프로그램을 보면서 식사를 한다. 식사를 끝낼 때까지 몇 시간이 걸린다. 대화가 훨씬 더 재미있어서 스토브에 올린 음식을 태우는 경우가 많다. 정지 버튼을 너무 자주 누르기 때문에 TV 프로그램을 보는 데도 세 시간이 걸린다.

우리의 지식과 스킬은 서로에게 딱 들어맞는다. 나는 과학에 흥미가 있고 책을 좋아하지만, 대중문화와 음악에 대한 사랑을 공유한다. 그녀는 소셜 미디어의 천재이며 첨단 커뮤니케이션에 관련된 모든 것에 뛰어나다. 나는 페이스북도 별로 익숙하지 않다.

우리는 함께 운동하고, 일하고, 살아간다.

두 사람 모두 대단히 과시적인 인간이다. 그녀는 뉴타운 공연예술 고등학교 출신이고, 나는 20년 동안 아마추어 밴드에서 록 스타 흉내를 냈다. 그런 면에서 우리는 소름이 끼칠 정도로 닮았다.

우리는 자식을 갖지 못할 것이다. 우리가 함께하는 동안에 제이드가 난소낭종, 자궁암, 자궁내막증으로 여러 차례 수술을 받았기 때문이다. (잘 모르겠다면 이 고약한 질병들을 검색해보고 당신이 그런 고통을 겪는 일이 없기를 기원하라.) 그녀는 서른두 살 때 자궁절제술을 받았다. 결코 아이를 가질 수 없음을 알게 되는 것은 젊은 여성에게 감당하기 어려운 일이다. 따라서 우리는 몇 년 동안 힘든 시기를 보냈다. 하지만 그녀는 약물치료로 어려움을 극복했으며, 타고난 신체 호르몬의 원천을 제거한 데서 오는 절대로 반갑지 않은 부작용인 체중 증가도 극복해냈다.

우리는 많은 일을 겪었지만 항상 함께했다.

앞서 말한 모든 어려움을 안쓰럽게 여기는 독자도 있겠지만, 내 말의 요지는 제이드와의 관계가 나에게 심원한 기쁨을 주었다는 것이다.

오늘날의 성 정치학 환경에서 짜증스러운 부산물은 동등한 권리와 존중을 위해 싸우는 여성은 왠지 섹시함이 떨어지고, 여성을 존중하기로 선택한 남자들은 왠지 '쿡'이나 '백기사' 같다는 생각이다.

남자들이 배워야 할 놀라운 비밀은 지구에서 살아가는 동등한 인간으로 존중받는다는 것을 분명히 알고 있는 여성과 함께할 때 진정 멋진 섹스가 이루어진다는 것이다. 그렇게 되면 섹스 인형을 사는 대신에 그녀가 당신이 원하는 대로 옷을 차려입을 것이다. 당신을 너무나 사랑하고 존중하기 때문이다. 당신 또한 그녀를 위해서 무슨 일이든 하게 된다. 그것이 전부다. 진정으로 열려 있고 행복한 성적 관계에서는 많은 포르노 같은 즐거움을 누릴 수 있으며, 웃음이 침실에서 나오는 주요한 소음이 된다.

나는 바보가 아니다. 원활한 관계를 유지하기 위해 노력한다. 그러한 관계가 앞으로 오랫동안 나를 젊게 살 수 있도록 하고, 똑똑하고 행복하게 만들어줄 것임을 알기 때문이다. 제이드는 나의 사랑스러운 생명보험이다. 현명한 하버드 대학 연구의 가르침에 감사한다!

그러나 당신이 남성성의 실천에 삶을 지배당하고 여성은 장난감이라는 믿음을 버리지 못하는 남자라면 좋은 기회를 놓치게 될 것이다. 진정으로 훌륭한 여성은 당신에게 끌리지 않을 것이다. 설령 당신에게 붙잡힐 정도로 불운한 여성이 있더라도 그녀의 처지는 비참

할 것이다.

냉소적으로 말하자면 우리가 여성을 존중하고, 흠모하고, 사랑하고, 동등한 파트너가 되면 페니스를 위한 큰 보상이 따른다.

우리의 심장과 정신에 주어지는 보상 또한 크다.

기묘한 얘기지만, 하버드 대학의 연구는 정치적 성향이 좌파에 속하는 사람이 섹스를 더 많이 한다는 사실도 밝혀냈다. 정치적 성향이 삶의 만족도에는 영향을 미치지 않지만, 보수적 성향의 사람들이 60대 후반에 섹스를 멈추는 데 반해 미친 좌파들은 80대까지 섹스를 계속한다. 베일런트는 '나는 비뇨기과 의사들에게 자문을 구했다. 그들도 이런 현상의 이유를 알지 못한다'고 말한다.

나는 개인적으로 늙은 히피 같은 사람들을 상상해본다.

베일런트의 핵심적 결론은 다음과 같다.

'75년의 기간과 2,000만 달러의 연구비가 투입된 연구가 제시하는 결론은 간단하다. 행복은 사랑이다.'

여성에게 더 좋은 파트너, '진정한' 알파 맨 – 자연에서는 중재자, 돌보는 사람, '위안을 주는 사람'을 뜻하는 – 이 되기 위해 남자들이 할 수 있는 일은 무엇일까?

맨박스가 지시하고 다른 남자들이 압박하는 행동을 피하는 남자들의 세상에는 부정적인 면이 사라진다.

여성이 승자가 된다. 매 맞고, 강간당하고, 살해당하지 않게 된다.

아이들이 승자가 된다. 우리는 아이들이 삶의 기반을 구축할 수 있는 흔들리지 않는 바위가 될 수 있다.

남성도 승자가 된다. 자신을 죽이는 일을 멈추게 될 것이다. 우리의 삶에서 멋진 인간관계와 사랑이 생명을 구하는 행복을 경험하게 된다.

사랑하는 여자 또는 남자에게 최고의 파트너가 되고, 사랑으로 가득한 삶을 사는 좋은 남자가 되려면 어떻게 해야 할까?

- 파트너가 자신과 동등하다는 것을 진심으로 믿어야 한다. 우리는 모두 인간이기 때문이다.
- 분노 이외외 감정을 표현해야 한다. 진정한 자아, 두려움, 슬픔, 근심을 나눌 수 있을 정도로 연약한 사람이 되어라. 그러면 그런 짐에서 벗어날 수 있을 것이다.
- 파트너의 말을 경청하라. 남성은 자신이 더 잘 안다고 생각하고 '여성에게 모든 것을 가르치려 드는 경향'이 너무 강하다.
- 그 누구에게도 상처를 주지 마라. 첫 번째 항목을 진심으로 믿는 사람에겐 말할 필요도 없지만 그 어떤 폭력, 공격성, 상대가 원하지 않는 접촉, 성폭력, 언어 및 정서적 학대까지 모두 잘못된 것이다. 사랑과 반대되는 행동이다.
- 명심하라. 분명하고, 열성적이고, 모호하지 않은 '예스'가 없는 한 당신에게 여성과 섹스할 권리가 없다는 것을. 절대로.
- 남녀 간에는 차이점보다 공통점이 더 많다는 것을 명심하라. 우리는 모두 같은 것을 원한다. 사랑하고, 사랑받고, 행복해지는 것.

어떻게 지내, 친구?

행복하고 건강한 미래를 위해서는 로맨틱한 관계뿐만 아니라 모든 관계가 중요하다.

어린 시절 친구들 중에, 시골에서는 드문 일이지만, 우리 집에서

몇 킬로미터밖에 떨어지지 않은 곳에 사는 아이(편의상 이름을 '배리'라고
하자)가 있었다. 오늘날의 배리는 자칭 '신의 바이커biker for God'로서 할
리데이비슨 오토바이를 타는 무시무시한 남자들과 함께 뉴질랜드
를 누비면서 가는 곳마다 사랑과 연민을 전파하고 있다.

10대 후반 무렵에 배리와 나는 친구들과 함께 록밴드를 결성하여
한두 해 동안 더니든이라는 학생 도시의 펍을 돌면서 연주했다. 배
리는 예나 지금이나 뛰어난 키보드 연주자, 드럼 연주자, 사진작가,
그리고 인간이다.

그가 최근에 '화이트 리본'을 위하여 청년들에게 강연한 내용 중
에 '폭력적인 가정'에서 성장했다는 언급이 지역신문에 보도되었다.
우리 어머니와 좋은 친구이기도 한 배리의 숙모는 충격에 빠졌다.
그녀는 배리가 폭력적인 가정에서 자라지 않았다고 확신했으며, 그
가 실제로 '자신의 가족을 지목했다는 사실'을 믿을 수 없었다.

하지만 나는 자전거를 타고 버스정류장까지 같이 가려고 아침마
다 배리의 집을 찾아갔던 시절을 기억한다. 그는 성인 남자의 손바
닥만 한 자국이 생생하게 남아 있는 얼굴로, 울지는 않았지만 분노
할 때가 많았다.

"우리 노친네." 배리는 그저 그 말만 하고 자전거에 올라탔다.

그의 아버지 - '난센스Horsefeathers'라고 부르자(이유는 밝히지 않는 것이 좋
겠다) - 는 내가 본 사람들 중에 가장 비참하고, 몰상식하고, 폭발적이
고, 철저히 천박한 인간이었다. 예를 하나 들면, 배리는 아침 목욕 중
에 물이 너무 깊거나(아버지의 엄지손가락보다 깊으면) 뜨거우면 귀를 잡힌
채로 들어올려지곤 했다.

나는 상대적인 자유를 이용하여 난센스의 귀에서 증기가 뿜어져

나올 때까지 그 집 앞 방목장에서 오토바이를 탔다. 한번은 난센스가 나에게, 대학에 가면 '여기 있는 애들과 어울리기에는 자신이 너무 잘났다'고 생각할 거라며 비아냥댄 적도 있었다. 열여섯 살이었던 나는 "그럴지도 모르지요"라고 대답한 것으로 기억한다. 난센스는 짜증나게도 다른 사람의 자식을 때릴 수 없었기 때문에 나를 제어할 힘이 없었다. 하지만 내가 그 집에서 하룻밤을 보내는 것 같은 일은 결코 있을 수 없었다.

배리는 아버지에게 학대받은 시절을 용서한다는 편지를 쓴 적이 있다. 답장을 받지는 못했다. 오랜 시간에 걸친 매질, 사랑과 연민의 철저한 결핍은 배리의 삶에 깊은 상처를 남겼으며, 오늘날의 그를 이해할 수 있는 단서가 된다. 극복해야 했던 일이다.

배리의 형제, 자매, 사촌, 친구, 인근의 친척들은 모두 알고 있었다. 매우 자주 일어났지만, 난센스가 배리를 학대할 때 그 집에 머무는 것은 정말 끔찍한 일이었다.

그러면 이제 80대가 되고 사랑하던 농장, 장비, 그리고 아내─그가 냉혹하고 비열했던 만큼 다정하고 부드러웠던─가 모두 사라진 난센스의 삶은 어떻게 되었을까?

별로 좋지 않다.

요즈음 그는 장남이 소유한 토지에 있는 작은 집에서 산다. 그 집이 지어지는 동안 그와 함께 살았던 사람은 누구나 진저리를 냈다. 난센스는 함께 살기엔 너무 우울하고, 비열하고, 의사소통이 어렵고, 고약한 사람이었다. 가족들은 한시라도 빨리 그를 없애고 싶었다.

난센스는 자신이 얼마 못 가서 죽을 것임을 알기 때문에 화가 나 있다. 그는 슬픔에 잠겨서 어떻게 사랑했고 사랑받았는지를 이야기하는 가족과 친구들에 둘러싸이지 못할 것이다. 모든 사람이 자신을 완전한 멍청이라고 생각한다는 것을 알면서 죽을 것이다.

그의 인생은 잃어버린 순간들, 하지 않은 말들, 안아주지 않은 아이들, 드러낸 적이 없는 깊은 감정들의 장황한 이야기다. 얼마나 낭비된 80년인가! 진정한 비극이다. 자식들에게 그런 행동을 한 것은 얼마나 끔찍한 일인가! 이 남자는 결국 관계와 삶에서 실패했다. 그와 비슷한 남자가 그렇지 않은 남자보다 더 많다.

다른 남자들과의 관계 또한 행복을 위하여 매우 중요하다. 우리는 친구들과 함께 축구 경기장이나 펍에 가서 몇 시간씩 같이 보내면서 아무런 대화도 하지 않는 데 탁월한 솜씨를 보인다. 그러다 누군가가 '내 느낌으로는'이라고 말문을 열면, 모두가 이구동성으로 '야, 이 친구야. 여기는 술집이지 「오프라 윈프리 쇼」가 아니야. 맙소사'라고 말한다.

나의 진실하고, 풍부하고, 깊고, 정직한 남자들과의 관계를 꼽는 데는 한 손이면 충분할 것이다. 모든 관계와 마찬가지로 남자들과의 관계를 발전시키는 데도 노력이 필요하고 오랜 시간이 걸릴 수 있음을 인정할 수밖에 없다.

나의 인생에서 가장 큰 즐거움 중 하나는 '헬벤더스Hellbenders'라는 이름의 록밴드 활동이었다. 밴드는 대략 '싱어'라 할 수 있는 나와, 사진작가이자 디자이너며 기타의 명인인 애런 클리프Aaron Cliff, 디지털 전략가이자 제작자이며 베이스를 연주하는 찰스 '척' 스미튼 Charles 'Chuck' Smeeton으로 구성되었다. 그 밖에는 몇 년 동안 짜증나고, 불안정하고, 신뢰할 수 없는 드럼 연주자들이 밴드를 거쳐갔다.

우리는 기본적으로 이미 알려진 곡을 연주하는 펑크 밴드다. 예컨대 클래시Clash(영국의 펑크록 밴드 - 옮긴이)가 브리트니 스피어스의 노래 「베이비 원 모어 타임Baby One More Time」을 자기들 나름대로 해석하여 연주하는 것 같은 식이다.

이런 방식은 라이브 공연에서 효과가 있다. 모두가 아는 노래이기 때문에 열기가 넘치는 공연이 가능하다. 나는 수백 명의 술 취한 가족, 친구 앞에서 무대에 선 록 스타의 판타지를 즐기며 살아왔고, 정말 재미있었다고 단언할 수 있다.

하지만 밴드 활동에서는 최종적인 무대 공연보다 연습이 더 중요하다. 연습실을 찾아 날짜를 정하면 모두가 자신의 장비를 가져와 설치했다. 연습 시간 중 절반 이상은 기타와 앰프에 대해 의논하고 조작해보는 데 소요되곤 했다.

멋진 경험이었다. 연습실은 안전한 공간이었다. 진하고 지저분한 농담을 주고받으면서 우리는 거의 20년을 지속한 열린 마음과 애정을 발전시킬 수 있었다. 유감스럽게도 우리가 함께 연주를 하지 않은 지도 몇 년이 되었다. 이런저런 삶의 문제가 발목을 잡았기 때문이다. 그러나 내일은 척의 멋진 홈 스튜디오에 가서 몇 곡을 녹음할 예정이다. 그와 애런은 아직도 여러 프로젝트를 진행하고 있다. 독자가 음악 애호가라면 척의 웹사이트 '캐번 프로젝트The Cavan Project'를 찾아보라. 그는 시판되는 것보다 더 쿨한 기타도 손수 만든다.

모두 미디어 업계에 종사하기 때문에 자동화 혁명은 우리의 직업에 매우 실제적인 영향을 미쳤다. 취업시장이 축소되면서 세 사람모두 시기는 달랐지만 우울증을 겪었고 남자와 공급자로서 정체성의 위기를 경험했다.

대단한 문제는 아니다. 나는 자주 그의 사이트에 접속하여 '어떻게 지내, 친구?'라는 메시지를 남긴다. 우리의 관계는 대단히 심각하거나 남자다움을 검사하려고 모닥불 가에 모여 있는 관계가 아니다. 우리는 친구가 어떻게 지내는지 묻는 일이 이상하고 당혹스럽거나 남자답지 못한 행동이 되지 않는 관계를 발전시킬 수 있었다. 나도 같은 느낌이라고 말할 수 있는. '야, 정말 안됐다. 잘 견뎌내고 있어?'라고 말할 수 있는.

나는 척에게 전화를 걸어 '나 완전히 망했어, 친구. 음식·돈·잘잘 곳이 필요해'라고 말하면 그가 도와주리라는 것을 안다. 아마도 돈을 벌 수 있는 방도에 관한 유용한 충고와 함께 음식과 잠자리 정도는 마련해줄 것이다. 그도 나에 대하여 같은 말을 할 수 있기를 바란다. (그리고 자네 결혼식 때의 유감스러운 사건을 미안하게 생각하네, 척…….)

록의 세계에서는 여전히 맨박스가 큰 역할을 하지만, 우리는 적절한 소통이 여성적이거나 게이 같은 행동이라는 생각을 떨쳐버릴 수 있었다. 그 결과 우리 모두 훨씬 더 재미있고 좋은 삶을 누리게 되었다.

서로를 신뢰하는 관계

인간으로서 우리는 사랑이 무엇인지 잘 알지 못하지만, 소통에서 사랑이 싹튼다는 것은 안다. 자신이 바라는 바가 아니라도, 우리는 거의 누구와도 사랑에 빠질 수 있다. 내가 처음으로 사랑했던 소녀는 초등학교 동급생이었으며 평생 만난 일곱 명의 여성 중 한 명이었다. 제이드와 내가 다른 도시나 다른 나라에 살았다면 마침내 우리가 만났던 순간을 기대할 수 없었을 것이다. 우리는 다른 사람과 데이트를 했을 테고, 그녀는 다른 사람의 품에서 사랑을 찾았을 것이다. 나도 마찬가지고.

따라서 우리는 '그 사람'을 기다리지 않는다. '가용한 사람'을 기다린다.

타인에게 자신을 내맡긴 관계를 통하여 위로, 안락, 기쁨, 웃음, 그리고 섹스를 구하는 것은 인간 조건의 일부다. 우리로서는 어쩔 수 없는 일이다. 우리를 행복하게 해주는 일이다.

나는 제이드를 사랑한다. 룰루를 사랑한다. 초콜릿과 피노누아 와인도 사랑한다. 좋은 차가 있을 때는 자동차도 사랑한다.

고대 그리스어에는 사랑의 형태를 설명하는 일곱 가지 단어가 있었다.

- 스토지Storge : 가족 간의 사랑.
- 필리아Philia : 친구에 대한 사랑.
- 에로스Eros : 성적 욕망.
- 아가페Agape : 무조건적 또는 신성한 사랑.
- 루두스Ludus : 희롱하는, 유치한, 장난스러운 사랑.
- 프라그마Pragma : 오래도록 지속되는 사랑, 결혼한 부부의 사랑. (나는 '프라그마'와 '에로스'가 상호 배타적이지 않다고 확신한다. 그래서는 안 된다.)
- 필라우티아Philautia : 자신에 대한 사랑.

따라서 실제로 여러 가지 사랑이 존재한다. 서로 다른 두 사람에게 '나는 당신을 사랑합니다'라는 말은 전혀 다른 의미일 수 있다.

나는 제이드에게 보낸다고 생각하면서 아버지에게 문자를 보내서, 그날 밤에 내가 하려는 온갖 지독한 짓을 이야기한 적이 있다. 아버지는, 생각은 고맙지만 그런 속옷이 하나도 없다고 답장을 보내왔다. 이것이 바로 두 가지 다른 형태의 사랑이다.

우리가 어떤 사랑을 말하고 있는지를 모두가 확실히 알도록 하는 것이 중요하다. 소통이 그토록 중요한 것은 그 때문이다. 우리는 독심술사가 아니다.

모든 커플의 다툼거리는 대개 한 가지뿐이지만, 그들은 같은 이유로 싸우고 또 싸운다. 우리의 삶에서는 제이드가 화산이다. 그녀는 폭발해야 할 때 폭발하고는 그것으로 끝이다. 나는 격렬한 논쟁 중에 그녀가 무슨 말을 했건 너무 심각하게 받아들이지 말아야 한다는 교훈을 얻었다. 그녀가 진심으로 나를 '비열하고, 비열하고, 또 비열한 인간'이라고 생각하는 것은 아니며, 정말로 부모의 집으로 옮겨가기 위해 짐을 싸는 것도 아니다.

방식은 다르지만 나도 만만치 않다. 오랜 세월 맨박스에 길들면서 극기적 인간이 되었다.

내가 말한다.

"당신의 그런 말은 나를 정말로 화나게 했어."

그녀가 묻는다.

"내가 언제 그런 말을 했어?"

"일곱 달 전에."

"한마디도 기억나지 않아."

그녀가 말하자 내가 대답한다.

"정말? 당신이 한 말을 한마디도 빼지 않고 말해주지."

나는 우리의 대화를 한마디도 빼놓지 않고 모두 기억할 수 있다. 저주스러운 일이지만.

그런 것이 얼마나 짜증나는 일인지를 이해할 수 있다…….

관계가 성장하려면 당신이 좋아하는 것, 싫어하는 것, 욕구, 희망, 꿈, 문제, 드라마와 두려움을 모두 큰 목소리로 말해야 한다. 관계는 정적인 상태에 머물지 않는다. 우리와 마찬가지로 시간이 지나면서 변화한다. 두 사람 사이에 있는 또 하나의 독립체와 같다. 느끼고 사랑하면 성장하고, 굶기고 학대하면 죽는다.

우리는 변화해야 한다. 타협할 수 있어야 한다. 함께 일하고 머물 수 있어야 한다. 서로 간에 – 섹스, 음식, 함께하는 좋은 삶에 대하여 – '나는 이런 게 좋아. 당신이 나를 위해서 X, Y, 그리고 Z를 해주면 좋겠어'라고 말할 수 있다면 제대로 해낸 것이다.

하지만 조심할 필요도 있다. 우리의 관계가 시작된 초기에 제이드가 특정한 성적 행위를 좋아한다고 친구에게 하는 말을 엿들은 적이 있었다. 그래서 그녀가 좋아한다는 행위를 시작한 것은 물론이다……. 반복적으로. 나중에 알고 보니 그녀는 그런 행위를 그다지 좋아하지 않았다. 하지만 내가 좋아한다고 생각하여 그녀 역시 같은 행위를 계속했다. 우리는 결국 진솔한 대화를 통해 이같이 끈적끈적한 상황에서 벗어날 수 있었다. (그 행위가 뭐였는지는 밝히지 않겠다. 뭐 그런 것까지 궁금해하는가?)

인간관계 상담 전문가이자 컨설턴트인 빌 말론Bill Malone은 다음과 같이 설명한다.

관계의 혜택 중 하나는 우리를 지지하고 우리의 존재를 긍정하는 누군가가 있다는 사실이다. 이러한 지지는 모든 관계에 필요한 신뢰에 더해진다. 서로 간의 지지가 없으면 신뢰에 기초한 관계를 발전시킬 수 없다. 관계를 위한 투자를 지속하기 위해서는 각자의 정서적 욕구가 충족되어야 한다. 계속 지지하고 상대방을 위해 정서적으로 함께하는 것이 신뢰를 발전시키는 방법이다. 신뢰에 기초한 관계가 형성되고 유지되면, 새로운 모험을 시도하고 위험을 무릅쓸 능력이 강화된다. 침실 밖에서 지지하고 신뢰하는 관계는 침실 안의 행위도 활성화한다.[3]

섹시하지 않은 문장이지만 섹시한 아이디어를 표현하는 글이다.

우리는 관계가 길고 행복한 삶의 열쇠임을 안다. 소통이 훌륭한 관계의 열쇠임을 안다. 그리고 맨박스의 규범이 성공적이고 보람 있는 관계에 방해가 된다는 것도 안다.

지금은 누가 더 남자다울까?

성차별적인 농담을 하는 친구에게 맞서라는 나의 칼럼을 읽고 '@HomeOpsDad'라는 트위터 대화명을 가진 사람이 메시지를 보내왔다.

그는 '가정을 돌보는 아빠 – 리더십은 가정에서 시작되므로'라는, 맨박스가 작동하는 현실을 보여주는 글을 블로그에 올리기도 했다. 남성이 남성에게 얼마나 압력을 가하는지에 대하여 여전히 회의적일 수 있는 독자를 위해 이 가정을 돌보는 아빠가 동창회에서 겪은 일을 소개한다.

그날 밤 동창회장에 모인 사람들 중에 가정을 돌보는 남자는 그가 유일했다. 한 남자는 그의 일이 세계 최악의 직업이라고 말했다. 자신은 너무 힘들어서 자식들을 돌보는 일을 절대로 할 수 없다고 말하는 남자도 있었다. 또 다른 아빠는 단지 아내가 집에서 아이들을 '처리'하게 하려고, 가족을 피하고 회사 일에 몰두하는 것을 자랑스러워했다.

이 가정을 돌보는 아빠는 일과 삶의 균형, 직장 내 - 특히 관리자와 간부 계층에서의 - 성 불평등, 성별 임금격차, 그리고 아버지가 가정에서, 어머니가 직장에서 더 많은 시간을 보낼 때 얻을 수 있는 혜택에 관하여 열정적인 글을 쓰는 사람이다. 그런데 이곳에서는 집에서 아이들을 돌본다는 이유로 남자답지 못한 남자라는 말을 듣고 있다.

대체 무슨 일이 벌어지고 있는 것일까?

이 블로거는, 디지털 기술을 이용하여 가능한 한 집에서 일하면서 자라나는 아이들을 인도하는 특권을 누리는, 그 수가 점점 늘어나는 남자들 중 한 명이다. 나는 결국 그의 두 번째 블로그 '가정을 돌보는 아빠로서 내가 배운 열 가지'의 편집을 돕게 되었다.

그와의 교류에서 매우 좋았던 점은 우리가 실제로 접촉할 수 있었다는 것이다. 그는 멜버른 교외에 있는 자신의 집에서, 나는 시드니 교외의 덜위치 힐에서. 작가에게는 누군가가 자신의 작품을 좋아하고 자신의 미학과 정서에 동의한다는 사실을 알게 되는 것이 언제나 멋진 일이다. 나 또한 반대급부로 그를 도울 수 있어서 기뻤다. 우리는 여성들처럼 열린 방식으로 서로 손을 내밀었다. 이런 일이 우리 두 사람에게 작지만 소중한 경험이 되었기를 바란다.

내 말의 요점은 이렇다. 그 남자는 집에서 아이들을 돌보려 노력하고 있다. 다른 남자들은 그런 그가 남자답지 못한 남자라는 생각을 분명하게 드러낸다. 그는 자신이 선택한 삶을 공공연하게 금지하려는 지독한 사회적 통제를 경험했다.

바로 오늘 아침에, 그는 첫 번째 메시지에 잠이 깼다고 트위터에서 말했다. 어떤 멍청이가 익명으로 '아내가 일하러 나가 있는 동안에 집에 있는 남자란 도대체 어떤 남자인가?'라는 메시지를 보냈다는 것이다. '가족의 생계를 책임지지 못하는 남자라니, 슬프다'라고.

정말로 슬픈 일은 만나본 적도 없는, 자신과 다른 남자들을 위해서 삶의 의미를 찾으려고 열심히 글을 쓰는 사람에게 이런 말을 해야 한다고 생각하는 남자가 있다는 사실이다.

좋은 소식은 점점 더 많은 남자들이 남자다움의 의미에 관하여 자기 나름의 버전을 만들고 있다는 것이다. 다시 생각하는 남성성이라 해도 좋을 것이다.

우리는 성차별적 농담에 웃기를 거부하고, 친구들의 성차별적 말과 행동을 제지하는 것 같은 방법으로 서로의 행동에 압박을 가할 수 있다. 시베리아의 찬바람이 불어올 때 폭력적인 남자들이 어리석고, 뒤처지고, 세련되지 못한 바보가 된 것처럼 느끼게 할 수 있다. (예전에 뉴스코퍼레이션에서, 소외당한 처지를 '시베리아에 있다'고 표현했다.)

가정을 돌보는 내 친구처럼, 빨래하고 청소하고 아이들을 먹이고 닦아주고 재미있게 해주면서 사랑과 배려를 베푸느라 바쁜 남자에게는 아내를 때릴 생각이나 에너지가 없을 것이라는 말은 정곡을 찔렀다. 그 대신에 당신은 모든 맨박스 감염 증상의 완벽한 해독제인 배우자와의 깊고 풍부하고 대등한 관계를 경험하게 될 것이다. (그리고 맨박스에서 감염되기를 원하는 사람은 아무도 없다.)

내 생각에 행복한 죽음이란 자신의 삶을 돌이켜보고 모든 기쁨의 순간을 반추할 수 있는 죽음을 의미한다. 나는 주방, 침실, 자동차에서의 그 모든 순간을 기억할 날을 간절히 기대하고 있다. 내 죽음의 자리에 딸과 파트너, 친구들이 함께하기를 바란다. 그들이 슬퍼하기를 바란다, 젠장! 지구에 머문 짧은 시간 동안 내가 행동한 방식이 다른 사람들을 행복하게 해주었다는 증거일 것이기 때문이다. 그들의 슬픔은 그들이 나와 함께함으로써 행복했다는 것을 보여줄 것이다.

삶에서 유일하게 중요한 것은 관계다. 우리는 관계를 위하여 노력해야 한다. 관계를 즐겨야 한다. 관계에 현실적으로 참여해야 한다. 자신과 다른 모든 사람을 위하여 좋은 남자가 되어야 한다.

여자들은 더 좋은 남자들이 있는 세상에서 살아갈 자격이 있다.

행복은 사랑이다.

나는 훌륭한 '요약 보고'를 사랑한다. 요약 보고는 예컨대 혼란스러운 숫자와 시장분석으로 가득한 600페이지의 기업 문서 앞에 붙어 있는 핵심적 개요를 말한다. 요약 보고는 단 몇 페이지로 문서가 무엇을 말하는지 분명하게 설명한다.

따라서 여기까지 책장을 넘겨보고 앞에 있는 모든 성가신 이야기를 전부 읽어볼 마음이 내키지 않을 수도 있는 독자를 위하여 남자의 상태와 더 좋은 남자가 되는 것에 대해 이해하기 쉬운 가이드를 제시한다.

제1부 남자다움을 배운 남자들

제1장 남자는 울지 않는다?

남자다움이 무엇을 의미하는지 깨닫기 시작하는 어린 소년의 마음속에는 '남자다워라'는 말이 메아리친다. 어린 소년은 선택의 여지도 없이 들은 대로 행동해야 한다.

우리가 부모의 눈을 들여다보는 순간부터, 그들이 어떤 행동을 기대하는지가 분홍색과 파랑색의 차이만큼이나 분명해진다.

약함을 보이지 마라. 아무런 감정도 드러내지 마라(분노를 제외하고). 울면 안 된다. 부드럽고 공감하는 남자가 되면 안 된다. 계집애같이 굴지 마라. 동성애도 안 된다. 여성적인 남자가 되지 마라. 도움을 청하지 마라.

이 같은 요구의 직접적인 결과로 남자들은 고립되고, 외롭고, 분노하며, 의미 있는 인간관계를 형성할 능력이 없는 상태로 성장하게 된다.

오스트레일리아에서 매주 한 명씩 가정폭력으로 살해되는 여성 및 매주 여섯 명씩 자살하는 남성과, 동료들의 압박을 받는 '남자다운' 행동 사이를 직접 연결하는 선을 그을 수 있다.

'남자다워라'는 남성에게나 여성에게나 가장 위험한 말이 될 수 있다.

맨박스는 전 세계적으로 소년의 집단과 관련된 일을 하는 사람들이 남자다운 행동의 실천이 어떻게 요람에서 무덤까지 엄중하게 요구되는지를 보여주기 위하여 채택하는 단순하고도 강력한 훈련 수단이다.

맨박스 훈련에서 남자들은 '남자다움에 관하여 무엇을 배웠고, 어떻게 생각하게 되었는가?'라는 질문에 답해야 한다. 대답은 맨박스에 저장된다. 그들은 침대에서 뛰어나고, 경제적 성공을 거두고, 가족의 생계를 책임지고, 절대로 울지 않고, 강인하고, 극기하는 남자가 진정한 남자라고 말한다. 그런 남자가 리더다.

그러지 못하면 당신은 진정한 남자가 아니다. 이것이 '남성성'이 강요되는 방식이다.

온종일 크고 강인한 남자를 가장해야 하고, 또한 절대로 성공하지 못하는 데서 오는 좌절, 소외감, 그리고 분노는 실제적인 고통을 초래하고 깊은 상처를 남긴다.

제2장 포르노에는 사랑이 없다
페니스를 무력하게 하고 당신을 형편없는 연인으로 만드는 포르노는 연간 1만 3,000편의 영화를 제작하여 1,000억 달러의 수익을 창출하는 엄청난 규모의 국제적 산업이다. 이에 비하여 할리우드가 연간 600편의 영화를 제작하여 올리는 수익은 100억 달러에 불과하다.

포르노는 전 세계에서 온 젊은 희생자(대부분 여성)들의 황폐해진 삶과 몸을 기반으로 건설되는 산업이다.

소년들은 열 살 무렵부터 포르노를 보기 시작한다. 20대 초반이 될 때까지는 1만 시간이 넘는 포르노물을 시청하게 된다. 우리의 뇌가 드라이브스루 창구에서 나오는 음식에 익숙하지 않은 것과 마찬가지로, 우리는 매일같이 수많은 성적 이미지를 접할 수 없어야 마땅하다. 하지만 우리는 접할 수 있고 접하고 있다. 따라서 흥분을 느끼기 위해서는 점점 더 극단적인 이미지가 필요하도록 뇌의 물리적 변화가 일어난다.

포르노 시장은 점점 더 강렬한 하드코어를 원하는 사람들의 취향을 반영하기 위해 변화한다. 포르노 배우들이 우리의 관심을 끌려고 점점 더 역겨운 짓을 해야 한다는 뜻이다.

웃음소리, 에로틱한 뒷이야기, 감동은 모두 어디로 사라졌을까?

포르노는 젊은 남성에게 여성은 물건에 지나지 않으며, 섹스는 사랑스럽고 친밀한 상호 간의 즐거움이 아니라 일방적 행위라고 가르친다. 포르노의 축축한 손길은, 우리 딸들을 소년들은 열네 살 된 소녀가 페니스를 삼키다가 목이 메는 것을 좋아한다고 생각하여 과도한 성적 매력을 추구하게 만들면서 우리 사회 구석구석까지 미친다.

주류 포르노에는 긍정적 측면이 없다. 남성, 여성, 그리고 실제로 뜨거운 조명 속에서 포르노 업계에 종사하는 사람들 모두에게 엄청난 부정적 측면이 있을 뿐이다.

웃음, 재미, 존중이 있는 침실을 다루는 포르노가 없지는 않다. 단지 그다지 인기가 없으며, 소년들이 처음으로 포르노를 찾아서 한 손으로 클릭을 시작할 때 만나게 되는 포르노가 아닌 것이 확실할 뿐이다.

그러나 걱정하지 마라. 120일 동안만 포르노를 멀리하면 당신의 페니스와 성적 취향이 다시 정상적인 상태로 돌아오게 된다.

포르노는 젊은이들에게 섹스와 인간관계에 대하여 모든 잘못된 것들을 가르친다. 그래서 그와 불행한 파트너는 두 사람 간의 대등한 관계에서 오는 충만한 기쁨을 탐구하지 못한다. 포르노는 젊은 남자들이 여성과 풍요롭고 성공적인 관계를 맺는 것을 방해하는 으뜸가는 요인이다.

제3장 여성 혐오를 선택한 남자들

남성권리운동가들 또는 MRA들은, 그토록 위험하지만 않다면, 정말로 웃기는 사람들일 것이다. 대부분의 총기난사범은 자신이 MRA라고 주장하거나 이처럼 기괴한 사회적 운동의 동력이 되는 거부감, 소외감, 분노를 표출한다.

MRA들은 페미니즘, 좌익 정치, 가정법원 시스템이 너무 여성에게 편향된 세상을 만들어놓아서 거리에서 만나는 평균적인 남자들에게는 행복한 삶을 누릴 기회가 사라졌다고 생각한다.

극단적인 MRA는 자신을, '비자발적 독신'이라는 의미의, 인셀이라 부른다. 이 말의 의미는 삶이 자신에게 쓰레기나 다름없는 카드를 주었으며, 실제로 자신과 섹스하기를 원하는 진짜 여성을 만날 가능성이 전혀 없다는 것이다. 이런 남자들은 자신이 돈과 카리스마가 없고 잘생기지도 못했기 때문에 여성에게서 '섹스를 얻을 수 없다'고 생각하여 여성과 삶에 대하여 분노한다.

그들은 섹스 로봇의 출현을 열렬히 환영한다. 섹스 로봇은 여성이 더는 필요치 않음을 의미하며, 강간하고 목을 조르고 침을 뱉고 때려도 불평하지 않을 것이기 때문이다.

담배 연기 자욱한 엄마 집의 지하실에서 여성을 얼마나 증오하는지에 대한 글을 레딧에 올리느라 키보드를 두들기고 있더라도, 현관문을 두드리는 여자들이 줄을 서지는 않으리라는 것이 인셀의 아이러니다.

인셀들은 남성과 여성 모두로부터 맨박스 입장을 거부당했기 때문에 억울하고 화나고 불안정한 상태가 되었다. 이러한 소외감은 그들을 과격한 무슬림 청년들과 다름없는 극단적 집단으로 만들었다.

'진정한 남자'가 되라는 기대를 충족하는 흉내조차 낼 수 없는 슬프고 분노한 젊은이는 단지 클릭 몇 번으로 자신의 사고방식을 영구히 왜곡하게 될, 생각이 비슷한 집단이 있는 유튜브의 토끼 굴을 찾을 수 있다.

이 책이 출간되면 내가 '쿡'이나 '푸시'라고 불리는, 남자 같지도 않은 남자가 되리라는 것에 의심의 여지가 전혀 없다. 나처럼 '만기나' 정서를 드러내는 일은 완전히 게이 같은 행동이다. 그들은 과거에도 그랬듯이 소셜 미디어를 통하여 이 책의 불매운동까지 벌일지도 모른다. 부디 그러기를 바란다!

제2부 남자답게 산다는 것

제4장 왜 사랑하는 사람에게 폭력을 휘두를까?

가정폭력에 관한 통계는 우리의 머리로 이해할 수 없을 만큼 너무나 엄청나고 슬프고 심각하다. 오스트레일리아에서는 매주 여성 한 명이 배우자나 이전 배우자의 손에 목숨을 잃는다. 매년 30만 명 이상의 여성이 배우자가 아닌 사람이 저지르는 폭력 – 흔히 성폭력 – 을 경험한다. 여성

셋 중 한 명이 15세가 되기 전에 물리적 폭력을 경험하게 된다. 여성이 가까운 파트너에 의한 폭력을 경험할 가능성은 남성의 세 배다. 이런 피 바다가 계속되는 이유는 무엇일까? 남자들에게 무슨 문제가 있어서 사랑하는 사람을 그렇게나 많이 죽이고 있는가?

'화이트 리본'은 답을 알고 있다.

남자다움의 의미에 관한 편협한 생각은 남성과 여성 모두에게 해를 끼친다. 남자들은 때때로 지배하고 통제해야 한다는 압박을 느낀다. 남자는 튼튼하고 강해야 한다고 생각하는 사람들도 있다. 이러한 특성이 '성별 규범'이라 불린다. 남자다움에 관한 사회적 정의의 재검토는 남자들이 받는—충족 불가능한 성취를 기대하는—압박을 제거하는 데 도움이 될 것이다. 남성을 향한 이러한 기대는 여성에 대한 폭력, 학대, 통제가 발생하는 상황을 조성한다.

남자다움을 기대하는 압박은 가정폭력이 존재할 수 있는 환경을 조성한다.

제5장 왜 자신을 죽일까?

가정폭력과 마찬가지로 남성의 자살에 관한 통계 또한 너무나 엄청나서 실제로 의미를 이해하기가 어렵다. 오늘, 바로 오늘 여섯 명의 오스트레일리아 남성이 스스로 목숨을 끊을 것이다. 어제도 같은 일이 일어났다. 내일도 마찬가지일 것이다. 다시는 자식들을 볼 수 없는, 오늘밤에 현관문을 열고 들어올 수 없는, 사랑하는 여인에게 다시는 키스할 수 없는 여섯 명의 남자다.

하루도 빠짐없이.

블랙독 연구소는 '인터뷰에 응한 남자들이 모두 자신의 감정을 말해서는 안 된다는 암묵적 메시지가 존재하는 문화 속에서 성장한 이야기를 했다'고 말한다.

다른 전문가도 자살을 부추기는 주요 요인 중 하나는 '남자다움이 무엇을 의미하는지를 정의하는 방식'이라는 데 동의한다.

비욘드 블루의 웹사이트는 '남자들은 모든 것을 마음에 담아둔다고 알려져 있다. 그러나 기분이 울적할 때는 외부의 도움을 구하는 것이 책임 있는 행동이다'라고 말한다.

우리는 말 그대로 '남자다움'을 위하여 자신을 죽이고 있다.

제6장 멋진 사무실의 검은 손길들

기업과 블루칼라의 세계 모두 강인함, 극기심, 공격적인 기업가 정신으로 무장하고 밀어붙이는 깡패 기질 같은 맨박스의 자질을 숭배한다. 스포츠 경기장을 제외하고 직장만큼 남자들의 행동이 엄중한 압박을 받는 곳은 없다.

기업의 세계에서 요구되는 행동 특성은 부서 간 메모로 전파될 수 있을 정도로 명확하다.

공격성, 리더십, 영향력을 더 많이 보여줄수록 큰 성공을 거두게 된다. 편집 직원 두 명을 줄이면 잡지를 만들 수 없다고 여성 편집자가 징징대는가? 어쨌든 자르고 나서 후유증은 나중에 처리하라. 그녀는 괜찮을 것이다. 연간 예산을 맞추기 위해 몇 명을 더 해고해야 하는가? 남자답게 처리하라. 이런 일에 감정이 개입할 여지는 없다.

용접공, 목수, 벽돌공의 세계도 마찬가지다. 대화의 주제, 말하는 방식,

심지어 옷 입는 방식에까지 요구되는 코드가 있다.

두 세계 모두에서 감정, 약함, 슬픔, 당황함이나 피로를 드러내는 사람은 겁쟁이 취급을 받는다. 성차별적 행동과 말을 제지하는 당신은 무시를 당하고 결국에는 진정한 남자라고 할 수 없는 사람이 되고 만다.

우리가 걸쳐야 하는 연기의 의상 – 단지 일상이 조금 더 부드럽게 흘러가도록 하기 위해 '진정한 남자'를 가장하는 – 은 전국의 모든 이사회실과 건설 현장에서 볼 수 있다. 솔직히 말하면 우리는 모두가 가장해야 하는 그런 연기를 증오한다.

남자들이 미래의 디지털 직장 환경을 헤쳐 나갈 때, 고함을 지르고 물건을 집어 던지는 구식 간부나 트럭을 타고 여자들에게 휘파람을 부는 입 거친 장사꾼이 설 자리는 거의 없을 것이다. 일하는 방식이 우리를 매우 불행하게 만들고 있다. 이를 바꿀 수 있는 사람은 우리 자신뿐이다.

제7장 남자다움이 통하지 않는 남자의 미래

1700년대 중반에 시작되어 약 200년간 지속된 산업혁명은 우리 사회의 면모를 영구히 바꿔놓았다. 이미 시작된 자동화 혁명 – 거의 모든 블루칼라 일자리와 많은 화이트칼라 일자리를 대체할 인공지능의 부상 – 은 불과 15년밖에 걸리지 않을 것이다.

기계가 자동차를 운전하고, 뉴스 스토리를 쓰고, 질병을 진단하고, 햄버거를 만들고 있다. 기계는 일단 제작되면 그런 일들을 하루 24시간 내내 거의 비용을 들이지 않고 빠르게 수행할 수 있다.

일론 머스크는 트위터에 올라온, 상자 위로 뛰어올라 뒤로 공중제비를 넘는 로봇의 비디오를 비웃었다. '이 정도는 아무것도 아니다. 몇 년 후에는 이런 로봇의 움직임이 너무 빨라서 보는 데 섬광전구가 필요할 것이다. 좋은 꿈 꾸기를⋯⋯.' 꿀꺽.

이는 지게차 운전이 평생직업이 될 줄 알았던 남자가 더는 그런 보장을 받지 못하게 되었음을 뜻한다. 변호사, 의사, 회계사를 비롯하여 수많은 다른 직업도 마찬가지다.

남성은 한때 여성 및 사회와 광범위한 계약을 맺었다. '나는 돈을 벌 테니 당신은 집과 아이들을 돌보라.' 그러나 이제 골포스트가 옮겨졌고, 남자들은 직업의 미래가 그 속으로 사라지는 광경을 보고 있다. 과거의 시스템이 더는 작동하지 않는다. 트럼프가 표를 얻고 극우 정치인이 인기를 얻는 데는 남자들의 분노와 박탈감이 크게 작용하고 있다. '남자다움'에 치켜올리는 가운뎃손가락이다.

그러나 큰 변화에는 큰 기회가 따른다. 미래의 취업시장에서 가장 소중한 자질은 창조성과 공감 능력 같은, 기계가 아무리 토마토를 빨리 썬다 하더라도 우리를 기계보다 낫고 독특한 존재로 만들어주는 인간적 특질일 것이다.

문제는 창조성과 공감이 맨박스에서 그다지 소중하게 대접받지 못한다는 것이다. 그런 특질은 여성적이라고, 심지어 게이 같다고 여겨진다.

따라서 미래의 취업시장과 우리 사이에는 맨박스의 벽이 서 있다. 때려 부숴야 하는 또 하나의 이유다.

제3부 남자다움을 다시 생각한다

제8장 남자다움을 벗기는 남자의 요리

당신이 여성을 위해 요리하는 데 시간과 노력을 들이고 있다면, 그녀를 지탱하는 영양분을 공급하길 원한다는 뜻이다. 사랑에서 나오는 행동과 사고방식이다. 하지만 많은 남자가 여전히 1주일에 7일 동안 가족의 저녁식사를 준비하는 일이 여자가 할 일이라고 생각하며, 여성들도 그런 생각이 올바르다고 믿도록 길들어져왔다.

지갑의 부담과 허리둘레를 줄일 수 있을 뿐만 아니라 요리하는 남자의 에로틱한 매력을 갖출 수 있는 명백한 이점 말고도 다른 사람을 먹이기 위한 행동은 당신이 그들과 싸우기를 원하지 않는다는 것을 의미한다. 부엌에서 창조성을 발휘하는 당신을 보는 그녀는 저녁식사 후에 가정폭력이 이어지는 일이 없을 것임을 확신할 수 있다.

슈퍼 섹시한 고급 장비, 멋진 기술, 요구되는 프로젝트 관리 능력, 노력에 따르는 믿기 힘들 정도의 보상 때문에 요리는 남자가 마스터할 매우 바람직한 예술이 된다. 더 좋은 남자가 되기 위한 당신의 무기고에 요리를 추가하라. 그럼으로써 얻는 이득은 막대하다. 부정적인 면은? 전혀 없다.

한 가지 말해둘 것이 있다. 당신은 자기 몫의 가사노동을 다 해치운 후에라야 주방의 영웅이 될 수 있다.

제9장 슈퍼맨이 되려는 꿈

크고 강하고 아름다운 신체를 가지고 지구상에서 활보하는 우리에게는 슈퍼히어로처럼 악이 아니라 선한 목적을 위해 힘을 사용할 의무가 있다. 타인에게 자신의 의지를 강요할 수 있는 우리의 힘은 또한 약점이기도 하다. 그런 행동을 해도 괜찮다는 생각은 맨박스에서 나온다.

남자들은 자신의 힘을 이용해 보호하고 공급하는 사람이 되는 일을 특권으로 여겨야 한다. 우리의 신체적 힘은 사랑하는 사람들을 돌볼 수 있는 능력을 준다. 하지만 거기에는 부패하기 쉬운 힘의 영향력에 저항하는 책임이 따른다.

우리는 극히 짧은 시간 동안 이곳에 머문다. 사랑하는 사람들과 깊고 행복한 소통의 순간을 더 많이 누리기 위해서는 자신의 몸을 존중하고 잘 돌봐야 한다. 우리는 모두 머지않아 죽는다. 궁극적으로 우리는 멋진 몸을 가지고 짧은 삶을 어떻게 살았는가에 따라 자신과 타인을 평가하게 될 것이다.

약간의 자기통제를 지나친 요구라 할 수는 없지 않은가?

제10장 어떤 아버지가 될 것인가

당신의 삶에서 멋진 여자 또는 남자를 사랑하는 것 외에 가장 보람 있는 일은 아버지가 되는 것이다. 훌륭한 아버지가 되는 간단한 비결은 말로 하기는 쉽지만 실제로 해내기는 믿기 힘들 정도로 어렵다. 모든 문제를 해결하려는 노력을 멈춰라. 그저 아버지가 항상 자신과 함께할 것임을 알 수 있는 방식으로 아이 곁에 있어라. 조건 없는 사랑으로 자신을 열어라. 당신이 아이에게 줄 수 있는 가장 큰 선물이다. 어린 시절에 받은 조건 없는 사랑은 행복하고 균형 잡힌 성인으로 자라는 데 오래도록 도움을 준다. 특히 함께할 아빠가 없는 딸의 가슴에는 남자 크기의 구멍이 생긴다.

보스, 리더, 집행자, 문제해결사, 공급자, 가장이 되는 것으로는 훌륭한 아버지가 될 수 없다. 직장에서 노력에 대한 보상을 받는 것처럼 부모 됨의 '성과'를 얻을 수는 없다.

훌륭한 아버지가 되는 것은 가장 어려우면서 가장 보람 있는 일이다.

맨박스의 가치는 당신이 훌륭한 아버지가 되는 것을 저지한다. '남자다운 남자'가 되는 것과 모든 문제를 해결하려는 시도를 멈추고, 그저 아이에게 사랑을 보여주자. 이보다 더 좋은 이유는 없다.

제11장 '더 오래'보다 '더 낫게'

매우 비과학적인 표본일 수 있지만, '하버드 대학의 성인발달연구'의 놀라운 주장을 입증하는 사례를 보려면, 그저 우리 부모님을 보면 된다.

80년에 걸쳐 진행 중인 하버드 대학의 연구는 오랜 기간 때문에도 세계적으로 독특한 연구다. 하버드 대학의 연구는 당신이 행복하고 오래 살도록 해주는 유일한 요소가 삶을 통한 인간관계라는 사실을 과학적으로 분명하게 보여준다. 간단한 이야기다. 진정으로 세상을 돌아가게 하는 것은 사랑이다.

우리 부모님은 내가 아는 가장 행복한 결혼 생활을 한다. 두 분은 엄마가 열다섯 살 때 사랑에 빠졌다. 함께 행복하게 성장한 두 사람은 이제 70대로 들어섰다. 부모님은 매일같이 수 킬로미터를 걷는다. 아버지는 무거운 구닥다리 산악자전거를 타고 40킬로미터를 달린다. 부모님에게는 카약까지 있다! 아버지가 뉴질랜드 사우스아일랜드의 차갑고 맑은 물에서 숭어를 낚아 올리면, 채식주의자에 가까운 엄마는 마지못해서 조금 맛을 본다. 두 분 모두 예민하고, 에너지가 넘치고, 함께하는 노년을 사랑한다.

부모님은 건전한 관계가 우리를 오래도록 건강하고 행복하게 만들어 준다는 명백한 진실을 보여주는 훌륭한 본보기다. 주변에서는 건강하지 못하고 불행한 친구들이 파리처럼 죽어가고 있다.

중요한 것은 당신이 속한 관계의 질과 신뢰의 수준이다.

물론 당신이 주변의 여성에게 자신의 의지를 강요하고, 극기적이고 지배적이며 감정을 드러내지 않는 맨박스의 리더라면 신뢰가 있을 수 없다. 어느 쪽을 보더라도 진정으로 자신을 행복하게 해줄 수 있는 유일한 요소 - 건전한 관계 - 와 남성 사이에는 맨박스의 벽이 서 있다.

따라서 더 나은 미래를 위해 남자다움의 연기에서 자신을 해방시킬 때가 되었다.

새로운 밀레니엄을 위해서 남성성을 다시 생각하는 일은 강인함을 부드러움으로, 폭력을 연민으로, 완고한 극기심을 유연함과 소통으로 바꾸는 것을 의미한다. 존중이 학대를 이겨야 한다. 미래에 더 좋은 관계를 만들어낼 수 있다면 우리 모두, 특히 남자들이 더 행복하고 건강해질 수 있다. 우리는 더 좋은 남자가 됨으로써 이런 일을 할 수 있다.

행복하게 죽는다는 것은 당신이 참되고, 깊고, 열정적으로 살았으며, 사랑하고 사랑받았음을 확실히 아는 것을 의미한다.

궁극적으로 우리에게 필요한 것은 사랑이 전부다.

| 감사의 말 |

지혜, 전문성, 차분한 조언과 용기에 대하여 나의 출판인 제인 팰프리먼Jane Palfreyman에게 감사한다. 거친 원고에 지적 엄밀성과 합리적 구조를 적용할 수 있도록 도와준 편집자 알리Ali, 줄리안Julian, 톰Tom도 심심한 감사를 받아 마땅하다. 하지만 이들의 탁월하고 통찰력 있는 조언을 완전히 무시한 때도 종종 있었다. 독자가 이 책을 읽다가 '갑자기 왜 엉뚱한 이야기가 나오지?'라는 의문이 들어도 어쩔 수 없는 것은 그 때문이다.

책을 쓰는 동안 파트너 제이드의 변함없는 믿음과 탁월한 관대함은 아무리 감사해도 부족하다. 그녀는 사업을 확장하기 위해서 밤낮으로 열심히 일하는 한편, 너무 오랜 시간 동안 우리 두 사람을 돌보느라 애썼다. 우리가 처음 만났을 때 나는 "당신은 놀라운 비즈니스우먼이 될 거고, 나는 언젠가 발코니에 앉아 책을 쓸 수 있을 거야"라고 말했다. 그 말이 실현된 것을 매우 기쁘게 생각한다.

마지막으로 원고를 쓰는 중요한 순간에 '엿이나 먹으라고 해Fcuk'em!' 같은 결정적 조언을 해준 데 대하여 칼럼니스트·작가·전 국가대표 럭비선수이며 오스트레일리아 공화국운동 의장인 피터 피츠사이몬스에게 감사한다.

| 옮긴이의 말 |

이 책의 저자는 오스트레일리아의 언론계에 오랫동안 몸담았던 사람이다. 나에게 오스트레일리아는 미국이나 영국 같은 나라와 비교하여 상대적으로 낯선 나라다. 한두 명의 지인이 살고 있지만 가보지는 못했고, 막연히 생각하기에 계절이 우리와 반대이고 땅은 넓은데 사람은 적은 나라다. (검색해보니 세계 6위인 국토 면적은 한반도의 35배에 달하고 인구는 우리나라의 절반에도 미치지 못한다.) 때로 산불에 관한 뉴스를 접할 때, 젊은 시절에 TV 미니시리즈에 감동하여 콜린 맥콜로우의 원작 소설 『가시나무새』까지 독파했던 기억을 떠올리는 정도다. 하지만 이 책을 번역하면서 오스트레일리아든 한국이든 사람들이 살아가는 모습과 다양한 인간 사회에서 일어나는 문제에는 차이점보다 공통점이 더 많다는 것을 느끼게 되었다.

저자는 오랜 경력을 쌓으면서 남성 문제에 관한 글을 써온 언론인, 한 아버지의 아들, 한 여성의 파트너, 외동딸의 아버지인 남자로서 우리가 더 좋은 세상을 만들고 더 행복한 삶을 살아가기 위하여 어떻게 '남자다움'의 의미를 다시 생각해야 하며, 가장 중요한 일이 무엇인지를 전문적 경력과 개인적 경험에서 우러나오는 진솔한 필치로 풀어놓는다. 가정폭력, 포르노, 자살, 성폭력과 미투 운동, 요리, 건강, 기술 발전에 따른 사회와 직업의 변화, 아버지의 역할, 행복한 죽음 등 다양한 주제를 아우르면서, 우리 사회에서 확립되어온 '남자다움'의 개념이 모두에게 해를 끼친다는 것과, 더 좋은 세상과 행복한 삶을 위하여 가장 중요한 것은 남성과 여성이 진정으로 동등한 파트너라는 인식을 바탕으로 남녀가 서로 이해하고 배려하는 것이 중심을 이루는 인간관계와 사랑이라는 견해를 설득력 있게 제시한다.

성차별, 가정폭력, 미투 운동 등은 이미 우리나라에서도 익숙한 이슈가 되었다. 특히 최근에 우리 사회의 각계각층에서 일어난 미투 운동은, 몰랐던 것은 아니지만 새로운 충격으로 다가왔다. 인류의 절반씩을 차지하는 남성과 여성이 동등한 위치에서 서로를 이해하고 배려하는 세상이 지금보다 나은 세상이 될 것이라는 데는 의심의 여지가 없다. 그러기 위해서는 우리 모두 '남자다움'의 의미를 다시 생각하고 필요한 변화를 적극적으로 만들어나가는 노력이 반드시 필요하다.

번역을 하면서 저자의 진솔한 개인적 술회에 공감하여 가슴이 뭉클해짐을 느낀 적도 여러 번 있었다. 남녀평등과 성차별 해소에 관하여 적극적·긍정적 견해를 가졌다고 자부했던 나에게도 귀고리를 한 남성이나 담배를 피우는 여성에게 거부감을 느꼈던 것 같은 편견이 있었음을 깨닫기도 했다. 이 책을 읽는 독자들도 흥미롭고 가슴에 와닿는 저자의 이야기를 통해 더 나은 세상을 만들기 위한 더 좋은 남자가 되는 길, 또는 그런 일을 돕는 길에 적극적으로 동참하게 되기를 소망한다. 마지막으로 이 책을 번역하는 기회와 도움을 준 모든 분에게 감사드린다.

| 주 |

제1장 남자는 울지 않는다?

1   Emily R. Mondschein, Karen E. Adolph and Catherine S. Tamis-Le-Monda, 'Gender Bias in Mothers' Expectations About Infant Crawling', *Journal of Experimental Child Psychology*, Vol. 77, Issue 4, pp. 304-316, 2000 〈http://citeseerx.ist.psu.edu/viewdoc/download?-doi=10.1.1.652.8492&rep=rep1&type=pdf〉.

2   John Condry and Sandra Condry, 'Sex Differences: A Study of the Eye of the Beholder', *Child Development*, Vol. 47, No. 3, September 1976, pp. 812-819.

3   Lise Eliot, *Pink Brain, Blue Brain: How Small Differences Grow Into Troublesome Gaps—And What We Can Do About It*, Oneworld, London, 2012.

4   Charis Chang, 'The controversial past of a mother of four who appeared in the advertisements against same sex marriage', *News.com.au*, 30 August 2017 〈https://www.news.com.au/lifestyle/gay-marriage/the-controversial-past-of-motheroffour-who-appeared-in-advertisement-against-samesex-marriage/news-story/d9cf1758cc363312e40a0b-14603c5d41〉.

5   Andy Coghlan, 'Kids everywhere have damaging gender stereotyping set by age 10', *NewScientist*, 20 September 2017 〈https://www.newscientist.com/article/2147963-kids-everywhere-have-damaging-gender-stereotyping-set-by-age-10/〉.

6   'Homosexual Law Reform', *New Zealand History* 〈https://nzhistory.govt.nz/culture/ homosexual-law-reform/reforming-the-law〉.

7   Mark Greene, 'The Lack of Gentle Platonic Touch in Men's Lives is a Killer', *The Good Men Project*, 1 June 2018 〈https://goodmenproject.com/

featured-content/ megasahd-the-lack-of-gentle-platonic-touch-in-mens-lives-is-a-killer/〉.

8   Paul Kivel, *Men's Work: How to Stop the Violence that Tears Our Lives Apart*, Ballantine Books, New York, 1995.

9   'Teenage Brothers on Sex, Social Media, and What Their Parents Don't Understand', *New York Magazine*, 5 March 2018 〈https://www.thecut.com/2018/03/teen-brothers-on-sex-tech-and-what-their-parents-dont-get.html〉.

10   Brandon Jack, 'Rape culture is real: spare me your tears for toxic masculinity', *Sydney Morning Herald*, 10 May 2018 〈https://www.smh.com.au/lifestyle/life-and-relationships/rape-culture-is-real-spare-me-your-tears-for-toxic-masculinity- 20180509-p4zecq.html〉.

제2장 포르노에는 사랑이 없다

1   Philip Zimbardo, 'The demise of guys?', *TED*, March 2011 〈https://www.ted.com/ talks/zimchallenge?language=en〉.

2   Jill Bauer and Ronna Gradus, *Hot Girls Wanted*, Netflix, 2015.

3   Cindy Gallop, 'Make love, not porn', *TED*, December 2009 〈https://blog.ted.com/ cindy_gallop_ma/comment-page-3/〉.

4   Ran Gavrieli, 'Why I stopped watching porn', *TEDxJaffa*, October 2013 〈https:// www.youtube.com/watch?v=gRJ_QfP2mhU〉.

5   Mamamia Podcasts, 'VNSFW: Five things you need to know about anal sex before you try it', 25 July 2016 〈www.mamamia.com.au/anal-sex-beginners-tips〉.

제3장 여성 혐오를 선택한 남자들

1   Paul Elam, 'An Introduction to the Men's Movement', *A Voice for Men Radio*, 1 March 2011 〈http://www.blogtalkradio.com/avoiceformen/2011/03/02/an-introduction-to-the-mens-movement〉.

2   Amelia Broadstock, 'West End bookshop wins against online trolls after promoting a Clementine Ford book', *The Courier-Mail*, 6 July 2017 〈https://www.couriermail.com.au/questnews/southeast/west-end-bookshop-wins-against-online-trolls-after-promoting-a-clementine-

ford-book/news-story/0e4330dfad4d6fb8023b1e3526c5846a⟩.

3   Jia Tolentino, 'The Rage of the Incels', *The New Yorker*, 15 May 2018
    ⟨https://www.newyorker.com/culture/cultural-comment/the-rage-of-
    the-incels⟩.

4   Amia Srinivasan, 'Does anyone have the right to sex', *London Review of
    Books*, Vol. 40, No 6, 22 March 2018, pages 5-10.

5   Jeremy Nicholson, 'Why Are Men Frustrated With Dating?', *Psychology
    Today*, 3 April 2012 ⟨https://www.psychologytoday.com/au/blog/the-at-
    traction-doctor/201204/why-are-men-frustrated-dating⟩.

6   David Moye, 'Sex Robot Molested at Electronics Festival, Creators Say',
    HuffPost, 30 September 2017 ⟨https://www.huffingtonpost.com.au/entry/
    samantha-sex-robot-molested_us_59cec9f9e4b06791bb10a268⟩.

7   John McDermott, 'How the Alt-Right Made "Cuck" the Word of the Year',
    Mel Magazine, 28 November 2016 ⟨https://melmagazine.com/how-the-
    alt-right-made-cuck-the-word-of-the-year-2164dac01e66⟩.

8   Edwin Hodge as told to John McDermott, 'I Was a Men's Rights Activist',
    Mel Magazine, 15 April 2016 ⟨https://melmagazine.com/i-was-a-men-s-
    rights-activist-55a0d2eb6052⟩.

제4장 왜 사랑하는 사람에게 폭력을 휘두를까?

1   Bernard Keane, 'The real threat of terrorism to Australians by the num-
    bers', *Crikey*, 4 September 2014 ⟨https://www.crikey.com.au/2014/09/04/
    the-real-threat-of-terrorism-to-australians-by-the-numbers/⟩.

2   'Facts and Figures', *Our Watch* ⟨https://www.ourwatch.org.au/Under-
    standing-Violence/Facts-and-figures⟩.

3   Australian Institute of Family Studies, *Report-Australian Family Violence
    and Death review Network Data Report 2018*, Australian Government, 4
    June 2018 ⟨https://aifs.gov.au/cfca/2018/06/04/report-australian-domes-
    tic-and-family-violence-death-review-network-data-report-2018⟩.

4   Jane Gilmore, 'The truth about men and murder', *Sydney Morning Herald*,
    2 June 2018 ⟨https://www.smh.com.au/national/the-truth-about-men-
    and-murder-20180602-p4zj3g.html⟩.

5-1~4) *True stories*, Domestic Violence Resource Centre Victoria ⟨https://
    www.dvrcv.org.au/ stories⟩.

6   Lucie Van Den Berg and Kathryn Powley, 'VicHealth Report reveals Aus-

tralians turning a blind eye to rape and violence against women', *Herald Sun*, 16 September 2014 〈https://www.heraldsun.com.au/news/law-or-der/vichealth-report-reveals-australians-turning-blind-eye-to-rape-and-violence-against-women/news-story/fcf153e79fe227328c53d5ed-b64131ef〉.

7   Julia Penelope in Jackson Katz, 'Violence against women—it's a men's issue', *TED*, November 2012〈https://www.ted.com/talks/jackson_katz_violence_against_ women_it_s_a_men_s_issue/transcript?language=en〉.

8   C.J. Pascoe, *Dude, You're A Fag*, University of California Press, Oakland, November 2011.

9   Steve Biddulph, 'Toxic danger to boys when men fail to step up', *Sydney Morning Herald*, 8 June 2018 〈https://www.smh.com.au/lifestyle/life-and-relationships/ toxic-danger-to-boys-when-men-fail-to-step-up-20180608-p4zkeb.html〉.

10   'Violence Against Women: Key Statistics', Australia's National Research Organisation for Women's Safety (ANROWS), 14 May 2014 〈https://dh2wpaq0gtxwe.cloud\-front.net/s3fs-public/Key%20statistics%20-%20all.pdf〉.

제5장 왜 자신을 죽일까?

1   'Statistics on Suicide in Australia', Lifeline 〈https://www.lifeline.org.au/about-lifeline/lifeline-information/statistics-on-suicide-in-australia〉.

2   Konstantinos Tsirigotis et al, 'Gender differentiation in methods of suicide attempts', *Medical Science Monitor*, 17 (8), 1 August 2011 〈https://www.ncbi.nlm.nih.gov/pmc/articles/PMC3539603/〉.

3-1·2)   Emily Verdouw, 'Domestic Violence: Can Abusive Partners Change?', *HuffPost Australia*, 29 May, 2017 〈https://www.huffingtonpost.com.au/2017/05/28/an-uncomfortable-conversation-with-two-men-who-terrorised-their_a_22092568/〉.

4   'Who does it affect', Beyond Blue 〈https://www.beyondblue.org.au/who-does-it-affect〉.

5   Gavin Larkin, 'Our story', R U OKAY?, 〈https://www.ruok.org.au/our-story〉.

1   Tom Porter, '21st Century Fox Paid Out $45 Million Over Fox News Harassment Settlements', *Newsweek*, 5 November 2017 〈https://www.newsweek.com/fox-news-roger-ailes-sexual-harassment-607211〉.

2   Lisa Ryan, 'What Will Happen to the Sexual Harassment Lawsuits Against Roger Ailes', *New York Magazine*, 18 May 2017 〈https://www.thecut.com/2017/05/roger-ailes-lawsuits-death-sexual-harassment.html〉.

3   Ashley Lee, '21st Century Fox Renewed Bill O'Reilly's Contract Despite Knowing of $32M Sexual Harassment Settlement', *Hollywood Reporter*, 21 October 2017 〈https://www.hollywoodreporter.com/news/21st-century-fox-defends-bill-o-reilly-contract-renewal-new-sexual-harassment-settlement-1050944〉.

4   Louise Milligan, 'I am that girl', *Four Corners*, Australian Broadcasting Corporation, 7 May 2018 〈http://www.abc.net.au/4corners/i-am-that-girl/9736126〉.

5   Tracey Spicer, *The Good Girl Stripped Bare*, HarperCollins, Sydney, 2017.

6   Tracey Spicer, 'More to come from #MeToo', *Australian Financial Review*, 15 February 2018 〈https://www.afr.com/lifestyle/arts-and-entertainment/tracey-spicer-more-to-come-from-metoo-20180215-h0w4sn〉.

7   Nick Davies, 'Rebekah Brooks "ordered the deletion of millions of News International emails"', *The Guardian*, 28 November 2013 〈https://www.theguardian.com/ uk-news/2013/nov/27/rebekah-brooks-news-international-emails〉.

8   Zach Baron, 'What Ever Happened to Brendan Fraser', *GQ*, 22 February 2018 〈https://www.gq.com/story/what-ever-happened-to-brendan-fraser〉.

9   Erin Nyren, 'Kevin Spacey Accused of Sexual Misconduct by "Star Trek Discovery" Actor', *Variety*, 29 October 2017 〈https://variety.com/2017/biz/news/kevin-spacey-anthony-rapp-sexual-advance-1202602082/〉.

10 'Women and Men Report Similar Levels of Work-Family Conflicts' (press release), American Psychological Association, 27 July 2017 〈https://www.apa.org/news/ press/releases/2017/07/work-family-conflicts.aspx〉.

11 'Male CEO Quits Job After His 10-Year-Old Daughter Reminds Him That Family Always Comes First', *The Huffington Post UK*, 26 September 2014, 〈https:// www.huffingtonpost.co.uk/2014/09/26/male-ceo-mohamed-

el-erian-quit-job-daughter-work-life-balance_n_5887592.html〉.

12   Karen Maley and James Eyers, 'Cameron Clyne breaks up with NAB', *Australian Financial Review*, 3 April, 2014 〈https://www.afr.com/business/banking-and-finance/financial-services/cameron-clyne-breaks-up-with-nab-20140403-ix8jp〉.

13   'Federal Member for Perth Tim Hammond quits politics for family, triggering WA by-election', *ABC News*, 2 May 2018 〈http://www.abc.net.au/news/2018-05-02/member-for-perth-tim-hammond-resigns-from-politics/9718606〉.

14   Caroline Smith, 'BOOK REVIEW: *Father Time* still a clarion call for more involved', *The Record*, 1 September 2016 〈https://www.therecord.com.au/blog/father-time-still-a-clarion-call-for-more-involved/〉.

15   'Men in the workplace', Beyond Blue 〈https://www.beyondblue.org.au/who-does-it-affect/men/what-causes-anxiety-and-depression-in-men/men-in-the-workplace〉.

제7장 남자다움이 통하지 않는 남자의 미래

1   Phil Barker, 'The old school image of Aussie males is now out of fashion', *Executive Style*, 7 May 2018 〈http://www.executivestyle.com.au/the-old-school-image-of-aussie-males-is-now-out-fashion-h0zppu〉.

2   Alex Morris, 'It's a Theyby!', *New York Magazine*, 2 April 2018 〈https://www.thecut.com/2018/04/theybies-gender-creative-parenting.html〉.

3   'More than five million Aussie jobs gone in 10 to 15 years' (media release), Committee for Economic Development of Australia (CEDA) 〈https://www.ceda.com.au/News-and-analysis/Media-releases/More-than-five-million-Aussie-jobs-gone-in-10-to-15-years〉.

4   Lauren F. Friedman, 'IBM's Watson Supercomputer May Soon Be the Best Doctor in the World', *Business Insider Australia*, 23 April 2014 〈https://www.businessinsider.com.au/ibms-watson-may-soon-be-the-best-doctor-in-the-world-2014-4〉.

5   Celeste Lecompte, 'Automation in the newsroom', *Nieman Reports*, 1 September 2015 〈https://niemanreports.org/articles/automation-in-the-newsroom/〉.

6   Melia Robinson, 'This robot-powered restaurant could put fast food workers out of a job', *Business Insider Australia*, 13 June 2017 〈https://

www.businessinsider. com.au/momentum-machines-funding-ro-
bot-burger-restaurant-2017-6〉.

7 Ben Beaumont-Thomas, 'Fight Club author Chuck Palahniuk on his book
becoming a bible for the incel movement', *The Guardian*, 20 July 2018
〈https://www. theguardian.com/books/2018/jul/20/chuck-palahniuk-
interview-adjustment-day-black-ethno-state-gay-parenting-incel-
movement〉.

8 Mindi Chahal, 'Rise of the machines: Are robots after your job?', *Market-
ing Week*, 12 January 2017 〈https://www.marketingweek.com/2017/01/12/
rise-of-the-machines/〉.

9 'Circa's Yaron Lifschitz slams the major arts companies as fund-
ed by "a govern\-ment entrenched oligarchy of privilege"',
Daily Review, 30 November 2016 〈https://dailyreview.com.au/
circas-yaron-lifschitz-slams-major-arts-companies-funded-govern-
ment-entrenched-oligarchy-privilege/53024/〉.

10 Lucia Peters, 'Stephen Hawking's Last Reddit AMA Focused On What
The Development Of AI Really Means For Our Future', *Bustle*, 15 March
2015 〈https://www.bustle.com/p/stephen-hawkings-last-reddit-ama-
focused-on-what-the-development-of-ai-really-means-for-our-fu-
ture-8495822〉.

11 'Elon Musk on why the world needs a universal basic income', World
Government Summit, March, 2018 〈https://www.worldgovernmentsum-
mit.org/Observer/ list/elon-musk-on-why-the-world-needs-a-uni-
versal-basic-income〉.

12 Professor Ross Harley, 'Creative thinking vital for future industries',
UNSW Art & Design, 2 October 2014 〈https://artdesign.unsw.edu.au/
whats-on/news/ creative-thinking-vital-for-future-industries-profes-
sor-ross-harley〉.

제8장 남자다움을 벗기는 남자의 요리

1 Jordan Gaines Lewis, 'We Use Way More Than 10 Percent of Our Brains',
Psychology Today, 17 July 2014 〈https://www.psychologytoday.com/
au/blog/ brain-babble/201407/we-use-way-more-10-percent-our-
brains〉.

2 Clare Kingston, 'Did the discovery of cooking make us human?', *BBC*

News, 2 March 2010 〈http://news.bbc.co.uk/2/hi/8543906.stm〉.

3   'Census reveals the "typical" Australian' (media release), Australian Bureau of Statistics, 7 April 2017 〈http://www.abs.gov.au/AUSSTATS/abs@.nsf/AUSSTATS/abs@.nsf/mediareleasesbyReleaseDate/5E54C95D-3D5020C6CA2580FE0013A809?OpenDocument〉.

4   Catherine Pryor, 'Four Australian chefs and the knives they love', Blueprint for Living, Radio National, Australian Broadcasting Corporation, 7 February 2017 〈http://www.abc.net.au/news/2017-02-04/chefs-and-their-knives-a-love-story/8238272〉.

5   William Dampier, *A New Voyage Round the World*, James Knapton, London, 1697.

6   Michael Symons, 'Australia's cuisine culture, a history of our food', Australian Geographic, 27 June 2014 〈https://www.australiangeographic.com.au/topics/history-culture/2014/06/australias-cuisine-culture-a-history-of-food/〉.

제9장 슈퍼맨이 되려는 꿈

1   Anna Schaefer, '12 Surprising Facts About Erections', *Healthline*, 14 September 2015 〈https://www.healthline.com/health/erectile-dysfunction/surprising-facts〉.

2   Anne Harding, 'Men's testosterone levels declined in last 20 years', *Reuters*, 19 January 2007 〈https://uk.reuters.com/article/health-testosterone-levels-dc/mens-testosterone-levels-declined-in-last-20-years-idUKKIM16976320061031〉.

3   Dr Justin Lehmiller, 'Scientists Measured 15,521 Penises And This Is What They Found', *Sex & Psychology*, 11 March 2015 〈https://www.lehmiller.com/blog/2015/3/6/scientists-measured-15521-penises-and-this-is-what-they-found〉.

4   JF, 'I'm Tired of Being Ashamed of My Micropenis', *Cosmopolitan*, 5 October 2017 〈https://www.cosmopolitan.com/sex-love/a3619161/living-with-a-micropenis/〉.

5   Helen Petrovich, 'Exercise and cognitive function', *The Lancet Neurology*, Vol 4, Issue 11, 1 November 2005 〈https://www.thelancet.com/journals/laneur/article/ PIIS1474-4422(05)70203-9/fulltext〉.

6   'Metabolic Strength Training: Tone Muscle And Torch Fat At The Same

Time!', 360 Fitness ⟨http://360fitkeller.com/metabolic-strength-train-ing/⟩.

7   Phil Barker, 'New study suggests that men are failing when it comes to performance in the bedroom', *Executive Style*, 28 August 2017 ⟨http://www.executivestyle.com. au/new-study-suggests-that-men-are-fail-ing-when-it-comes-to-performance-in-the-bedroom-gy5mgw⟩.

8   Safe Work Australia, *2015-16 Annual Report* ⟨https://www.safeworkaus-tralia.gov.au/ book/safe-work-australia-annual-report-2015-16⟩.

9   Mary Stergiou-Kita et al, 'What's gender got to do with it? Examining masculinities, health and safety and return to work in male dominated skilled trades', *XYOnline*, 10 September 2015 ⟨https://xyonline.net/sites/xyonline.net/files/ Stergiou-Kita%2C%20What%E2%80%99s%20gen-der%20got%20to%20 do%20with%20it%202016.pdf⟩.

10   'What Is Prostate Cancer?', Prostate Cancer Foundation of Australia, ⟨http://www. prostate.org.au/awareness/general-information/⟩.

제10장 어떤 아버지가 될 것인가

1   Tim Winton, 'About the boys: Tim Winton on how toxic masculinity is shackling men to misogyny', *The Guardian*, 9 April 2018 ⟨ https://www.theguardian.com/ books/2018/apr/09/about-the-boys-tim-winton-on-how-toxic-masculinity-is-shackling-men-to-misogyny⟩.

2   Steve Biddulph, 'Steve Biddulph's "incredible new findings" on raising boys today', *The Weekend Australian Magazine*, 28 April 2018 ⟨https://www.theaustralian.com.au/ life/weekend-australian-magazine/steve-biddulphs-incredible-new-findings-on-raising-boys-today/news-sto-ry/4d25b14e4905bfcb0baee894fb5c8521⟩.

3   Susan Scutti, 'Why The Father-Daughter Relationship Is So Important', *Medical Daily*, 12 June 2013, ⟨https://www.medicaldaily.com/why-fa-ther-daughter-relationship-so-important-246744⟩.

4   Mark Trahan, 'What Makes A Great Father', *TEDx*, 14 December 2016, ⟨https://www.youtube.com/watch?v=omxZvI32yhU⟩.

5   The Father Effect: Changing Lives & Legacies with Hope & Healing ⟨www.thefathereffect.com⟩.

6   Dr Meg Meeker, 'Good dads—the real game changer', *TEDx*, 15 October 2014, ⟨https://www.youtube.com/watch?v=pQ3Dkrt-8O4⟩.

7   'History of the study', Harvard Second Generation Study ⟨http://www.adultdevelopmentstudy.org/grantandglueckstudy⟩.

8   Liz Mineo, 'Good genes are nice but joy is better', *The Harvard Gazette*, 11 April 2017 ⟨https://news.harvard.edu/gazette/story/2017/04/over-nearly-80-years-harvard-study-has-been-showing-how-to-live-a-healthy-and-happy-life/⟩.

제11장 '더 오래'보다 '더 낫게'

1   Sheldon Solomon, 'Fear and Politics: What Your Mortality Has To Do With The Upcoming Election', *Scientific American* ⟨https://www.scientificamerican.com/article/fear-death-and-politics/⟩.

2   George M. Vaillant, *Ageing Well: Surprising Guideposts to a Happier Life*, Little, Brown, London, 2002.

3   Bill Malone, 'Love Is Not Enough-The Making of a Relationship', 1991 ⟨https://www.canville.net/malone/lovenotenough.html⟩.

남자다움의 사회학

초판 1쇄 인쇄 | 2020년 3월 20일
초판 1쇄 발행 | 2020년 3월 26일

지은이 | 필 바커
옮긴이 | 장영재
펴낸이 | 박남숙

펴낸곳 | 소소의책
출판등록 | 2017년 5월 10일 제2017-000117호
주소 | 03961 서울특별시 마포구 방울내로9길 24 301호(망원동)
전화 | 02-324-7488
팩스 | 02-324-7489
이메일 | sosopub@sosokorea.com

ISBN 979-11-88941-42-1 03300
책값은 뒤표지에 있습니다.

• 이 책 내용의 일부 또는 전부를 재사용하려면 반드시 (주)소소의 동의를 얻어야 합니다.
• 잘못 만들어진 책은 구입하신 서점에서 교환해드립니다.

이 도서의 국립중앙도서관 출판예정도서목록(CIP)은 서지정보유통지원시스템 홈페이지(http://seoji.nl.go.kr)와
국가자료공동목록시스템(http://www.nl.go.kr/kolisnet)에서 이용하실 수 있습니다. (CIP제어번호 : CIP2020008195)